JULIAN HANSCHKE

Oppenheim am Rhein in historischen Ansichten

JULIAN HANSCHKE

Oppenheim am Rhein
in historischen Ansichten

Druckgraphik · Gemälde · Aquarelle · Handzeichnungen · Photographien
1600–1900

VERLAG PHILIPP VON ZABERN · MAINZ AM RHEIN

Durch Spenden haben nachstehend genannte Personen und Institutionen
in großzügiger Weise die Drucklegung dieses Buches unterstützt:

Herr Dr. Martin Held
Herr Günter Ziegler
Stadt Oppenheim
Sparkasse Mainz

sowie der Kulturfonds
Peter E. Eckes, Zornheim / Rheinhessen

Bibliografische Information der Deutschen Nationalbibliothek

Die Deutsche Nationalbibliothek verzeichnet diese Publikation in der Deutschen Nationalbibliografie; detaillierte bibliografische Daten sind im Internet über *http://dnb.d-nb.de* abrufbar.

Umschlag vorne: siehe Kat. Nr. 48, Seite 101
Frontispiz: siehe Kat. Nr. 63, Seite 120
Abbildung Seite 6: siehe Kat. Nr. 32, Seite 77
Umschlag hinten: siehe Kat. Nr. 178, Seite 267

Zweite, korrigierte Auflage 2007

300 Seiten mit 164 Farb- und 57 Schwarzweißabbildungen

© 2006 by Verlag Philipp von Zabern, Mainz am Rhein
ISBN: 978-3-8053-3607-9

Alle Rechte, insbesondere das der Übersetzung in fremde Sprachen, vorbehalten. Ohne ausdrückliche Genehmigung des Verlages ist es auch nicht gestattet, dieses Buch oder Teile daraus auf photomechanischem Wege (Photokopie, Mikrokopie) zu vervielfältigen oder unter Verwendung elektronischer Systeme zu verarbeiten und zu verbreiten.

Gestaltung: Lohse Design, Büttelborn
Printed in Germany by Philipp von Zabern, Mainz
Printed on fade resistant and archival quality paper
(PH 7 neutral) · tcf

Dr. Karl W. Heyden gewidmet

*»Alles, was durch unverdrossenes Bemühen den allgewaltigen Wogen
der Zeit entrissen wird, ehe sie es dem grossen Ocean der Vergessenheit zuströmen,
ist ein erfreulicher Gewinn für die Gegenwart und den Nachkommen
ein kostbares Vermächtniss.«*

Franz Hubert Müller: Die St. KATHARINEN=KIRCHE zu Oppenheim.
Ein Denkmal teutscher Kirchenbaukunst aus dem 13ten Jahrhunderte.
Darmstadt 1823.

Vorwort

Die Erforschung der Geschichte Oppenheims und seiner Baudenkmäler, allen voran der berühmten Oppenheimer Katharinenkirche, steht in einer langen Tradition. Die bis heute ungebrochen starke Anziehungskraft der Materie erklärt sich aus der großen und wechselvollen Geschichte des Ortes.

Archäologische Funde haben bestätigt, daß die Anfänge der Stadt in die römische Zeit zurückreichen. Karl der Große besaß in Oppenheim einen Königshof. Kaiser Friedrich II. erhob das Gemeinwesen 1225 zur freien Reichsstadt. Die daraufhin einsetzende Blütezeit nahm spätestens im 17. Jahrhundert ein jähes Ende. Durch die besondere Lage, inmitten einer der bedeutendsten Kulturlandschaften Europas, geriet Oppenheim immer wieder in den Bereich heftiger machtpolitischer Auseinandersetzungen. Einen Tiefpunkt innerhalb dieser Entwicklung bildete die 1689 erfolgte Zerstörung Oppenheims im Pfälzischen Erbfolgekrieg.

Das unverwechselbare Panorama unserer Stadt ist nicht zuletzt ein Spiegelbild dieser tiefgreifenden geschichtlichen Ereignisse. Von der großen historischen Bedeutung Oppenheims zeugen noch heute die beiden Hauptsehenswürdigkeiten: Außer der im 13. Jahrhundert als Ausdruck königlicher Repräsentation errichteten Burg, kündet vor allem die prachtvolle Katharinenkirche vom Reichtum und Ansehen Oppenheims im hohen und späten Mittelalter. Das historische Ortsbild mit der gotischen Katharinenkirche als weithin sichtbares Wahrzeichen und die namhaften Weinlagen in der näheren Umgebung haben Oppenheim weit über die Region hinaus bekannt gemacht.

Der vorliegende Band widmet sich den historischen Ansichten unserer Stadt. Julian Hanschke gelang es in jahrelanger Recherche, eine Vielzahl bislang unbekannter Drucke, Gemälde, Aquarelle und Handzeichnungen ausfindig zu machen. In den fundierten topographischen Beschreibungen liefert der Band eine Fülle neuer bauhistorischer Erkenntnisse.

Die Bilder laden ein zu einem Streifzug durch die Geschichte der Stadt. Sie belegen, daß Zerstörung und Wiederaufbau das Stadtbild wesentlich bestimmten. Glücklicherweise sind trotz vieler bedeutender Verluste zahlreiche Denkmäler erhalten geblieben.

Die Bewahrung historischer Strukturen, die Generationen von Oppenheimern geschaffen haben, ist uns ein besonderes Anliegen. Mit der Altstadtsanierung kommt die Stadt Oppenheim seit vielen Jahren diesen Aufgaben nach. Die touristische Erschließung der historischen Kelleranlagen und die Gründung des Stadtmuseums durch den Geschichtsverein zeugen vom besonderen Engagement der Oppenheimer Bürger.

Ich möchte Herrn Hanschke auf diesem Wege ganz herzlich für seine beispielhafte Arbeit danken und würde mich sehr freuen, wenn dieses Werk dazu beiträgt, das Interesse an unserer Stadt und ihrer Geschichte wachzuhalten.

Marcus Held
Stadtbürgermeister

Inhaltsverzeichnis

Vorwort 8
Einleitung 10
Matthaeus Merians Ansichten von Oppenheim –
   Untersuchungen zum bauhistorischen Quellenwert 12
Historische Stadtbeschreibungen des 17. Jahrhunderts 17
Das Ereignis der Stadtzerstörung von 1689 in zeitgenössischen
   Darstellungen 18
Die Ansichten des Frankfurter Landschaftsmalers
   Christian Georg Schütz 19
Die Ruinenbilder des Speyerer Architektur-
   und Landschaftsmalers Johannes Ruland 22
Die Oppenheimer Katharinenkirche in der frühen
   denkmalpflegerischen Auseinandersetzung 23
Das Tafelwerk des Darmstädter Galerie-Direktors
   Franz Hubert Müller 25
Die Restaurierungsgeschichte der Oppenheimer Katharinenkirche
   im Spiegel historischer Ansichten 28
Der Wandel des Oppenheimer Stadtbildes im 19. Jahrhundert 31
Ansichten des 19. Jahrhunderts 34

Katalog 35
Erläuterungen zum Katalog 36

Stadtansichten 37
   Stadtansichten von Südosten 37
   Stadtansichten von Süden 59
   Stadtansichten von Südwesten 70
   Stadtansichten von Nordwesten 77
   Stadtansichten von Nordosten 81

Stadtbefestigung 93
   Dienheimer Tor 93
   Inneres Gautor 97
   Äußeres Gautor 101
   Burg Landskrone 110
   Schneiderturm 110
   Uhrturm 110
   Seilertor 115
   Fährturm 115
   Tränkpforte 120
   Unbekanntes Stadttor 120

Sakralbauten 123
   Katharinenkirche – Ansichten von Süden 123
   Katharinenkirche – Ansichten von Südwesten 135
   Katharinenkirche – Ansichten von Nordwesten 138
   Katharinenkirche – Ansichten von Nordosten 145
   Katharinenkirche – Ansichten von Südosten 155
   Katharinenkirche – Innenansichten Ostchor und Langhaus 162
   Katharinenkirche – Innenansichten Westchor 178
   Katharinenkirche – Pläne (Auswahl) 185
   Katharinenkirche – Baudetails (Auswahl) 198
   Katharinenkirche – Fenster (Auswahl) 206
   Katharinenkirche – Epitaphien und Grabdenkmäler (Auswahl) 223
   Sebastianskirche 229
   Kirche des Antoniterklosters bzw. Friedhofskapelle 229
   Kloster Mariacron 233
   Michaelskapelle 237

Adelshöfe auf dem Pilgersberg 243
Straßen, Plätze, Einzelbauten 258
Historische Photographien 266

Anhang 285
Skizzen 286
Kopien und Varianten 288
Künstlerregister 290
Abgekürzt zitierte Literatur 293
Anmerkungen 296
Bildnachweis 298
Zeittafel zur Ortsgeschichte 299
Plan der Stadt Oppenheim, Sektionskarten aus dem Jahre 1820 300

Einleitung

Oppenheim am Rhein, gelegen zwischen den alten Bischofsstädten Worms und Mainz, besitzt ein einzigartiges historisches Stadtpanorama, das mit seiner exponierten Lage am Rande des Rheinhessischen Hügellandes weithin die Landschaft beherrscht. Überragt wird es von der Burgruine Landskrone und der gotischen Katharinenkirche, einer der bedeutendsten Schöpfungen rheinischer Sakralbaukunst. Im Laufe der Jahrhunderte haben zahlreiche Künstler das Oppenheimer Stadtbild in qualitätsvollen und vielfach auch topographisch präzisen Darstellungen festgehalten. Auf den nachfolgend abgebildeten Werken – es handelt sich um druckgraphische Arbeiten, Gemälde, Aquarelle und Handzeichnungen des 17. bis 19. Jahrhunderts – läßt sich der Wandel des Stadtbildes anschaulich nachvollziehen. Neben einer Anzahl bereits publizierter Stadtansichten umfaßt der Katalog zahlreiche neu entdeckte Einzeldarstellungen aus dem Bereich des Sakral- und Profanbaus und eine Auswahl früher Photographien.

In den folgenden, dem Katalogteil vorangestellten Untersuchungen werden die stadtgeschichtlich bedeutendsten Ansichten des 17., 18. und 19. Jahrhunderts vorgestellt und auf ihren bauhistorischen Quellenwert hin untersucht. Im Zentrum des ersten Kapitels steht das eng mit dem Namen Matthaeus Merian verbundene druckgraphische Werk des 17. Jahrhunderts, das dem modernen Betrachter eine Vorstellung vom spätmittelalterlichen bzw. frühneuzeitlichen Oppenheim vermittelt. Ergänzende Anhaltspunkte zum Erscheinungsbild der Stadt vor den Zerstörungen des Pfälzischen Erbfolgekrieges bieten die historischen Ortsbeschreibungen, vor allem die in Auszügen zitierte Stadtchronik von 1643.

Während sich die frühe bildliche Überlieferung auf nur wenige Stadtansichten aus der Werkstatt Merians und seines Umkreises beschränkt, haben sich aus der Epoche des 18. Jahrhunderts zahlreiche und motivisch vielfältige Darstellungen erhalten. Ein Großteil dieser Werke stammt von den Architektur- und Landschaftsmalern Christian Georg Schütz und Johannes Ruland. Beide Künstler dokumentierten das Bild der Stadt in den Jahrzehnten nach der Zerstörung im Pfälzischen Erbfolgekrieg.

Die allgemeine Wertschätzung, die der neu entdeckten mittelalterlichen Baukunst Anfang des 19. Jahrhunderts zuteil wurde, rückte die Oppenheimer Katharinenkirche in das Blickfeld einer intensiven künstlerischen und wissenschaftlichen Auseinandersetzung. Das zwischen 1823 und 1829 erschienene Tafelwerk des Darmstädter Galerie-Direktors Franz Hubert Müller spielte dabei eine maßgebliche Rolle. Es öffnete die Augen für die bauhistorische Bedeutung des 1689 im Zuge der Stadtzerstörung schwer beschädigten Baudenkmals. Mit seinen detaillierten Bauaufnahmen schuf Müller die Grundlage für die wenige Jahre später in Angriff genommene Restaurierung. Eine umfassende Wiederherstellung im Sinne der großen Domvollendungen gelang jedoch erst gegen Ende des 19. Jahrhunderts unter der Leitung des Wiener Dombaumeisters Friedrich von Schmidt.

Die Bemühungen, das bedeutende bauliche Erbe der Stadt zu bewahren, blieben lange Zeit auf die Katharinenkirche beschränkt. In den ersten Jahrzehnten des 19. Jahrhunderts waren große Teile der bis dahin noch erhaltenen mittelalterlichen Bausubstanz – darunter einige sakrale Baudenkmäler – ungezügelten Erneuerungsbestrebungen zum Opfer gefallen. Erst das späte 19. Jahrhundert wurde sich dieser Verluste bewußt und versuchte, durch historisierende – gelegentlich an Merians Ansicht von 1645 anknüpfende – Ergänzungen den historischen Charakter des Ortsbildes wiederherzustellen.

Trotz aller Veränderungen bis in die heutige Zeit hinein ist das alte Oppenheim zumindest in seiner städtebaulichen Gesamtstruktur intakt geblieben. Ein Umstand, der maßgeblich den Denkmalcharakter des heutigen Stadtbildes bestimmt.

Um die Erforschung der Baugeschichte Oppenheims hat sich vor allem der Oppenheimer Ehrenbürger Ernst Jungkenn verdient gemacht. Jungkenn entdeckte in den 30er Jahren eine Vielzahl stadtgeschichtlich bedeutender Ansichten, die er in verschiedenen Aufsätzen publizierte.

In jüngerer Zeit haben Dr. Karl W. Heyden und Dr. Martin Held durch jahrzehntelange Sammlertätigkeit den Bestand an druckgraphischen Arbeiten nahezu vollständig erschließen können. Dieser Grundstock konnte in den letzten Jahren durch systematische Recherchen in den Depots und Archiven bedeutender Museen und Sammlungen um eine beträchtliche Anzahl von Gemälden, Aquarellen und Handzeichnungen erweitert werden. Außer den Beständen in öffentlichen Sammlungen wurde der Kunstmarkt der letzten Jahre untersucht. Auch hier ließen sich zahlreiche, bislang unbekannte Ansichten ermitteln.

Trotz intensiver Bemühungen, alle verfügbaren historischen Ansichten Oppenheims möglichst vollständig zu inventarisieren, ist davon auszugehen, daß noch zahlreiche, bislang unentdeckte Bilder existieren. Da die meisten öffentlichen Sammlungen ihre Bestände lediglich nach Künstlernamen sortieren und keine topographischen Register führen, müßten theoretisch die gesamten Bestände gesichtet werden; ein Verfahren, das bei der Menge der archivierten Werke kaum zu bewältigen ist. In namhaften Museen der Region wurde gezielt nach Arbeiten bestimmter Künstler gesucht bzw. gelegentlich die gesamten Bestandskarteien gesichtet (Landesmuseum Mainz, Städelsches Kunstinstitut Frankfurt am Main, Historisches Museum Frankfurt am Main, Hessisches Landesmuseum Darmstadt).

Mein Dank gilt all denjenigen, die zum Gelingen dieser Arbeit beigetragen haben. Herr Dr. Karl W. Heyden und Herr Dr. Martin Held haben mit großem Engagement die Recherche nach historischen Ansichten unterstützt und ihre Sammlungen zur Anfertigung von Reproduktionen großzügig zur Verfügung gestellt. Herr Dr. Martin Held erleichterte durch umfangreiche eigene Vorarbeiten die Katalogisierung zahlreicher Werke. Frau Elke Gessert, Frau Marielies Jungkenn, Herr Sigmar Fitting (Landesamt für Denkmalpflege Rheinland-Pfalz), Herr Herbert Graeben, Herr Prof. Heribert Hamann, Herr Heinz Merz, Herr Dr. Walter Nohl und Herr Hellmut Wernher haben freundlicherweise zahlreiche Bildvorlagen beigesteuert. Wertvollen fachlichen Rat erhielt ich von Herrn Dipl.-Ing. Hanno Brockhoff, Institut für Baugeschichte, Universität Karlsruhe.

Der vorliegende Katalog ist die überarbeitete Fassung meiner von Prof. Dr.-Ing. Manfred Schuller betreuten Abschlußarbeit, die ich im Rahmen meines Masterstudiums Denkmalpflege an der Otto-Friedrich-Universität Bamberg vorgelegt habe.

Julian Hanschke

Matthaeus Merians Ansichten von Oppenheim – Untersuchungen zum bauhistorischen Quellenwert

Die ältesten topographisch identifizierbaren Ansichten von Oppenheim reichen in die Zeit des frühen 17. Jahrhunderts zurück. Sie stammen fast ausnahmslos von dem berühmten Kupferstecher Matthaeus Merian. Vergleicht man diese frühen Bilddokumente mit dem Erscheinungsbild des heutigen Oppenheim (Abb. 1, 2), so stellt man fest, daß der spätmittelalterliche bzw. frühneuzeitliche Charakter der Stadtanlage trotz der späteren einschneidenden Zerstörungen weitgehend erhalten blieb. Diese Kontinuität in der städtebaulichen Entwicklung ergab sich vorwiegend aus der Beibehaltung der überkommenen Grundrißstruktur. Da Keller und Umfassungsmauern der Brandzerstörung in der Regel widerstanden und ihre Erhaltung und Wiederverwendung schon aus Kostengründen nahe lag, stellte sich zwangsläufig eine städtebauliche Annäherung an das Erscheinungsbild der älteren, 1689 zerstörten Stadtanlage ein. Zwar wurden fast überall Fassadenelemente wie Torbögen und Fenstergewände ersetzt, was dem Stadtbild ein ›modernes‹, d. h. barockes Gepräge verlieh, im Kern jedoch bewahrt so manches Oppenheimer Bürgerhaus zu nicht unerheblichen Teilen ältere Bausubstanz.

Mit zunehmendem historischen Bewußtsein und in Sorge um das sich seit dem frühen 19. Jahrhundert immer schneller und gravierender wandelnde Erscheinungsbild der Städte begann man vielerorts, die wichtigsten Denkmäler in Vorformen heutiger Inventarbände systematisch zu erfassen. Auch Oppenheim ist durch seine Katharinenkirche früh in das Blickfeld solch pionierhafter denkmalpflegerischer Bestrebungen gelangt. Mit ihren ab 1815 bzw. 1823 publizierten Tafelwerken beabsichtigten der Darmstädter Hofbaumeister Georg Moller und der großherzogliche Galerie-Direktor Franz Hubert Müller, die vom gänzlichen Verfall bedrohte Katharinenkirche wenigstens im Bilde der Nachwelt zu erhalten.

Ganz ähnliche Dokumentations-Absichten verfolgte bereits Matthaeus Merian im 17. Jahrhundert. In den Vorreden und Widmungen seiner »Topographia Germaniae« beklagte er die Zerstörungen des Dreißigjährigen Krieges:

»Vnd ist, vor dem jetzigen leydigen Krieg, das Teutschland mit so vielen Stätten, Schlössern, Vestungen, Clöstern, Dörffern vnd Weylern erbawt, vnd mit solcher schönen Gelegenheit gezieret gewesen, daß es diß Orts keinem Lande etwas bevor geben. Welche schöne Gestalt aber so häßlich zugerichtet worden, daß, wann ein Durchreysender jetziges Teutschland betrachtet, vnd das vor wenig Jahren geweste dargegen hält, er, ohne Vergiessung heisser Zähren, solches nicht anschawen kann. Er erfähret, wann er anders seinen Verstandt hat, daß zu diesen letzten grewlichen Zeiten alles, was hiebevor das Teutschland vber andere Lande, vnd Königreich erhoben, berühmbt, groß vnd herrlich gemacht hat, jetzt vor vnsern Augen je mehr vnd mehr abgenommen, dahin gesunken, vnd zu Boden gefallen, vnd vns fast nichts von der hiebevorigen Glückseeligkeit vbergelassen.«

Mit den von ihm im Bild festgehaltenen, jedoch untergegangenen ›Herrlichkeiten‹ wollte er die nachfolgenden Generationen bewegen, das Zerstörte wiederaufzurichten, *»was noch stehet, zu erhalten [...] vnd was verlohren, wider zu bringen«.*[1]

Auch Merians Ansichten von Oppenheim aus den Jahren 1620, 1623 und 1645 (Kat. Nr. 2, 3, 6) besitzen dokumentarischen Charakter; sie überliefern das unversehrte Stadtbild vor dem großen Brand von 1621.

Wie bei den meisten seiner Stadtansichten bediente sich Merian bewußt verschiedener ›Kunstgriffe‹, die es ihm erlaubten, die Architektur der Stadt wirkungsvoll in Szene zu setzen: Um perspektivische Überlagerungen bei stadtbildprägenden Bauten zu vermeiden, nahm der Künstler einen leicht erhöhten, quasi gedachten Standpunkt an. Ähnlich ordnend griff er bei der Darstellung der südlichen und nördlichen Randbereiche ein. Sie sind näher an den Betrachter herangerückt, als sie von dieser Stelle aus gesehen werden können und erscheinen in ihrer Ausdehnung stark verkürzt. Eine weitere zeittypische Darstellungsweise ist das Herausheben stadtbildprägender Baulichkeiten wie Befestigungen, Kirchen und sonstiger öffentlicher Bauten durch übersteigerte Höhenverhältnisse.

Vergleicht man die Darstellung von Katharinenkirche und Burg Landskrone mit den heutigen Gegebenheiten, so bestätigen sich diese Beobachtungen: Merians Ansicht von 1645 zeigt die Burg in idealisierten Proportionen und ungleich näher an die Katharinenkirche herangerückt als in Wirklichkeit. Dicht gedrängt wirkt auch die Gruppe der Adelshöfe unterhalb der Burg, welche ebenfalls – gemessen an den tatsächlichen Entfernungen – in zu geringem Abstand zur Kirche erscheint. All diese Eingriffe sind gestalterisch motiviert; sie

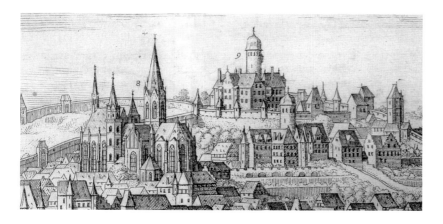

Abb. 1   M. Merian, Oppenheim – Ansicht von Südosten, 1645 (Ausschnitt).

Abb. 2   Katharinenkirche und Burg Landskrone, um 1960.

korrigieren den Stadtgrundriß zugunsten der Bildwirkung und stellen das Wesentliche des Ortsbildes heraus.

Bemerkenswert ist, daß die Ansichten, besonders der Kupferstich von 1645, trotz dieser Abweichungen eine Vielzahl glaubwürdiger, z.T. bis heute nachvollziehbarer Einzelheiten enthalten:

Recht genau getroffen ist beispielsweise die Katharinenkirche, wo selbst Details wie z. B. die Anzahl der Fenster mit den tatsächlichen Gegebenheiten weitgehend übereinstimmen. Auch für die Gebäude der Burg läßt sich ein hohes Maß an Detailtreue erkennen: Eindeutig identifizierbar sind Palas und Wirtschaftsgebäude der Kernburg. Einzelheiten, wie beispielsweise der Halbwalm über der Ostfassade und die noch heute in geringfügigen Resten erhaltenen Anbauten an der Südseite des Palasgebäudes hat Merian getreu den tatsächlichen Verhältnissen erfaßt.

Die bemerkenswerte Realitätsnähe, die Merians Oppenheim-Ansicht gegenüber zeitgenössischen Darstellungen anderer Orte auszeichnet, läßt sich auf den Umstand zurückführen, daß der Künstler Oppenheim aus jahrelanger Anschauung kannte. Nach mehreren Lehr- und Wanderjahren in Straßburg, Nancy und Paris hatte sich Merian in Oppenheim niedergelassen und war im Verlagsunternehmen des Johann Theodor de Bry tätig geworden.[2] Kurze Zeit nach dem Beginn seiner Oppenheimer Tätigkeit, am 11. Februar 1617, vermählte er sich mit der ältesten Tochter de Brys.[3] Ein weiterer Hinweis auf einen mehrjährigen Aufenthalt in Oppenheim ist der Taufeintrag im Kirchenbuch vom 25. April 1619, der Merians in Oppenheim geborene Tochter Susanna Barbara nennt.[4] Mit dem ebenfalls in dieser Quelle erwähnten Taufpaten Dr. Julius Wilhelm Zincgref (1591–1635) verbanden Merian enge geschäftliche Beziehungen. So schuf Merian zu dem 1619 von Zincgref herausgegebenen Werk »EMBLEMATUM ETHICO-POLITICORUM CENTURIA« 100 allegorische Darstellungen mit im Hintergrund angeordneten miniaturformatigen Ortsansichten. Darunter findet sich auch eine erste – allerdings unbezeichnete – Darstellung von Oppenheim (Kat. Nr. 1). Nach aktuellem Forschungsstand handelt es sich hier um die älteste gedruckte Ansicht der Stadt. Von wesentlich größerer Detailfülle sind die Ansichten von 1620 mit dem Reiterporträt Spinolas (Kat. Nr. 2) und von 1623 in Meisner-Kiesers »THESAURUS PHILO-POLITICUS« (Kat. Nr. 3).

Wie auch die spätere Ansicht von 1645 zeigt der Kupferstich von 1623 einen zum Zeitpunkt der Drucklegung bereits veralteten Zustand. Oppenheim war in der Anfangsphase des Dreißigjährigen Krieges unter der Besatzung der kaiserlichen, von Marquis de Spinola angeführten Truppen teilweise zerstört worden. Wie die Oppenheimer Chronik von 1643 ausführlich berichtet, hatte ein Brand am 17. Juli 1621 den Bereich des Stadtzentrums vernichtet.[5]

Die Tatsache, daß alle von Merian herausgegebenen Stadtansichten ein vollkommen intaktes Stadtbild präsentieren, läßt vermuten, daß die Vorzeichnungen noch vor dem Brand von 1621, wahrscheinlich während Merians Oppenheimer Schaffenszeit zwischen 1616 und 1619 entstanden sind.[6] Bemerkenswert ist, daß die Stadtbeschreibung in der »Topographia Palatinatus Rheni« detaillierte Angaben zu den damaligen Zerstörungen enthält, wodurch erwiesen wäre, daß Merian mit der Ansicht von 1645 seinen Zeitgenossen ein bewußt retrospektives Stadtbild vor Augen führte: »*Die Statt ist sonst zimblich groß / und gar wol erbawet gewesen / aber in diesem jetzigen Krieg sehr verwüst worden.*«

Weiter unten heißt es:

»*An. 1620. den 14. Septembris, hat sie Spinola ohne Widerstandt / eingenommen / unnd sich / an der Unirten statt / dahin gelagert; und die darinn gelegne Außschuß Bauren abziehen lassen; daß sie hinfüro keine Soldaten mehr seyn / sondern das Ackerfeld bawen sollten. Ist folgender Zeit durch Fewer ubel verderbt worden / unnd die beste Gaß / das Rathhauß / und die gantze Rheingaß / biß an den Spital daselbst außgebronnen.*«

Beim Vergleich der Ansichten von 1620, 1623 und 1645 ist eine grundlegende Übereinstimmung hinsichtlich Perspektive und Bildkomposition festzustellen. Einige Details gleichen sich derart, daß von einer direkten Abhängigkeit der Stiche gesprochen werden kann. Dieser Verdacht drängt sich insbesondere dort auf, wo nachweisbar fehlerhafte Details wiederholt werden. Anschaulich läßt sich dieser Sachverhalt am Beispiel der Klosterkirche St. Anna am nördlichen Ende der Vorstadt nachvollziehen (Abb. 3):

Im Gegensatz zum tatsächlichen Bauzustand, der anhand einer detailgetreuen, etwa um 1790 entstandenen Ansicht (Abb. 4) ermittelt werden kann, zeigen die Stiche von 1620, 1623 und 1645 alle denselben Fehler, nämlich zwei etwa gleichlange Baukörper zu je drei Fensterachsen. Wie die Zeichnung von 1790 überliefert, besaß jedoch der vordere, wesentlich kürzere Teil der Kirche nur zwei, der hintere und länglichere Teil dagegen fünf gotische Spitzbogenfenster. Hinzu kommt, daß die Darstellung von 1623 mit dem angedeuteten Chorpolygon eine gewisse Eigenständigkeit vorgibt, die im Vergleich mit der Ansicht

Abb. 3   Das Kloster Mariacron auf den Stadtansichten M. Merians von 1620, 1623 und 1645.

Abb. 4   J. Ruland, Kloster Mariacron – Ansicht der Klosterkirche von Südosten, um 1790.

Rulands fragwürdig erscheint und die Authentizität der Darstellung – zumindest in diesem Detail – bezweifeln läßt.

Neben diesen offensichtlichen Übereinstimmungen weisen die genannten Ansichten einige interessante, voneinander abweichende Details auf. In einigen Fällen scheint es sich dabei um regelrechte Korrekturen zu handeln. Ein Beispiel ist die Anlage der unterhalb der Burg gelegenen Adelshöfe (Abb. 5). Auf dem Stich von 1623 erkennt man vier völlig freistehende, zum Hang hin traufständig ausgebildete Häuser ohne den nach vorne springenden Gebäudeteil des ersten Hofes. Daß es diesen Gebäudeteil dennoch gegeben hat, bezeugen die noch erhaltenen Reste der Umfassungsmauern und eine Anzahl zugemauerter Fensternischen. Bemerkenswert ist, daß dieser Irrtum auf dem Stich von 1645 korrigiert wurde: Die Anlage wurde topographisch getreu einschließlich der weiter unten gelegenen, heute noch erhaltenen Blendarkadenmauer dargestellt.

Trotz der genannten Unstimmigkeiten enthält die Ansicht von 1623 eigentümlicherweise einige überprüfbar korrekte, in den anderen Darstellungen jedoch außer Acht gelassene Details. Dies belegt die Darstellung des zweiten östlichen Burgmauerturmes (Abb. 6), welcher ausschließlich auf der Ansicht von 1623 als markante Toranlage in Erscheinung tritt. Daß es an genau dieser Stelle tatsächlich einen Zugang zum

Abb. 5 Die Gruppe der Adelshöfe auf den Stadtansichten M. Merians von 1623 und 1645.

Abb. 6 Die Burgmauer mit dem östlichen Burgtor auf den Stadtansichten M. Merians von 1623 und 1645.

Abb. 7 Die Sebastianskirche auf den Stadtansichten M. Merians von 1645, J. Janssonius' von 1657 und F. H. Müllers von 1827.

Im südlichen Teil der Altstadt befand sich die 1837 abgerissene Sebastianskirche, ein im Grundriß kreuzförmiger Bau mit niedrigem romanischem Vierungsturm. Nach der wesentlich späteren Ansicht Franz Hubert Müllers befand sich zwischen Chor und südlichem Querhausarm ein kleiner, von Merian 1645 vernachlässigter Anbau, der in der Darstellung bei Janssonius der Realität entsprechend ergänzt wurde. Die daraus zu folgernde Annahme, Janssonius habe durch eigene Vor-Ort-Beobachtungen Merians Ansicht verbessert, ist allerdings kaum vorstellbar, vielmehr liegt die Vermutung nahe, daß Janssonius nicht nach dem Kupferstich von 1645, sondern nach der ebenfalls von Merian verwendeten Vorzeichnung kopierte und sich bei der Umsetzung als Kupferstich enger als Merian an die Details der Vorlage hielt.[8]

Aus diesen Beobachtungen, die sich anhand weiterer Vergleiche beliebig fortsetzen ließen, ergeben sich folgende Schlußfolgerungen:

◆ Aufgrund der engen stilistischen Übereinstimmungen ist – wie auch in der bisherigen Literatur vermutet – Merian als Urheber für die Ansichten von 1620, 1623 und 1645 anzunehmen. Die für 1616 bis 1619 belegte Anwesenheit Matthaeus Merians in Oppenheim unterstützt diese These.

◆ Alle Ansichten dokumentieren das noch unzerstörte Bild der Stadt; sie überliefern den Bauzustand vor dem Brand von 1621.

◆ Die Ansichten von 1620, 1623 und 1645 gleichen sich in Perspektive und Bildkomposition. Trotz dieser Übereinstimmungen lassen sich auf allen drei Ansichten jeweils individuelle, offenbar wahrheitsgetreue Einzelheiten nachweisen, die jeweils eigenständige Vorzeichnungen voraussetzen.

äußeren Burghof gegeben hat, bestätigt ein historischer Befestigungsplan des 17. Jahrhunderts[7].

Abschließend sei auf die Arbeit des Johann Janssonius aus dem Jahre 1657 (Abb. 7 Mitte) hingewiesen. Die Ansicht offenbart auf den ersten Blick eine deutliche Abhängigkeit von Merian 1645, enthält jedoch eine Reihe von Detailunterschieden, die – wie folgendes Beispiel zeigt – als wahrheitsgetreue Verbesserungen gedeutet werden können:

Abb. 8   A. Mirou, Oppenheim – Ansicht vom rechten Rheinufer, um 1610 (Ausschnitt).

Abb. 9   M. Merian d. Ä. nach W. Hollar, Blick von einer Anhöhe auf das Rheintal bis Worms, rechts die Stadt Oppenheim. Im Vordergrund die schwedische Armee beim Überqueren des Rheins, 1633 (Ausschnitt).

◆ Merians Kupferstich von 1645 übertrifft alle früheren Oppenheim-Ansichten an Detailfülle und Genauigkeit. Seine Vorzeichnung zu diesem Stich gelangte offenbar einige Jahre später in den Besitz des Amsterdamer Kupferstechers und Verlegers Johann Janssonius. Anhand einer Reihe von Einzelheiten kann nachgewiesen werden, daß sich Janssonius in seiner 1657 publizierten Stadtansicht von Oppenheim enger als Merian an die Details dieser Vorzeichnung gehalten hat. Aus diesem Grund weist Janssonius' Ansicht in weiten Teilen eine größere topographische Genauigkeit auf.

◆ Wie sehr die Stadtansichten Merians noch in wesentlich späterer Zeit geschätzt wurden, belegen die vielen, meist recht anspruchslosen Plagiate, die bis weit ins 18. Jahrhundert große Verbreitung fanden, beispielsweise als ›abgekupferte‹ und mehr oder weniger freie Nachzeichnungen von Hulsen, Beaulieu, Bodenehr und Brion.

Daß zeichnerische Vorlagen gelegentlich von Werkstatt zu Werkstatt wanderten, beweist nicht nur die Ansicht von Janssonius, auch Merian bzw. sein Mitarbeiter Wenzel Hollar griffen auf von anderen Künstlern geschaffene Vorlagen zurück. Ein Beispiel ist der Kupferstich von 1633 mit der Darstellung der Eroberung Oppenheims durch Gustav Adolf von Schweden (Abb. 9). Mit der darin enthaltenen Ansicht von Oppenheim lehnte sich Hollar an eine fremde Vorlage (Abb. 8) an. Diese Anton Mirou zugeschriebene Zeichnung läßt sich, wie folgende Detailanalyse nahe legt, als früheste bekannte Darstellung von Oppenheim interpretieren:

Bei näherer Betrachtung der Burganlage fällt auf, daß sich die baulichen Einzelheiten deutlich von den Ansichten Matthaeus Merians unterscheiden. Bemerkenswert ist vor allem der Treppengiebel an der Ostseite des Palasgebäudes, an dessen Stelle Merian getreu den späteren Gegebenheiten einen Halbwalm zeigt. Auch mehrere auf der Burgmauer errichtete Gebäude sind auf den Stichen von 1620, 1623 und 1645 nicht mehr zu sehen.

Eine handschriftliche Quelle[9] bestätigt, daß die Burg in der Zeit um 1615 einen tiefgreifenden Umbau erfuhr. Da Mirou die Anlage eindeutig noch in ihrem älteren Zustand dokumentierte, dürfte die Ansicht in die Zeit vor 1615 zu datieren sein.[10]

Als Schöpfer dieser ältesten Ansicht von Oppenheim gilt der niederländische Landschaftsmaler Anton Mirou, der einer Gemeinde calvinistischer Glaubensflüchtlinge angehörte, die sich in Frankenthal niedergelassen hatte. Diese Tatsache verdient besondere Beachtung, da sich auch für Oppenheim eine Kolonie niederländischer Glaubensflüchtlinge nachweisen läßt,[11] der auch Merians Schwiegervater Johann Theodor de Bry entstammte. Da von zahlreichen niederländischen Künstlern[12] rheinische Stadtansichten bekannt sind, besteht die Möglichkeit, daß sich noch weitere Ansichten von Oppenheim aus diesem Umkreis entdecken lassen. Beispielsweise hat der Holländer Vincent Laurensz van der Vinne (1629–1702), wie seinem Tagebuch[13] zu entnehmen ist, Oppenheim besucht und bei dieser Gelegenheit möglicherweise auch gezeichnet.

Historische Stadtbeschreibungen des 17. Jahrhunderts

Den bisher behandelten Ansichten läßt sich eine Auswahl historischer Beschreibungen des 17. Jahrhunderts gegenüberstellen: Eine anschauliche, jedoch bereits zurückblickende Schilderung des spätmittelalterlichen bzw. frühneuzeitlichen Stadtbildes gibt die Chronik von 1643[14]. Darin heißt es:

»*Oppenheim gleicht Jerusalem. Eins mus ich hie erinnern: Man sagt weit undt breidt, Oppenheim liege der gegendt nach alß Jerusalem, daß Schloß als Davidts burgk, die Kirch alß der Tempel Salomonis. Es sollen sich auch hie funden haben die Häußer Caiphae, Herodis, Pilati Richthauß undt andere, daß Dorf Dienheim soll liegen alß die Schedelstatt, der Bach Kidron mangele, dieße anzeig geben auch etlich in stein gehauwene bildtnüßen in der Statt von der Creutzigung Christi [...]*.«

Die in der Quelle genannten Bildnisse hat es tatsächlich gegeben. Es handelte sich um Reliefs mit Darstellungen der einzelnen Kreuzwegstationen. Zwei Bildtafeln sind am Rathaus und am sogenannten gelben Haus, Ecke Wormser Straße/Rathofstraße, erhalten geblieben.

Eine weitere Beschreibung aus der Zeit vor der Brandkatastrophe von 1621 findet sich in dem Gutachten des Kurpfälzischen Festungsbaumeisters Engelhart[15]. Darin heißt es:

»*Oppenheim ist vor alten Zeiten eine Reichsstatt gewesen unnd vom Reich an die Chur Pfaltz gekommen. Liegt zwischen Wormbs unndt Meintz an dem Rhein an einem berg erbauwet, zeucht sich dem berge nach herumb, daß der Rhein nit mehr alß an der Vorstatt daran kommet. [...] Sie ist nit wohl bewohnet, mit vielen alten gebeuwen, unndt adelichen wohnungen erfüllet, hat wenig burgerschafft unndt geringen kaufhandel, ob sie schon wohl am Rheinstrom gelegen unndt den Paß zu wasser und Landt hat, darinnen ist die schönste gebauwete kirch, so in der gantzen Chur Pfaltz zu finden. Alle straßen und heußer hengen am berge, unndt streckt sich die statt in die höhe des berges, daß das schloß dem berge gar nahe oben gleich lieget. Welches schloß mit einer Mauren unndt graben darvor von der statt abgesondert, hat ein grossen vorhoff unnd dann erst wieder besonder das schlößlein u(nd) wohnung des ambtmans, so mit Pfalz grosßem Costen vor kurtzen Jahren gantz neuw erbauwet ist, in welchem der hohe wachtthurm, davon die hohe Landtseiten, unndt die gantze niedere Landtschafft biß an die Bergstraß übersehen unndt darvon Losung gegeben werden kann.*«

Die Quelle verweist auf den »*vor kurtzen Jahren*« erfolgten Umbau der Burg und beschreibt den schon vor Beginn des Krieges einsetzenden wirtschaftlichen Niedergang der Stadt. Sie war »*nit wohl bewohnet*«, hatte »*wenig burgerschafft*« und »*geringen kaufhandel*«. Eine statistische Untersuchung der Bevölkerungszahlen, die auf den Angaben der Kirchenbücher beruht, bestätigt diese Angaben:

»*Vor 1618 muß Oppenheim 2400 bis 3000 Einwohner in seinen Mauern beherbergt haben, wenn man der Angabe des Oppenheimer Chronisten vertraut, der sich an 600 zünftige Bürger in Friedenszeiten erinnerte. Allerdings muß diese Angabe als etwas überhöht eingeschätzt werden, realistischer scheint die für das Jahr 1577 überlieferte Zahl von 420 in Oppenheim lebenden »Hausgesäßen« zu sein, die auf eine Bevölkerungsgröße von etwa 2000 Einwohnern schließen läßt.*«[16]

Bis zum Ende des Dreißigjährigen Krieges hatte sich die Einwohnerschaft dramatisch verringert:

»*Im Verlauf von etwas mehr als zwanzig Kriegsjahren müssen 90 % der Oppenheimer Bevölkerung gestorben oder ausgewandert sein, da die Chronik von 1643 eine Zahl von damals 60 Zunftbürgern angibt, die auf knapp 300 Einwohner schließen läßt.*«[17]

Detaillierte Angaben zum baulichen Zustand der Stadt gegen Ende des Dreißigjährigen Krieges liefert die Chronik von 1643. Darin heißt es:

»*Dieße Statt ist nicht sehr groß, fast in die runde gebauwet, undt mögte sie einer in ³/₄ Stunden um gehen, ist mit dreyen Vorstätten begleidet, als die ahm Rhein, die für der Gawpfordten undt den der Fischern, welche aber bey diesen Kriegsweßen dermaßen zerschmoltzen, daß in den 2 letzten kaum noch 6 Häußer undt in der ersten nur die Gawergaß noch stehet [...].*

Zu Aldten Zeiten, mag dieße Statt undt Burgk wohl für Vest geschätzt worden seyn, wegen deren Hohe Mauwern, undt Vielen ahnsenhlichen starken dicken Thürmen darumb, welche aber heutigen Tages gegen die gewaltigen Geschütz und Ungeheuwer Cartauen nicht bestehen mögen, oder mehr giltig sind.

Sie hat für diesem ein schön ansehen von Außen undt Innen gehabt, weil sie so fein gemächlich vom Berg herab gebauwet, undt mit sehr schönen Adelichen und vielen Bürgers Häusern gefüllet, undt mit sauberem Plaster unterhalten geweßen. Weil aber die min mehretheils in der Asch und ruin, undt alles über und drüber liegt, undt nicht mehr gebauwet oder gehand habt wirdt, so hat sie dießen Ihren Glantz und Schein auch häßlich verlohren, wie solches die für Augen liegendte rudera Gott erbarm es genugsam bezeugen.«

Das Ereignis der Stadtzerstörung von 1689 in zeitgenössischen Darstellungen

Wenige Jahrzehnte nach dem Ende des Dreißigjährigen Krieges wurde die Stadt erneut zum Schauplatz kriegerischer Auseinandersetzungen. 1688 hatte Ludwig XIV. willkürlich Erbansprüche auf die Pfalz erhoben. Da dieser Forderung nicht nachgegeben wurde, fiel Frankreich in linksrheinisches Gebiet ein. Die Übermacht der Verbündeten (Kaiser, Niederlande, England, Savoyen, Spanien, Schweden) zwang Ludwig XIV. schließlich zur Räumung der Pfalz. Um in einem potentiellen Angriffsraum gegen Frankreich keine Stützpunkte zu hinterlassen, brannten französische Truppen zahllose Städte und Dörfer nieder. Auch Oppenheim wurde in jener Zeit in Schutt und Asche gelegt. Das Ereignis der Stadtzerstörung am 31. Mai 1689 schildert ein Kupferstich (Kat. Nr. 9), der möglicherweise als Illustration eines zeitgenössischen Flugblattes verbreitet wurde. Da sich die Ansicht in ihren Einzelheiten sichtlich an Merian anlehnt, wird es sich hier kaum um eine authentische, vor Ort aufgenommene Darstellung handeln. Eine andere Zeichnung besitzt dagegen durchaus den Charakter einer Vor-Ort-Beobachtung. Der Künstler Peter Hamman zeigt aus der Ferne des Dorfes Freinsheim die hoch in den Himmel aufragenden Brandsäulen der zeitgleich vernichteten Städte Oppenheim, Worms und Speyer[18]. Ebenfalls von Hamman stammt eine Serie von Ansichten, die das gewaltige Ausmaß der in Worms verursachten Zerstörungen dokumentiert. Besonders eindruckvoll ist die Darstellung des Wormser Marktplatzes[19] mit dem halb eingestürzten Rathaus und den umliegenden, z.T. bis auf die Grundmauern niedergebrannten Stadtquartieren. Auch in Oppenheim bot sich in jener Zeit ein derartiges Bild. Nach einer zeitgenössischen Schätzung der durch den Krieg verursachten Schäden war die gesamte Stadt einschließlich der öffentlichen Gebäude und privaten Wohnhäuser verwüstet worden. Da in der Folgezeit eine wirksame Wiederaufbauhilfe durch die kurpfälzische Regierung ausblieb, zog sich die Neubesiedlung des alten Stadtgebietes viele Jahre hin. Während die Straßenzüge des bürgerlichen Oppenheim in der ersten Hälfte des 18. Jahrhunderts wieder Gestalt annahmen, prägten die Ruinen der Stadtbefestigung, der Sakralbauten und einzelner Adelshöfe noch lange Zeit das Bild der Stadt. So fanden die Künstler des 18. und 19. Jahrhunderts gerade in Oppenheim ein vielfältiges Spektrum eindrucksvoller Motive.

Abb. 10 P. Hamman, Die drei brennenden Städte Oppenheim, Worms und Speyer, 1690 (Ausschnitt).

Abb. 11 P. Hamman, Der Wormser Marktplatz nach der Zerstörung im Pfälzischen Erbfolgekrieg, 1690 (Ausschnitt).

Die Ansichten des Frankfurter Landschaftsmalers Christian Georg Schütz

Das Bild der Stadt in den Jahrzehnten nach der Katastrophe von 1689 ist in zahlreichen Gemälden, Aquarellen und Zeichnungen festgehalten worden. Ein Großteil dieser Ansichten stammt aus dem Umkreis des Frankfurter Landschaftsmalers Christian Georg Schütz. Bereits E. Jungkenn hat um 1930 auf einige Ansichten von Schütz bzw. der Schütz-Schule aufmerksam gemacht (Kat. 25, 48, 51, 89, 145, 210, 211, 212). Weitere Ansichten des Künstlers ließen sich auch noch in jüngster Zeit entdecken:

Zwei Schütz zugeschriebene Aquarelle des Städelschen Kunstinstituts in Frankfurt am Main bilden offensichtlich die Rheinfähre bei Oppenheim (Kat. Nr. 35) und den Oppenheimer Steinbruch (Kat. Nr. 155) ab. Ein reizvolles Aquarell mit einer Ansicht Oppenheims von Südwesten (Kat. Nr. 26) besitzt das Historische Museum Frankfurt am Main. Ein weiteres, bisher unbekanntes Aquarell von Schütz (im Schloßmuseum Weimar) zeigt die Katharinenkirche von Süden (Kat. Nr. 66), ein Gemälde des Mannheimer Reiß-Museums die Katharinenkirche über einer Oppenheim nachempfundenen Phantasie-Architektur (vgl. Kat. Nr. 65 bzw. Kat. Nr. 209). Auch im Kunsthandel ließen sich zwei bislang unentdeckte Schütz-Gemälde mit Darstellungen des Oppenheimer Pilgersbergs ermitteln (Kat. Nr. 156, 159).

Christian Georg Schütz galt seinerzeit als einer der »besten Landschaftenmaler, die Deutschland hervorgebracht«.[20] Seine Gemälde besaßen in den Augen der Zeitgenossen »außerordentlich viel Anmuth«. Mit ihren gefälligen Themen trafen sie den Zeitgeschmack Schütz' bürgerlicher und adeliger Auftraggeber. Als Vorbild für seine vielen, noch heute gehandelten Flußlandschaften dienten ihm die Rhein- und Mosellandschaften des berühmten Niederländers Herman Saftleven (1609–1685).

Um sich einen Vorrat pittoresker Motive anzueignen, begab sich der Künstler mehrfach auf Studienreisen an den Rhein. 1766 besuchte Schütz Oppenheim, um außer einer Reihe ausgewählter Einzelmotive auch das Gesamtpanorama der Stadt mit seiner weiteren landschaftlichen Umgebung ins Bild zu setzen.

Auf dem Gebiet der Vedutenmalerei hatte Schütz bereits einige Jahre zuvor wichtige Erfahrungen gesammelt. Einige frühere Gemälde von Frankfurt am Main, darunter eine besonders gelungene Panorama-Ansicht des Frankfurter Mainufers von 1754, bestätigen sein Talent in der Inszenierung architektonischer Motive.

Die Oppenheim-Ansichten der Werkstatt des Christian Georg Schütz bestehen aus 23 Gemälden, Aquarellen und Zeichnungen. Der Realitätsgehalt der Darstellungen ist von Werk zu Werk verschieden und bedarf daher einer differenzierten Betrachtung: Von besonderem Interesse sind einige Ansichten, denen deutlich der Charakter von Vor-Ort-Zeichnungen bescheinigt werden kann. Ihnen kommt unter den Schütz-Ansichten die größte Realitätsnähe zu, da sie möglicherweise aus der unmittelbaren Anschauung der aufgenommenen Objekte entstanden sind. In diese Kategorie lassen sich die Aquarellskizze der Oppenheimer Rheinfähre (Kat. Nr. 35) mit der in der Ferne angedeuteten Silhouette von Oppenheim und die Landschaftsstudie des Oppenheimer Steinbruchs (Kat. Nr. 155) einordnen. Ähnlich verhält es sich mit der Kreidezeichnung Oppenheims von Nordwesten (Abb. 12). Das offensichtlich einem Skizzenbuch entnommene Blatt diente spä-

Abb. 12 Chr. G. Schütz, Oppenheim – Ansicht von Nordwesten, 1768.

Abb. 13 Chr. G. Schütz, Äußeres Gautor – Ansicht der Feldseite, 1766.

Abb. 14 F. Schütz, Äußeres Gautor – Ansicht der Feldseite, 1771.

ter als Vorlage für das im Atelier ausgeführte Gemälde (Kat. Nr. 31). Bei der Betrachtung topographischer Details stellt man fest, daß die Darstellung auf der linken Bildhälfte einen recht hohen Realitätsgehalt aufweist und offenbar gut getroffen ist. Auf der rechten Bildhälfte allerdings hat sich der Künstler nicht mehr so genau an die tatsächlichen Gegebenheiten gehalten. Um das Stadtbild vollständig auf das räumlich begrenzte Format zu übertragen, wechselte Schütz die Blickrichtung und setzte die unteren, ganz rechts zu sehenden Stadtteile, die sich in Wahrheit wesentlich weiter nach Süden erstrecken, stark verkürzt ins Bild.

Der zweiten Kategorie sind Schütz' bildmäßig ausgeführte Aquarelle zuzurechnen, die nach Gemälden (z. B. nach Abb. 13) oder den oben genannten Vorzeichnungen entstanden sind und mit Sicherheit nicht als Vor-Ort-Zeichnungen aufgefaßt werden können. Als Beispiele für die auch zu Studienzwecken viel geübte Praxis des Kopierens lassen sich die beiden Zeichnungen des äußeren Gautores anführen, welche offenbar nach Vorlage des 1766 ausgeführten Ölgemäldes angefertigt wurden. Während sich Franz Schütz in seiner Ansicht Abb. 14 recht genau an die Details der Vorlage hielt, verzichtete Christian Georg Schütz in der Zeichnung Kat. Nr. 49 offenbar bewußt auf die Katharinenkirche als topographisch identifizierbares Hinter-

grundmotiv und bettete das Tor in eine idyllische Vordergrundlandschaft.

An dritter Stelle lassen sich Werke anführen, die anhand ihrer historischen Bezeichnung eindeutig als Ansichten von Oppenheim identifiziert werden können. Auf der Rückseite der Ansicht des äußeren Gautores (Abb. 13) befindet sich ein schriftlicher Vermerk, der neben Datum und Künstlernamen auch das dargestellte Motiv benennt: »*Ausserhalb dem äusseren Gautor zu Oppenheim, wo man durch den Bogen auf den Rhein sehen kann. Gezeichnet anno 1766 von dem berühmten Landschafts Mahlern Herren Christian Georg Schütz in Frankfurth.*«

Ein weiteres in diesem Zusammenhang zu erwähnendes Werk ist das Gemälde des Oppenheimer Pilgersbergs (Kat. Nr. 160) im Frankfurter Goethehaus. Ein rückseitig angebrachter Zettel beglaubigt den topographischen Bezug des Motivs: »*Ein Prospect von Oppenheim. / Die Stadt von dem Pilgers oder / Pilgrimsberg Rechter Hand Den / Rhein hinauf anzusehen. Anno / 1766 auf dem Platz gezeichnet / durch Herrn Schütz, Christian / Georg und von demselben Für / mich auf Holz gemalt im / July 1768.*« Der Hinweis belegt, daß Schütz nach von ihm persönlich vor Ort gezeichneten Vorlagen arbeitete.

Der nächsten Kategorie sind Gemälde zuzuordnen, die – mangels schriftlicher Angaben zum Darstellungsinhalt – lediglich durch die

Abb. 15 Chr. G. Schütz, Pilgersberg – Ansicht von Süden, um 1770 (?), Ausschnitt mit den Ruinen des Dalberger Hofes.

Abb. 16 Erker des Gartenhauses der Villa Frowein in der Dalbergerstraße.

Abb. 17 Chr. G. Schütz, Idealisierte Flußlandschaft mit Motiven aus Oppenheim, um 1770 (?).

wiedererkennbare Topographie als Ansichten von Oppenheim identifiziert werden können. Hierzu zählt u. a. die Ansicht des Pilgersbergs von Süden (Abb. 15), auf der am oberen Bildrand die Reste des Dalberger Hofes (Abb. 16) dargestellt sind.

Ferner gibt es eine Anzahl von Gemälden, die offenbar nach früheren Werken kopiert worden sind. Ihnen ist eine gewisse Genauigkeit bei den wichtigen und interessanten Baulichkeiten anzuerkennen; da sich die Gemälde jedoch hinsichtlich der übrigen Bebauung unterscheiden, erscheint der Realitätsbezug der Darstellungen mitunter fraglich.

Auch Schütz' idealisierte Rheinlandschaften seien an dieser Stelle erwähnt. Gerade hier scheint sich der Künstler bevorzugt verschiedener Oppenheimer Versatzstücke bedient zu haben. Derartige Gemälde konnten in jüngster Zeit in größerer Anzahl aufgefunden werden. Als das am häufigsten verwendete Oppenheim-Motiv kehrt das äußere Gautor wieder, das eine ganze Reihe von Rheinlandschaften ziert (z.B. Abb. 17). Weitere im Rahmen solcher Capriccios verwendete Versatzstücke stellen die Ruinen des Dalberger Hofes (Kat. Nr. 158) und die Katharinenkirche (Kat. Nr. 65) dar.

Die Ruinenbilder des Speyerer Architektur- und Landschaftsmalers Johannes Ruland

Außer Christian Georg Schütz setzte sich Ende des 18. Jahrhunderts vor allem der Speyerer Architektur- und Landschaftsmaler Johannes Ruland mit den mittelalterlichen Baudenkmälern Oppenheims auseinander.

Mit sicherem Gespür für den Vergänglichkeitscharakter seiner Motive wandte sich Ruland in einer Serie von Ansichten vor allem den Ruinen aus der Zeit der Stadtzerstörung zu. Ihm verdanken wir die Ansichten des später abgebrochenen Dienheimer Hofes, des Klosters Mariacron, des Seilertores und des Fährturmes. Auch den maroden Bauzustand von Katharinenkirche und Michaelskapelle hat Ruland auf insgesamt drei recht detailgetreuen Ansichten dokumentiert.

Vielleicht deuten die Ansichten Johannes Rulands und Christian Georg Schütz' bereits auf ein allmählich erwachendes Interesse an der bis dahin noch weitgehend unerforschten mittelalterlichen Baukunst, die seit dem 16. Jahrhundert mit dem Terminus ›gotisch‹ als Ausdruck barbarischen Kunstgeschmacks herabgewürdigt worden war. Selbst Goethe hatte noch 1770 beim Anblick des Straßburger Münsters von einem »*missgeformten krausborstigen Ungeheuer*« gesprochen, doch schon zwei Jahre später sollte er – als Vorreiter des sich wandelnden Zeitgeistes – seine Meinung grundlegend revidieren. Sein berühmter Hymnus auf das Straßburger Münster und dessen Baumeister Erwin von Steinbach leitete die neue Wertschätzung der mittelalterlichen Baukunst ein:

»*Mit welcher unerwarteten Empfindung überraschte mich der Anblick, als ich davor trat! Ein ganzer großer Eindruck füllte meine Seele, den, weil er aus tausend harmonierenden Einzelheiten bestand, ich wohl schmecken und genießen, keineswegs aber zu erkennen und erklären vermochte.*«[21]

Abb. 18 J. Ruland, Katharinenkirche – Ansicht von Süden, um 1790.

Abb. 19 J. Ruland, »Die Katharinen-Kirche in Oppenheim«, um 1790.

Die Oppenheimer Katharinenkirche
in der frühen denkmalpflegerischen Auseinandersetzung

Die französische Fremdherrschaft und die siegreich beendeten Befreiungskriege hatten das Bewußtsein für die Geschichte des Vaterlandes geschärft und die Voraussetzungen für eine allgemeine Neubewertung der Architektur des Mittelalters geschaffen.

Den Beginn einer ersten wissenschaftlichen Auseinandersetzung markiert u.a. Georg Mollers ab 1815 herausgegebene »*Denkmaehler der deutschen Baukunst*«, in deren erster Lieferung bereits die Oppenheimer Katharinenkirche mit einer Reihe qualitätsvoller Ansichten vertreten war. Nach der Moller-Biographie von Frölich/Sperlich stammten die zeichnerischen Vorlagen von Moller persönlich und wurden von seinen Mitarbeitern in Kupfer gestochen[22]. Zusammen mit den später erschienenen Heften beinhalteten die Oppenheim betreffenden Blätter einen Grundriß, einen Fassadenriß, zwei Innenraumperspektiven, eine Ansicht von Südosten, Aufnahmen zweier Fenster und eines Grabdenkmals. Da das Werk »*für den Künstler und Freund der Geschichte bestimmt*« war und deswegen »*nicht zu theuer*« sein durfte, verzichtete Moller auf eine aufwendige Ausführung »*mit Schatten und Licht*« und ließ alle Darstellungen als abstrakte Linienzeichnungen anfertigen.[23] Im Zusammenhang mit Georg Moller ist auch der Kölner Kunstsammler Sulpiz Boisserée zu erwähnen. Gemeinsam mit seinem Bruder warb dieser unermüdlich für die Vollendung des Kölner Domes. Moller stand ab 1810 in engem Kontakt mit Boisserée[24] und lieferte zu dessen berühmten Tafelwerk die zeichnerischen Vorlagen der Ansichten der Domvorhalle und des Mittelschiffs.

Ein weiteres Verdienst erwarb sich Moller bei folgender Begebenheit: 1814 war auf dem Speicher eines Darmstädter Gasthauses ein mittelalterlicher Pergamentplan entdeckt worden. Moller, der um eine Begutachtung gebeten worden war, erkannte in der Zeichnung den seit der Säkularisation verschollenen mittelalterlichen Fassadenriß des Kölner Domes[25]. Durch diesen sensationellen Fund – es handelte sich um die bedeutendste Architekturzeichnung des Mittelalters – gelang es, den mittelalterlichen Bauentwurf zu rekonstruieren und den Dom nach diesen Vorstellungen zu vollenden.

Außer Georg Moller hatte sich insbesondere der Darmstädter Galerie-Direktor Franz Hubert Müller mit der Oppenheimer Katharinenkirche auseinandergesetzt. Seine prachtvolle, durch 40 Bildtafeln im Folioformat illustrierte Baumonographie ist eine der frühesten Monumentalpublikationen über ein deutsches Baudenkmal aus mittelalterlicher Zeit. Umfang, Präzision und künstlerische Qualität stellen Müllers Werk an die Seite des fast gleichzeitig erschienenen Bildatlas zum Kölner Dom, den Boisserée ebenfalls in mehreren Teillieferungen vervollständigte.[26]

Bemerkenswert ist, daß sich auch Boisserée im Zuge seiner Gotik-Studien mehrfach mit der Oppenheimer Katharinenkirche beschäftigte. Zwischen 1810 und 1821 besuchte Boisserée sechsmal die Stadt[27], und anläßlich eines Oppenheim-Besuches vom 21.–24. Oktober 1810 notierte er in seinem Tagebuch: »*Abends kam ich über Guntersblum, wo ich nicht bleiben mochte, im Dunkel nach Oppenheim – da freute ich mich von Herzen über die schöne Catherinen-Kirche und zeichnete und maß sie.*«[28] Müller und Boisserée teilten die Begeisterung für »altteutsche Baukunst« und standen vermutlich in engem fachlichen Austausch.[29] Trotz aller gegenseitiger Anerkennung wetteiferten die beiden Verfasser offenbar um eine den anderen übertrumpfende Aufmachung ihrer Tafelwerke. So findet sich in Müllers Vorwort eine ausführliche Rechtfertigung für das Wagnis, »*zur Zeit der Erscheinung eines so vollkommenen Werkes*« mit der künstlerisch ebenso aufwendigen »*Darstellung*« der Oppenheimer Katharinenkirche »*aufzutreten*«[30].

Die Erläuterungen im Vorspann des Müller'schen Werkes[31] vermitteln interessante Einblicke in die damalige Diskussion um die wissenschaftliche Erforschung der mittelalterlichen Baukunst. Euphorisch begrüßte Müller das Ende einer jahrhundertelangen Mißachtung der »*Zeugen einer grossen Vergangenheit*«, die auf »*eine unbegreifliche Verirrung des Geschmacks, unter dem Einflusse fremder Nationen*« zurückzuführen war. Es sei »*von mehreren einsichtsvollen Männern hinlänglich bewiesen: dass die Bauart, welche man aus Irrthum die Gothische nennt, sich in Teutschland zuerst entwickelte und auch vorzugsweise darin ausgebildet wurde.*« Im Sinne dieser zeitgenössischen – dem neuen Nationalbewußtsein Rechnung tragenden Auffassung – stellte er mit Genugtuung die bis dahin verkannten Denkmäler des »*teutschen Baustyles*« als gleichwertige Leistungen neben die Schöpfungen anderer Völker.

Im Gegensatz zu Moller, der eine Anwendung des »*altdeutschen Geschmacks*« bei der Errichtung neuer Gebäude tadelte[32], war Müller ein eifriger Vertreter neugotischen Bauens und warb für die »*Idee von der Anwendbarkeit der nationalen Baukunst unserer Vorfahren in unseren Tagen*«[33]. Jedoch wandte er sich entschieden gegen Bauwerke, denen aus mangelnder Stilkenntnis »*eine willkührliche Zusammensetzung gothischer Formen*«[34] zu eigen war.

Die prachtvollen Bildtafeln ergänzte Müller um eine ausführliche kunstgeschichtliche Erläuterung und eine »*Kurze Geschichte der ehemaligen Reichs=Stadt Oppenheim*«. Besonders hervorzuheben ist, daß Müller offenbar als erster die engen stilistischen Übereinstimmungen zwischen der Oppenheimer Katharinenkirche und dem Kölner Dom erkannte. Beide Bauten schienen ihm zwar »*sehr ungleich in ihrer Dimension, dennoch von demselben schöpferischen Geiste entworfen*« zu sein. Im Unterschied zur Katharinenkirche sei der Entwurf zum Kölner Dom »*zu gross für die Ausführung durch menschliche Kräfte*« gewesen, wohingegen die Katharinenkirche, abgesehen von den Schäden der Zerstörungen verheerender Kriege, sich »*in erfreulicher Vollendung*« präsentiere[35].

Müller beabsichtigte, der Nachwelt wenigstens im Bilde die Schönheit der Kirche zu überliefern. Der »*jetzige, äusserst verwahrloste, traurige Zustand dieses ehrwürdigen Denkmales, dessen gänzliche Zerstörung man mit der Zeit als gewiss befürchten muss*«[36] hatte ihn zu seinem ehrgeizigen Projekt bewogen. »*Müllers vorbildlicher Veröffentlichung war es zu verdanken, daß die Katharinenkirche 1859 in Franz Kuglers Geschichte der Baukunst mit drei Abbildungen aufgenommen und so einem breiteren Publikum bekannt gemacht wurde. Seither erschien kaum ein umfassendes Architekturwerk, in dem die Katharinenkirche gefehlt hätte; ihre europäische Bedeutung stand somit fest.*«[37]

Für eine künftige (allerdings erst in den 1830er Jahren durchgeführte) Instandsetzung entwickelte Müller detaillierte Richtlinien. Dem ästhetischen Stilempfinden seiner Zeit entsprechend trat er nachdrücklich für die Beseitigung barocker Ausstattungsteile ein:

»*Leider ist in der Wirklichkeit der Genuss dieser schönen Ansicht* [Blick in den Ostchor, Kat. Nr. 102] *wieder, durch den Querbau der Orgel, und durch die grossen Betstühle völlig gestört. Von der besseren Einsicht und dem Kunstsinne des jetzigen Kirchenvorstandes der St. Katharinenkirche ist jedoch mit Zuversicht zu hoffen, dass er, sobald es die Umstände nur erlauben, diese, vor hundert und mehreren Jahren entstandenen, Veranstaltungen zu beseitigen bedacht sein werde.*«[38]

Späteren Instandsetzungsmaßnahmen sollte die Rekonstruktion des ursprünglichen Bauzustandes vorbehalten sein. Dabei sei mit »*der größten Sorgfalt*« jeder »*auch noch so kleine Theil der Verzierungen*« zu erhalten und dem noch Vorhandenen umso mehr »*eine achtsame Pflege*« zu erteilen, »*als man sich in unseren Zeiten ausser Stand gesetzt sieht, ein solches Denkmal nach der ursprünglichen Idee zu ergänzen.*«

Das Tafelwerk des Darmstädter Galerie-Direktors Franz Hubert Müller

Über Leben und Schaffen des Darmstädter Galerie-Direktors Franz Hubert Müller berichtet eine ausführliche, 1835 publizierte Lebensbeschreibung. Da in der bisherigen Literatur eine umfassende Würdigung Müllers bedeutenden Werkes ausgeblieben ist, sei es an dieser Stelle erlaubt, die wichtigsten biographischen Stationen und die Entstehungsgeschichte seines Tafelwerkes nachzuzeichnen:

»*Müller war zu Bonn geboren. Nur die ersten Jahre seiner Jugend konnte er hier in Ruhe genießen, um bald von harten Schicksalsschlägen verfolgt in ein bewegtes Leben einzutreten. Sein Vater war kurkölnischer Geheimrath und Oberappellationsgerichtsrath [...]. Bestimmt, in die Fußtapfen seines Vaters zu treten, hatte er auf der Hochschule zu Münster kaum das Studium der Jurisprudenz begonnen, als der im März 1801 plötzlich erfolgte Tod seines Vaters und die gleichzeitig erfolgte Säcularisation des Erzstiftes ihn nöthigten, die begonnene Laufbahn zu verlassen. Er widmete sich nun gänzlich der Malerkunst, welcher er sich schon früher in seinen Mußestunden mit großer Vorliebe ergeben hatte. [...] Kurze Zeit lebte er nun noch in Bonn ohne Mittel und Leitung, jedoch nicht willens gegen sein deutsches Vaterland die Waffen zu tragen, entzog er sich der französischen Conscription, indem er das linke Rheinufer verließ und sich somit aus seiner geliebten Vaterstadt verbannte, die er wirklich erst nach 20 sehr verhängnisvollen Jahren wieder erblickte. [...] Rastlos strebte Müller, sich in seiner Kunst zu vervollkommnen. [...] Müller lebte abwechselnd in Frankfurt a. M., Aschaffenburg, Eisenach und zog endlich nach Kassel, wo seine Verhältnisse sich allmählig besser gestalteten. Im Jahr 1807 wurde er vom Fürsten von Waldeck zum Hofmaler ernannt, mit der Erlaubniß, seinen Wohnsitz in Kassel nehmen zu dürfen, wo er an dem glänzenden Hofe Jeromes bis zu dessen Auflösung im J. 1814 viele Beschäftigung für seine Kunst fand. Im Begriffe, seinen Wohnort nach Hannover zu verlegen, wurde er mit verschiedenen Prinzen und russischen Generalen bekannt, welche ihm viele und lucrative Arbeiten verschafften. Dieser Umstand bewog ihn, denselben nach Hamburg und von da nach Moskau und Petersburg zu folgen. [...] Die Nachricht von der Wiederbefreiung Deutschlands belebte seine Liebe zum Vaterlande aufs Neue; er gab den Vorsatz, nach Rußland zurückzukehren, für immer auf und ließ sich in Frankfurt a. M. nieder. Von hier berief ihn im Jahr 1817 der Großherzog Ludwig I. von Hessen als Gallerieinspector nach Darmstadt, um die Aufsicht und Einrichtung der großherzoglichen Gemäldegallerie zu übernehmen. [...] Er ordnete die vielen vorhandenen Gemälde nach Schulen, fertigte mit Sachkenntniß einen Katalog über dieselben und erwarb sich dadurch namentlich ein großes Verdienst, daß er mehrere klassische Gemälde [...] meisterhaft restaurirte. Zugleich gründete er eine Zeichenschule, welche bald von Schülern aus allen Ständen besucht wurde und aus welcher mehrere geschickte junge Künstler hervorgegangen sind. Im Jahr 1819 wurde ihm auch der Zeichenunterricht am Gymnasium übertragen und im Jahr 1823 als Anerkennung seiner Bestrebungen der Charakter eines Galleriedirectors ertheilt. Bei Herausgabe seines Werks ›über die St. Katharinenkirche zu Oppenheim‹ creirte ihn am 25. November 1824 die philosophische Facultät zu Gießen zum Doctor. Früher hatte M. sich vorzugsweise mit Porträtmalen beschäftigt; das Studium der mittelalterlichen Kunst überhaupt und namentlich der Architektur, welches er während seines Aufenthaltes in Darmstadt mit dem glänzendsten Erfolge betrieb, gab ihm eine andere Richtung; er malte weniger und nun vorzugsweise historische Bilder, in welchen das ideale Streben, welches die alte Kunst in ihm erregt hatte, nicht zu verkennen ist.*« [39]

Dem ab 1823 herausgegebenen Werk über die Oppenheimer Katharinenkirche gingen nach einer Vorankündigung des zeitgenössischen »*Kunst-Blattes*«[40] mehrere Jahre intensiver Vorarbeiten voraus. Die 1817 erfolgte Anstellung als Galerie-Inspektor und damit verbundene Übersiedlung nach Darmstadt ist dabei als frühest möglicher Zeitpunkt für den Beginn des Projektes anzusetzen.

Die Bearbeitung der einzelnen Tafeln übernahm Müller in weiten Teilen selbst. Gesichert ist, daß die prachtvollen, in Aquatinta-Technik ausgeführten Hauptansichten einschließlich der kolorierten Fensterblätter auf seine Urheberschaft zurückzuführen sind.[41] Teile des übrigen Werkes wurden dagegen von Schülern seiner Darmstädter Zeichenschule angefertigt.[42] Die genannte Lebensbeschreibung berichtet, daß selbst seine Gattin in das Unternehmen miteinbezogen war. Sie beschäftigte sich mit »*der mühsamen, mehrere Jahre lang währenden Arbeit, die Fenster zu koloriren, deren eines oft mehrere Tage zur völligen Ausführung in Anspruch nahm.*«

Inwieweit Müller auf Vorarbeiten des Darmstädter Hofbaumeisters Georg Moller, der bereits 1815 in seinen »*Denkmaehlern der deutschen Baukunst*« einige Bauaufnahmen und Ansichten der Katharinenkirche veröffentlicht hatte, zurückgreifen konnte, bleibt fraglich. Eine in der bisherigen Literatur geäußerte Behauptung, das Müller'sche

Werk sei auf Initiative Georg Mollers entstanden,[43] ist eine Vermutung, die wohl allein auf dem Umstand beruht, daß Moller während seiner Amtszeit die Oberaufsicht über die Restaurierung der Kirche führte. Demgegenüber erscheint es bemerkenswert, daß Moller im Vorwort des Textbandes nur am Rande als Herausgeber der »teutschen Denkmäler« genannt und lediglich allgemein für seine Verdienste um die »Geschichte des Mittelalters« geehrt wird, während seine nur wenige Jahre zurückliegenden Veröffentlichungen zu Oppenheim keinerlei Erwähnung finden. Daß sich beide Werke auf voneinander unabhängige Bauaufnahmen stützen, läßt sich an zahlreichen Unterschieden ausmachen: So zeigt eine Gegenüberstellung der Pläne zur Langhaussüdfassade (Kat. Nr. 111 und Kat. Nr. 112), daß Moller Einzelheiten wie Galerien und Brüstungen offenbar willkürlich hinzufügte, während sich Müller meist auf sparsame – offenbar durch Baubefunde belegte – Ergänzungen beschränkte.

Der in der Bauforschung erst später gängigen Praxis, zwischen Befund und Rekonstruktion zu unterscheiden, folgte Müller mit den beiden Außenansichten der Kirche:

Während die Ansicht von Südosten (Kat. Nr. 92) den zeitgenössischen Bauzustand dokumentiert, bietet die Ansicht von Süden (Kat. Nr. 69) ein Idealbild, das auf Rekonstruktion unausgeführt gebliebener Entwurfsgedanken und Ergänzung mutmaßlich durch Zerstörung verloren gegangener Teile beruht. Müller beabsichtigte, »*das Fehlende aus dem noch Vorhandenen wieder glücklich zu ergänzen*«, um dem Betrachter, »*das Ganze in ungestörter Uebereinstimmung*« vor Augen zu führen.[44]

Den bedeutendsten Teil des Tafelwerkes bilden die Aquatinta-Blätter, welche das Äußere und Innere der Kirche auf insgesamt acht perspektivischen Ansichten wirkungsvoll in Szene setzen. Vorausgegangen war eine mit großer Sorgfalt angefertigte Bauaufnahme, anhand derer die Hauptansichten der Kirche aus den Grund- und Aufrissen perspektivisch entwickelt werden konnten. Anschließend wurden die Vorzeichnungen um detaillierte Oberflächendarstellungen ergänzt. Hierfür bewährte sich die aufwendige Aquatinta-Technik, welche durch differenzierte Helligkeitswerte eine effektvolle plastische Ausformung der einzelnen Bauglieder ermöglichte.

Müllers Tafelwerk erschien ab September 1823 in acht aufeinanderfolgenden Lieferungen und kostete seinerzeit die beachtliche Summe von 200 Gulden, was der »*allgemeineren Verbreitung und Anerkennung dieses schönen Kunstwerkes etwas hinderlich*« war, wie ein Artikel des Kunst-Blattes[45] feststellt. Die Herausgabe der einzelnen Lieferungen läßt sich mittels der von Müller versendeten Begleitbriefe datieren.[46] Danach erschienen die Lieferungen in jährlichen Abständen und gelangten nach etwas mehr als fünf Jahren zum Abschluß:

1. Lieferung: 19. September 1823,
2. Lieferung: 22. Dezember 1824,
3. Lieferung: 11. November 1825,
4. Lieferung: 21. Dezember 1826,
5. Lieferung: 15. November 1827,
6. Lieferung: 9. Mai 1828,
7. und 8. Lieferung: 8. Januar 1829.

Außer einer perspektivischen Ansicht in Aquatinta-Manier und einem handkolorierten Fensterblatt enthielt jede der acht Lieferungen Bildtafeln mit Grund- und Aufrissen und Darstellungen einzelner Baudetails.

Um die Herausgabe seines Werkes einem breiteren Publikum bekannt zu machen, wandte sich Müller an Johann Wolfgang von Goethe. Für das ihm zugesandte Werk bedankte sich Goethe in »Kunst und Altertum«, Band VI, Heft 2 mit einer lobenden Rezension:

»*Die Bemühungen des Herrn Galeriedirectors Müller zu Darmstadt, das Andenken auch dieses bedeutenden Documentes altdeutscher Baukunst zu erhalten, finden wir treulich fortgesetzt, und freuen uns das Arbeiten in Zink zu diesem Zwecke in so hohem Grade förderlich zu sehen. Ist die architektonische Ausführung höchst befriedigend, so setzen die gemalten Fenster mit ihren alleräußersten Einzelheiten in Verwunderung; hält man sie gegen das Licht, so tun sie eine überraschend anziehende Wirkung. Mit zwey Lieferungen soll noch zu Ausgang dieses Jahres das Werk geschlossen seyn. Schreitet nun das Boisserée'sche über den Cöllner Dom und das Mollerische über den Freyburger seiner Vollendung zu, so werden wir endlich zu dem klarsten Anschauen gelangen, wie in einer düster-unruhigen Zeit die colossalsten Conceptionen zu den höchsten Zwecken und dem frömmsten Wirken sich in der Baukunst hervorthaten, und in der ungeeignetesten Weltepoche Maß und Harmonie ihr Reich zu befestigen und zu erweitern trachteten.*«

Eine der ersten Ausgabe beigefügte Subskriptionsliste zeugt von der allgemeinen Beachtung, die Müllers Tafelwerk erfuhr. Außer den Mitgliedern der Familie des Großherzogs erwarben der Kaiser von Österreich, die Könige von Frankreich, England, Preußen, Sachsen, Bayern, der Niederlande und zahlreiche weitere adelige Landesherren, europäische Bibliotheken und Buchhändler die ca. 60 Exemplare der ersten Auflage.

Auf der ersten Seite findet sich eine Widmung an Großherzog Ludwig I. »*unter Dessen weiser Regierung Kunst und Wissenschaft in sei-*

 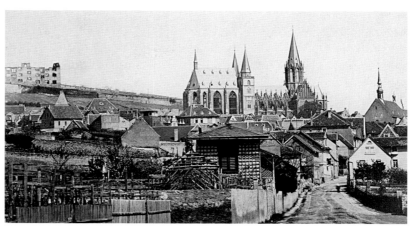

Abb. 20   F. H. Müller, »Oppenheim von der Südseite.«, 1827 (Ausschnitt).

Abb. 21   W. Glock, »Oppenheim«, ca. 1890.

nem glücklichen Lande so herrlich gedeihen«. Ludwig hatte sich u. a. als Begründer eines 1818 beschlossenen Denkmalschutzgesetzes verdient gemacht. Interessanterweise ging das Gesetz fast zeitgleich mit dem Beginn der Darmstädter Tätigkeit Franz Hubert Müllers einher. Nach dem Wiener Kongreß war dem Großherzogtum Hessen die Provinz Rheinhessen zugeschlagen worden. »*Zusammen mit den romanischen Kaiserdomen in Mainz und Worms waren damit drei Baudenkmäler von höchstem Rang, wie sie die alte Landgrafschaft Hessen-Darmstadt aus nachkarolingischer Zeit auch nicht entfernt aufzuweisen hatte, in den Bereich des Großherzogtums gelangt.*«[47] Mit der 1818 erlassenen Denkmalschutzverordnung stellte sich Hessen »*an die Spitze der Bewegung zur Erhaltung der Baudenkmäler in Deutschland*«[48]. Der als Förderer der Kunst und Wissenschaft gerühmte Landesherr scheint Müllers Unternehmen jedoch kaum mehr als ideell gefördert zu haben. Wie dem Titelblatt der ersten Lieferung zu entnehmen ist, sah sich der Verfasser gezwungen, die erste Auflage seines Werkes auf eigene Kosten herauszugeben, weswegen »*viele Kunstfreunde und Verehrer der vaterländischen Geschichte*« durch die »*Ungewissheit der Vollendung*« des Werkes vom Eintrag auf eine Subskriptionsliste abgehalten wurden.

Nach Müllers Tod gelangten die Platten in den Besitz der Diehlschen Verlagsbuchhandlung in Darmstadt. Eine zweite Auflage erschien im Jahre 1836, und eine dritte »*auf's neue vervollständigte Prachtausgabe*« wurde im Jahre 1853 vom Verlag Joseph Baer in Frankfurt am Main herausgegeben.

Die Restaurierungsgeschichte der Oppenheimer Katharinenkirche im Spiegel historischer Ansichten

Der Brand von 1689 hatte an der Katharinenkirche schwere Schäden hinterlassen: Die Dächer sämtlicher Gebäudeteile waren vernichtet, ein Teil der Gewölbe eingestürzt. An Fassaden und Innenwänden hatte das Feuer zu Beschädigungen der Steinmetzarbeiten und Fenster geführt.

Einzelne Wiederherstellungsarbeiten liefen um 1697[49] an. Die frühen Reparaturen beschränkten sich dabei auf die östlichen, für die Wiederaufnahme des Gottesdienstes benötigten Gebäudeteile. Um die Mitte des 18. Jahrhunderts versah man die Türme wieder mit Dachhelmen: Die Form der um 1750 errichteten Vierungsturmhaube erinnerte dabei ein wenig an die 1767 von Franz Ignaz Michael Neumann errichtete Vierungsturmbekrönung des Mainzer Domes und offenbart die damalige, stilistisch noch recht unbekümmerte Restaurierungspraxis. Daß neben dem Dachwerk des Vierungsturmes in jener Zeit auch das Innere der Kirche durch Orgel und Kanzel eine barocke Neugestaltung erfuhr, belegt die Innenansicht von Ruland (Abb. 19), auf welcher die Orgel noch an ihrem früheren Standort, anstelle des mittelalterlichen Ostlettners zu sehen ist. Eine Reihe historischer Ansichten dokumentiert den ausgesprochen provisorischen Charakter der bis zum Ende des 18. Jahrhunderts durchgeführten Baumaßnahmen:

Ein Aquarell von Christian Georg Schütz (Abb. 22) zeigt die Kirche in Frontalansicht von Süden und liefert, abgesehen von den etwas überzeichneten Proportionen, ein recht detailgetreues Bild vom Bauzustand während der 1770er Jahre. Im Vergleich mit Darstellungen späterer Zeit fällt auf, daß in der zweiten Hälfte des 18. Jahrhunderts weitere Änderungen am Dachwerk vorgenommen worden waren. So ersetzten – wie einer Ansicht von Ruland (Abb. 18) zu entnehmen ist – um 1790 kleine Zeltdächer das bei Schütz abgebildete Pultdach über dem südlichen Seitenschiff.

Von besonderem Interesse sind die in Schütz' Ansicht enthaltenen Einzelheiten aus der näheren Umgebung der Kirche. So entdeckt man am rechten Bildrand die Ruinen des 1689 zerstörten und seitdem brachliegenden Dienheimer Hofes, den auch Ruland auf einer späteren Ansicht mit dem charakteristischen Erker festgehalten hat (siehe Kat. Nr. 161). Ein weiteres bemerkenswertes Detail ist der

Abb. 22   Chr. G. Schütz, Katharinenkirche – Ansicht von Süden, um 1770 (Ausschnitt).

Abb. 23   Gewölbe hinter der Kirchhofmauer, 2001 bei Restaurierungsarbeiten wiederentdeckt.

 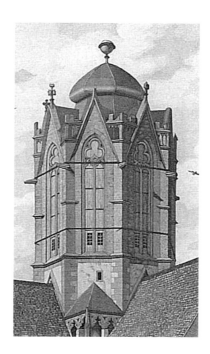

Der Vierungsturm der Katharinenkirche auf zwei Ansichten des frühen 19. Jahrhunderts:

Abb. 24 Unbekannter Künstler: Katharinenkirche – Ansicht von Nordosten, vor 1825 (Ausschnitt).
Abb. 25 F. H. Müller: Katharinenkirche – Ansicht von Südosten, 1829 (Ausschnitt).

unscheinbare Kellereingang in der Kirchhofmauer. Daß Schütz' Darstellung den tatsächlichen Gegebenheiten entsprach, bewahrheitete sich bei einer vor wenigen Jahren erfolgten Restaurierung, bei welcher an der von Schütz angegebenen Stelle zwei mittelalterliche Gewölbe zum Vorschein kamen.[50]

Rulands Zeichnung Abb. 19 vermittelt den trostlosen Zustand im Gebäudeinneren: Während in Seitenschiffen, Vierung und Chor die Gewölbe erhalten geblieben bzw. im 18. Jahrhundert repariert worden waren, klaffte im Mittelschiff noch immer eine Lücke. Anstelle der mittelalterlichen Gewölbe schloß eine provisorische Holzdecke den Raum nach oben ab. Daß auch nach mehr als 100 Jahren noch längst nicht alle Spuren der Zerstörung beseitigt worden waren, bezeugen die Abbruchkanten der stumpf ins Kirchenschiff hineinragenden Gewölbeansätze und die Ausbrüche und Abplatzungen an den Pfeilersockeln.

Daß die nur unzureichend durchgeführten Instandsetzungen immer wieder neue Reparaturen nach sich zogen, läßt sich Müllers großer Südostansicht (Abb. 25) entnehmen. Um der Rißbildung am Vierungsturm entgegenzuwirken, hatte man das Turmoktogon mit zwei außen entlanggeführten Ringankern stabilisiert. Bereits zuvor hatte man wiederholt versucht, Witterungsprobleme am Vierungsturm in den Griff zu bekommen. Eine Zeichnung eines unbekannten Künstlers (Abb. 24) zeigt den Vierungsturm mit einem innerhalb des Turmoktogons über dem Unterbau aufgeschlagenen Zeltdach, das jedoch schon einige Jahre später wieder abgebrochen wurde, als man die Fenster mit einem Bretterverschlag verschloß. Auch auf der Nordseite versuchte man auf ungewöhnliche Weise, die fortschreitende Zerstörung aufzuhalten. In den 1820er Jahren verlängerte man das Dach des Mittelschiffs auf die Traufhöhe des nördlichen Seitenschiffs.[51] Durch diese Maßnahme wurde das Maßwerk der Obergadenfenster für mehr als ein halbes Jahrhundert vor dem weiteren Verfall bewahrt (siehe Abb. 26, Abb. 27).

In den 1830er Jahren veranlaßte die Darmstädter Oberbaudeputation eine erste umfassende Restaurierung. Unter der Federführung des Weinbrenner-Schülers Ignaz Opfermann erfolgte eine Regotisierung des Kirchenraumes, bei der die als störend empfundenen barocken Elemente beseitigt wurden. Zu den wichtigsten Restaurierungsmaßnahmen zählten die Errichtung der neugotischen Orgelempore zwischen den romanischen Türmen und der Einbau von Holzgewölben in den vier Jochen des Mittelschiffs.

Die Opfermannsche Restaurierung wurde in späterer Zeit vor allem wegen des Abbruchs der ehemals halbseitig in die Seitenschiffe ragenden Kapellen heftig kritisiert. Die Aufgabe dieser architektonisch reizvollen Anlagen war vermutlich aus statischen Gründen erfolgt.

Daß Opfermann freizügig mit der historischen Bausubstanz umzugehen pflegte, läßt sich einem Bericht vom 13. Mai 1843 entnehmen, worin er vorschlug, die Ruine des Westchors abzubrechen, um Haussteine für die Restaurierung des Langhauses zu gewinnen, ein Vorschlag, der von Moller allerdings abgelehnt wurde.[52]

Mit der neu gestalteten Orgelempore und dem dahinter in die Öffnung zwischen Westchor und Ostchor eingesetzten Maßwerkfenster offenbart sich der schöpferische Umgang mit dem Baudenkmal. Anstatt die noch von Müller beobachteten Fragmente einer Galeriebrüstung in seine Planungen miteinzubeziehen, schuf Opfermann eine Empore, die in ihrer klassizistisch interpretierten Neugotik schon wenige Jahrzehnte später als »*unschön*« empfunden wurde.[53] Vermutlich

Abb. 26   F. Eisenlohr, Katharinenkirche – Ansicht von Nordwesten, um 1820 (Ausschnitt).

Abb. 27   C. Hertel, Katharinenkirche – Ansicht von Nordwesten vor der Restaurierung von 1878–1889.

zur gleichen Zeit wurde auch das in Kat. Nr. 108 dargestellte kleine Portal mit dem darüber liegenden Doppelfenster in der Ostwand des Westchors beseitigt.[54]

Nach dem deutsch-französischen Krieg von 1870/1871 waren die Rufe nach einer durchgreifenden Restaurierung der Katharinenkirche lauter geworden. 1873 erfolgte die Gründung des »*Vereins für die Wiederherstellung der Katharinenkirche zu Oppenheim*«, der sich um eine Finanzierung des Projektes nach dem Vorbild des Kölner Dombauvereins bemühte. In einem allgemeinen Aufruf wandte man sich an alle Deutschen in der Heimat und im Ausland:

»*Die Bürger Oppenheims können nicht verjährte Ansprüche wegen des von Frankreich ihren Vorfahren geraubten Wohlstandes erheben, aber dazu glauben sie ein Recht an das deutsche Reich und dessen Bewohner zu haben, daß aus gemeinschaftlichen Mitteln, sowohl durch Sammlungen bei allen deutschen Patrioten, wie auch durch Beiträge aus der Landes- und Reichskasse der von Frankreich geübte Frevel wieder gesühnt und der herrliche Tempel zu Ehren des deutschen Namens und als bleibendes Wahrzeichen unserer Einheit und Zusammengehörigkeit, den alten Baurissen entsprechend, wieder aufgerichtet werde.*«[55]

Bereits nach wenigen Jahren gelang es, die Finanzierung durch Mittel des Reiches, des Hessischen Staates und des Vereins sicher-zustellen. Nach längeren Debatten beauftragte man den Wiener Dombaumeister Friedrich von Schmidt und dessen Sohn Heinrich mit der Planung. Während die Entscheidung prinzipieller Fragen sowie die Aufsicht über den Bau und die letzte Verantwortung für dessen Gelingen Friedrich von Schmidt übertragen worden war, betraute die Bauverwaltung Heinrich von Schmidt mit der Bauleitung.[56] Nach der Ausarbeitung der Wiederherstellungspläne konnte bereits im Sommer 1879 mit den Bauarbeiten begonnen werden. Als Baubüro diente die im Jahr zuvor instandgesetzte Michaelskapelle an der Nordseite der Katharinenkirche.

1879 wurde der baufällige Vierungsturm abgetragen und 1880 mit teilweise neuen Steinen wiederaufgebaut, 1881 dann der neue Turmhelm aufgesetzt. Es folgten die Restaurierung des Mittelschiffs und 1883 die Überdachung des Westchors, dessen Wiederherstellung ursprünglich nicht vorgesehen, aber auf Betreiben Schmidts in das Programm miteinbezogen worden war. Die letzte Maßnahme bildete die 1888 abgeschlossene Einwölbung des Mittelschiffs.[57]

Am 31. Mai 1889, genau 200 Jahre nach der Zerstörung der Stadt im Pfälzischen Erbfolgekrieg, wurde unter Teilnahme des Großherzogs von Hessen die Wiedereinweihung des Gotteshauses mit einem glanzvollen Fest gefeiert.[58]

Der Wandel des Oppenheimer Stadtbildes im 19. Jahrhundert

Trotz der Zerstörungen des Pfälzischen Erbfolgekrieges verlor Oppenheim weite Teile seiner mittelalterlichen Bausubstanz erst in wesentlich späterer Zeit. Wie ein Blick auf den sogenannten Urkataster bestätigt, ist beispielsweise die mittelalterliche Stadtbefestigung um 1820 noch nahezu vollständig erhalten gewesen.

Die 1818 erfolgte Niederlegung des Dienheimer Tores[59] markiert den Beginn einer ersten größeren Abbruchserie. Bemerkenswert ist, daß es bereits bei dieser Maßnahme – allen Erneuerungsbestrebungen zum Trotz – offenbar denkmalpflegerisch motivierte Vorbehalte gegeben hat. So waren nach einer unverbürgten Quelle zuvor angeblich noch Pläne zu einer Erhaltung des Tores ausgearbeitet worden.[60] Daß sich der Stadtrat dennoch für den Abbruch entschied, lag wohl an der umständlichen Wegeführung: Um potentielle Angreifer in der Flanke treffen zu können, hatte man im Mittelalter inneres und äußeres Tor versetzt zueinander errichtet. Durch diese Maßnahme war der Verlauf der Hauptstraße erheblich verlängert worden; zusätzlich erschwerten drei schmale Grabenbrücken das Betreten der Stadt. Bedauerlich ist, daß man auch das Äußere Dienheimer Tor beseitigte. Dieses stand nämlich abseits der später begradigten Straße und hätte somit ohne größeren Aufwand erhalten werden können.

Nach einer Pause von mehr als einem Jahrzehnt begann man, auch die übrigen Tore abzubrechen. Als 1830 schließlich Seilertor, Fährturm und Rheintor abgetragen worden waren, protestierten die Vorstadtbewohner. Ihnen hatte man durch den Abbruch des Rheintores Glocke und Uhr genommen[61]. Um einen entsprechenden Ersatz zu schaffen, wurde einige Jahre später der unweit entfernte mittelalterliche Zollturm wiederhergestellt und mit dem Uhrwerk des Rheintores versehen. Der Vorgang belegt, daß Abbrüche und denkmalpflegerische Maßnahmen zeitlich einhergingen.

Außer dem Zollturm, der durch seine neue Funktion als Uhrturm schließlich gerettet werden konnte, blieb lediglich das innere Gautor, das bis dahin traditionell als Gefängnis gedient hatte, verschont. Besonders bedauerlich erscheint, daß von den Toren und Türmen, die in jener Zeit beseitigt wurden, keine einzige Bauaufnahme angefertigt wurde. Lediglich einige mehr zufällig erhalten gebliebene Skizzen und Zeichnungen verschiedener Künstler überliefern das Bild dieser weiträumigen Befestigungsanlagen, die vordringlichen Modernisierungsvorhaben zum Opfer fielen. Außer den Toren und Türmen der ehemaligen Stadtbefestigung verschwanden in der ersten Hälfte des 19. Jahrhunderts auch einige bedeutende Sakralbauten. Als schwerwiegendste ›Untat‹ ist der 1837 erfolgte Abbruch der ehemaligen Sebastianskirche anzusehen.

Das ehemals im Südteil der Altstadt gelegene Gotteshaus war neben der Katharinenkirche das bedeutendste und zugleich älteste sakrale Baudenkmal der Stadt. In der Zeit um 1720 hatte die lutherische Gemeinde die 1689 zerstörte Kirche wiederhergestellt.[62] Während der Befreiungskriege erfolgte eine zeitweilige Zweckentfremdung als Lazarett und Magazin. Die dadurch entstandene Beschädigung war so groß, daß 1818 eine kostspielige Restaurierung durchgeführt werden mußte. Als sich wenige Jahre später die Lutheraner und Reformierten zur »*Unirten Kirche*« zusammenschlossen, versammelte sich die Gemeinde fortan in der geräumigeren Katharinenkirche zum Gottesdienst. Um die dringend erforderliche Restaurierung der Katharinenkirche finanzieren zu können, beschloß man, die Sebastianskirche abzubrechen und das dabei anfallende Baumaterial mitsamt dem Kirchhof und den umliegenden Pfarrhäusern zu versteigern. Neben einigen im näheren Umfeld der Kirche verbauten Spolien kamen wiederverwendbare Werksteine bei der Restaurierung der Katharinenkirche zum Einsatz. Auch einige Grabsteine und das bedeutende romanische Portaltympanon hatte man vor dem Abbruch der Kirche hierher gebracht.[63]

Außer der Sebastianskirche wurde zu Beginn des 19. Jahrhunderts auch die an der Dexheimer Straße, unweit des äußeren Gautores gelegene Kirche des Antoniterklosters abgetragen. An ihrer Stelle errichtete man 1806 eine klassizistische Friedhofskapelle[64], welche 1972 – angeblich wegen Baufälligkeit – einem Neubau weichen mußte. Ein ähnliches Schicksal widerfuhr der Kirche des Klosters Mariacron. Wie so mancher säkularisierte Bau diente die bis ins 19. Jahrhundert wohlerhaltene Kirchenruine schließlich als Steinbruch. Noch gegen Ende des 19. Jahrhunderts scheint – einer zeitgenössischen Beschreibung[65] zufolge – ein größerer Teil der Klosterkirche einschließlich eines frühgotischen Portals erhalten gewesen zu sein. Erst die Einrichtung einer

Abb. 28   Links: M. Merian, Burg Landskrone auf der Stadtansicht von 1645,
rechts.: Wiederherstellungsentwurf von 1891.

Abb. 30   Links: M. Merian, der Hof derer von Gemmingen auf der Stadtansicht von 1645,
rechts: Photographie des ehemaligen Kreisamtes, 2000.

Abb. 29   Links: M. Merian, Der Schneiderturm auf der Stadtansicht von 1645,
rechts: historische Photographie des Ruprechtsturmes, um 1910.

Abb. 31   Links: M. Merian, das 1621 abgebrannte alte Rathaus in der Pfaugasse auf der Stadtansicht von 1645,
rechts: Photographie der Treppenanlage auf dem Anwesen Pfaugasse 28, um 1930.

Schnapsbrennerei auf dem Grundstück der früheren Klosterkirche führte zur fast vollständigen Beseitigung dieser bedeutenden Anlage. Ebenfalls einer industriellen Nutzung zugeführt wurde das ehemalige Zollhaus in der Turmstraße. Nach einem Umbau zur Dampfmühle brannte das Gebäude ab (Bauakten Stadtarchiv). Auf den Fundamenten wurde 1872 eine Parkettfabrik errichtet. Zwei besonders wertvolle Baudenkmäler gingen um 1850 mit dem Abbruch des Deutschordenshauses[66] und des Hofes «zum güldenen Ring» verloren. Beide Anwesen stammten noch aus mittelalterlicher Zeit und zählten somit zu den ältesten damals noch erhaltenen Profanbauten Oppenheims.

Für die letzten Jahrzehnte des 19. Jahrhunderts läßt sich dagegen eine erhöhte Sensibilität im Umgang mit den wenigen noch aus dem Mittelalter übriggebliebenen Baudenkmälern erkennen. Dies ist nicht nur an den Bemühungen um die Restaurierung der Katharinenkirche nachzuvollziehen, auch für die Burgruine wurden vom neugegründeten Verschönerungsverein ähnliche, allerdings später wieder verworfene Wiederherstellungspläne erstellt (Abb. 28). Das sich allmählich entwickelnde Bewußtsein, eine Vielzahl historisch bedeutsamer Bauten verloren zu haben, äußerte sich in verstärkten Bemühungen, durch ›altertümelnde‹ Ergänzungen und Reparaturen den historischen Charakter des Ortsbildes wiederherzustellen. Zu den Verschönerungen jener Zeit zählt beispielsweise die Errichtung des Oppenheimer Ruprechtsturmes. Hierfür nahm man sich die Darstellung des Schneiderturmes in Merians Stadtansicht von 1645 zum Vorbild. Doch scheint keine genaue Rekonstruktion geplant gewesen zu sein. Im Sinne der ›schöpferisch‹ gestaltenden Denkmalpflege der Zeit der Jahrhundertwende schuf man einen Aussichtsturm in zeittypisch neugotischer Formensprache (Abb. 29). Ebenfalls Merian entlehnt ist der im Stil der Neorenaissance gestaltete Ostgiebel des gegen Ende des 19. Jahrhunderts umgebauten Kreisamtes in der Dalbergerstraße (Abb. 30). Ein Beispiel für eine vergleichsweise späte Nachbildung eines von Merian überlieferten Baudetails findet sich auf dem Anwesen Pfaugasse 28. Hier errichtete man um 1920 eine Treppenanlage, die sich ganz offensichtlich an der Darstellung in Merians Kupferstich von 1645 orientiert (Abb. 31).

In die Zeit dieser Verschönerungsmaßnahmen fällt auch die Restaurierung des Oppenheimer Rathauses. Dieses hatte im Mittelalter möglicherweise aus drei dem Frankfurter Römer nachempfundenen Treppengiebel-Häusern bestanden. Nach der Zerstörung von 1689 war lediglich die Wiederherstellung des östlichen Gebäudeteils erfolgt. Erst bei der Restaurierung von 1882/83 wurde dann der mittlere Giebel ergänzt.

Die letzte, das 19. Jahrhundert beschließende Epoche bereicherte Oppenheim um prunkvolle Villenbauten vermögender Weingutsbesitzer oder zugezogener Industrieller. Ein besonders prächtiges Beispiel ist die Villa des Wuppertaler Textilfabrikanten August von Frowein, die unter Einbeziehung von Gebäuderesten des 1689 zerstörten Dalberger Hofes errichtet wurde (siehe Kat. Nr. 166).

Ansichten des 19. Jahrhunderts

Einige der wichtigsten Oppenheim-Ansichten des 19. Jahrhunderts seien an dieser Stelle kurz erwähnt. Außer dem Mappenwerk des Darmstädter Galerie-Direktors Franz Hubert Müller sind vor allem die Oppenheim-Aquarelle des Heidelberger Romantikers Carl Philipp Fohr als bemerkenswerte Beispiele einer intensiven künstlerischen Auseinandersetzung mit der Oppenheimer Katharinenkirche hervorzuheben. Fohr erhielt von dem Darmstädter Oberbaurat Georg Moller im Frühjahr 1815 Zeichenunterricht. In diesem Zusammenhang entstanden wohl die beiden Aquarelle vom Innern der Katharinenkirche (Kat. Nr. 95, 96) und einige Skizzen mit architektonischen Details. Ein weiteres Aquarell, das Fohr vermutlich um 1812 gezeichnet hat (Kat. Nr. 68), zeigt die Katharinenkirche aus dem Blickwinkel der unteren Merianstraße mit dem Rathaus auf der linken Bildhälfte.[67]

Von dem namhaften Landschaftsmaler, Kupferstecher und Lithographen Friedrich Christian Reinermann gibt es zwei 1827 entstandene großformatige Zeichnungen; die eine zeigt die Katharinenkirche von Nordwesten (Kat. Nr. 76), die andere Oppenheim in einer Gesamtansicht von Südwesten (Kat. Nr. 27). Letztere verwendete der Maler Johann Theodor Goldstein als Vorlage für sein stimmungsvolles Gemälde von Oppenheim (Kat. Nr. 28), das mit der Darstellung der über der Stadt thronenden Katharinenkirche ein wenig an Schinkels berühmtes Gemälde »Gotischer Dom am Wasser« erinnert.

Den Zeichnungen und Aquarellen der ersten Hälfte des 19. Jahrhunderts läßt sich eine bedeutende Zahl druckgraphischer Werke gegenüberstellen. Eine besonders gelungene Illustration bietet der Stahlstich der Engländer Foster und Roberts (Kat. Nr. 79). Er zeigt die Kirche aus nordwestlicher Richtung unter einer gespenstisch in Licht und Schatten getauchten Wolkenlandschaft.

Müllers Tafelwerk und Mollers »Denkmaehler der deutschen Baukunst« hatten vor allem in Fachkreisen auf die Oppenheimer Katharinenkirche aufmerksam gemacht. So ist es nicht verwunderlich, daß auch der Architekt Karl Friedrich Schinkel auf seiner Rheinreise einen Ausflug nach Oppenheim unternahm (Tagebuchnotiz vom 14. Juli 1824)[68]. Auch die bedeutenden badischen Architekten Friedrich Eisenlohr und Josef Durm besuchten auf ihren Studienreisen Oppenheim, um sich vor Ort mit gotischen Bauformen auseinanderzusetzen. Die um 1820 entstandene Zeichnung von Eisenlohr mit einem Blick auf Oppenheim von Nordwesten (Kat. Nr. 32) besticht durch ihre Genauigkeit. Für die Baugeschichte Oppenheims ist das Blatt besonders wertvoll, da es die Stadt noch in ihrer mittelalterlich anmutenden Abgeschiedenheit zur Landschaft zeigt – ein Eindruck, der heute durch den Abbruch der Stadtmauer und die zunehmende Zersiedelung im ›Unterfeld‹ weitgehend verlorengegangen ist.

Von dem in Oppenheim geborenen Architekten Paul Wallot, bekannt als Erbauer des Reichstagsgebäudes in Berlin, gibt es eine Reihe von Zeichnungen mit Oppenheimer Motiven. Zu den Meisterstücken dieser Serie zählen die Ansichten der Stadt von Nordosten (Kat. Nr. 40) und der ehemaligen Tränkpforte in der Bädergasse (Kat. Nr. 63).

Der Wiener Dombaumeister Friedrich von Schmidt, einer der prominentesten deutschen Neugotiker, hinterließ zusammen mit seinem Sohn einen Satz seiner Werkpläne (heute evangelisches Gemeindearchiv), deren schönste Blätter in dem Abschlußbericht über die Restaurierung der Oppenheimer Katharinenkirche 1889 veröffentlicht wurden (Kat. Nr. 116, 117, 118, 119).

An letzter Stelle seien noch einige weniger bildhaft ausgearbeitete Werke erwähnt. Der Mainzer Maler Georg Schneider fertigte mehrere Zeichnungen mit Oppenheimer Motiven an, darunter einige Ansichten der Ruinen des ehemaligen Dalberger Hofes (Kat. Nr. 106, 162, 163, 164, 165). Es handelt sich um mit flüchtiger Hand gefertigte Aquarell-Skizzen von unterschiedlicher Detailtreue.

Von einem unbekannten, vermutlich französischen Künstler besitzt das Kölnische Stadtmuseum eine Serie von Skizzenbuchblättern mit Ansichten des inneren Gautores (Kat. Nr. 45), des Seilertores (Kat. Nr. 60), der Katharinenkirche (Kat. Nr. 83), der Sebastianskirche (Kat. Nr. 144) und des Gasthauses »zum wilden Mann« (Kat. Nr. 167). Besonders die beiden letztgenannten Zeichnungen besitzen hohen dokumentarischen Wert, da uns der Zeichner hier zwei von anderen Künstlern vernachlässigte Motive überlieferte.

Katalog

Erläuterungen zum Katalog

Im Katalog sind wesentliche Teile des derzeit bekannten Bestands historischer Ansichten des 17., 18. und 19. Jahrhunderts erfaßt. Aufgenommen wurden druckgraphische Arbeiten, Gemälde, Aquarelle, Handzeichnungen und historische Photographien, welche das gesamte Ortsbild oder einzelne Motive daraus wiedergeben. Unberücksichtigt bleiben sogenannte ›Schnecken‹, d.h. Darstellungen im Dreißigjährigen Krieg eroberter Orte und Miniaturansichten auf Karten, die aufgrund ihres geringen Formates mehr symbolhaften Charakter besitzen. Wegen der Fülle an Bildmaterial konnte in einigen Kategorien wie z. B. ›Pläne‹ bzw. ›Baudetails‹ zur Oppenheimer Katharinenkirche oder ›Historische Photographien‹ lediglich eine repräsentative Auswahl katalogisiert werden. Eine ergänzende Auflistung historischer Kopien, Varianten und Architekturskizzen findet sich im Anhang.

Ordnung und Numerierung:
Die Ansichten sind nach Motiven geordnet. Innerhalb der Motivgruppen ist die Reihenfolge chronologisch (bei Druckgraphik nach dem Jahr der Publikation). Die Numerierung der Ansichten erfolgt durchgehend und unabhängig von den einzelnen Motivgruppen.

Bildtitel und Bezeichnungen:
Bildtitel und Bezeichnungen sind orthographisch genau zitiert. Bei der Wiedergabe der Bezeichnungen werden folgende Abkürzungen verwendet:

- li. links
- re. rechts
- M. Mitte
- u. unten
- o. oben

Zuschreibung:
Die Zuschreibung basiert auf den Signaturen der Künstler bzw. auf den Angaben der Museums- bzw. Sammlungskataloge. Bei druckgraphischen Werken lassen sich meist nur die Herausgeber nennen.

Technik:
Druckgraphik ist in Holz-, Kupfer- und Stahlstich, Zinkätzung, Aquatinta und Lithographie unterschieden; Malerei in Öl-, Tempera- und Aquarellmalerei, Zeichnungen in Bleistift- bzw. Federzeichnungen.

Maße:
Die Bildmaße (Höhe × Breite) beschreiben die Abmessungen der inneren Einfassungslinien. Fehlen Einfassungslinien, ist die Blattgröße genannt.

Kommentare:
Die Bildbeschreibungen beziehen sich auf die topographische Aussage der einzelnen Ansichten.

Publikation:
Fast die gesamte Druckgraphik stammt aus historischen Publikationen. In der Regel handelt es sich um Illustrationen aus Topographien, Reiseführern, bauhistorischen Werken oder Flugblättern.

Varianten:
Da druckgraphische Werke oft spätere Auflagen mit Hinzufügungen von Texten, Wappen und dergleichen erfahren haben, wurden bevorzugt die jüngeren, ›vollständigeren‹ Ausgaben ausgewählt. Frühere abweichende Fassungen werden, soweit bekannt, erwähnt.

Literaturangaben:
Die Literaturangaben beschränken sich auf eine Auswahl wichtiger Publikationen.

Stadtansichten

Stadtansichten von Südosten

1. Emblematische Darstellung, im Hintergrund Oppenheim – Ansicht von Südosten

Matthaeus Merian d. Ä., 1619 (hier spätere Ausgabe von 1664)

Kupferstich; Durchmesser des Medaillons: 7,6 cm
Bez. o.:

»LXXVI.
NON MATURA PRIUS
QUAM PUTRIA.«,
re.: »76«,

bez. u.:

»Vie imparfaitte.
Ce Nefflier aux humains est comme d'vn grand liure,
Ou depeinte lisons l'humaine infirmité,
Son fruit se sent pourri quant & maturité:
De mesme mourons nous, lors qu'apprenons à viure.«,
»Es kommt nichts vor seiner zeit.
Werden nicht die Mespeln alt ehe sie dem Munde schmecken/
Diese wollen uns entdecken:
Daß die jungen einer Stadt sauer sind in ihren thaten/
Junge streiten/Alte rathen.«

Übersetzung:

»LXXVI (76)
REIF ERST BEI FÄULNIS
Unvollkommenes Leben
Dieser Mispelbaum erscheint den Menschen wie aus einem großen Buch,
wo wir das Abbild menschlicher Gebrechlichkeit lesen.
Seine Frucht riecht faul, wenn sie gereift ist:
so auch sterben wir, wenn wir schließlich leben lernen.«[69]

Publikation: Julius Wilhelm Zincgref: »EMBLEMATUM ETHICO-POLITICO-RUM CENTURIA«. Heidelberg 1664.
Sammlung J. Hanschke, Oppenheim
Lit.: Wüthrich 1965, S. 135, Abb. S. 132; Held 1991B, S. 45 mit Abb.
Ausgabe von 1619: Kupferstich wie oben, allerdings ohne die Bezeichnung »76« und ohne die Überschrift: »Vie imparfaitte.«. Ebenso fehlt die deutsche Übersetzung des französischen Spruches.

Trotz fehlender Ortsangabe läßt sich die Stadtansicht unzweifelhaft mit Oppenheim in Verbindung bringen. Neben Katharinenkirche und Burg Landskrone erkennt man nacheinander, von links nach rechts, den Sackträgerturm, die Sebastianskirche, die Franziskanerkirche und das mittelalterliche Oppenheimer Rathaus (mit drei Erkern über der Schauseite). Nach derzeitigem Kenntnisstand handelt es sich um die früheste gedruckte Stadtansicht von Oppenheim.

2. Reiterporträt des Marquis de Spinola, im Hintergrund Oppenheim – Ansicht von Südosten

Matthaeus Merian d. Ä., um 1620

Kupferstich; 29 × 26 cm
Bez. u.:

»AMBROSIVS SPINOLA MARCHIO VENAFRI AVREI VELLERIS EQVES
REGIAE MAIESTAtis CATHOL EXERCItus ET MILITAE IN BELGIO DVX
ET PRAEFECTVS GENERALIS.
Te stimulis livor, cur labor
Vrget.Vtrumq,
Marte domas, tanto gloria
maior erit.«,
über der Stadtansicht: »OPPENHEIM«, u. re.: »Reinfluß.«
Vermutlich Einblattdruck
Sammlung Dr. M. Held, Oppenheim

Variante (1): Kupferstich wie oben, allerdings mit veränderten Gesichtszügen.
Lit.: Wüthrich 1965, Abb. S. 139
Variante (2): Spätere Ausgabe von 1760: Bez. u. re.: »Christoff Greütter in Augspurg 1760.«. Es fehlen der Zusatz: »Te stimulis [...] maior erit.« und die Wolkendarstellung im Himmel, ansonsten detailgetreue Kopie nach der ursprünglichen Fassung.
Privatsammlung, Mainz

Der spanische Heerführer Ambrosius Spinola hatte Oppenheim 1620 während des Dreißigjährigen Krieges eingenommen und z.T. neu befestigen lassen. Historisch belegt ist die von den Spaniern errichtete Sternschanze am rechten Rheinufer (siehe Kat. Nr. 34). Daß damals auch der untere Teil der Stadt, wie auf dem Stich dargestellt, eine moderne Bastionierung erhielt, ist dagegen zweifelhaft. Möglicherweise nimmt die Ansicht in diesem Detail eine projektierte Neubefestigung vorweg, die wegen der anhaltenden Kriegswirren nicht mehr zur Ausführung gelangte.

3. Emblematische Darstellung, im Hintergrund Oppenheim – Ansicht von Südosten

Matthaeus Merian d. Ä., 1623 (hier spätere Ausgabe von 1638)

Kupferstich; 7,3 × 14,2 cm
Bez. o. M.: »ARS NOSTRO SPERNITUR AEVO.«, o. re.: »D29«, u.:

»Gloria vera haec est; sed nostro spernitur aevo;
Diß ist gewiß ein große Ehr,
Itzund man Ihr nicht achtet sehr.

Aret ubi Clarius, Phocidos unda, latex.
Wo Hochgelerter Leut viel sein,
Und frey künst werdn getrieben fein.«,

innerhalb der Darstellung, o. M.: »Oppenheim. am Rhein«, li. Wappen mit Reichsadler, Schriftband: »VIRES ACQVIRIT EVNDO.« [übersetzt: Er erwirbt seine Kräfte im Gehen]
Publikation: Paulus Fürst: »SCIOGRAPHIA COSMICA«. Nürnberg 1638.
Sammlung J. Hanschke, Oppenheim
Lit.: Wüthrich 1965, S. 129, Abb. S. 140; Fauser 1978, S. LXXV

(Frühere) Ausgabe: Kupferstich wie oben, allerdings fehlt die Bezeichnung »D29«, der Zusatz: »am Rhein.« und das Wappen links
Publikation: Daniel Meisner/Eberhardt Kieser: »THESAURUS PHILO-POLITICUS«, Teil 1, Heft 2. Frankfurt am Main 1623.
Lit.: Fauser 1978, S. LXXIV

Ähnlich wie die älteste gedruckte Vedute von Oppenheim (Kat. Nr. 1) bildet auch diese Stadtansicht die Hintergrundkulisse einer allegorischen Szene. Gegenüber ihrer um vier Jahre älteren Vorgängerin hat die Darstellung deutlich an Präzision hinzugewonnen und trägt nun unmißverständlich die Bezeichnung Oppenheim. Allerdings hatte die Ansicht zum Zeitpunkt ihrer Publikation bereits an Aktualität verloren. Durch den Brand von 1621 waren große Teile der Unterstadt (Mainzer Straße, Pfaugasse) mitsamt dem mittelalterlichen Rathaus verwüstet worden. Vermutlich stammt die Vorlage zu diesem Stich noch aus der Zeit vor dem Stadtbrand und wurde von Merian während seines Oppenheimer Aufenthaltes zwischen 1616 und 1619 geschaffen.

4. Oppenheim – Ansicht von Südosten

Friedrich van Hulsen, 1632

Kupferstich; 6,7 × 13,1 cm
Bez. über der Stadtansicht: »OPPENHEIM.«, re. leere Wappenkartusche
Publikation: Friedrich Hulsen/Johann Ludwig Gottfried: »Inventarivm Sveciae, Das ist: Gründliche vnd warhaffte Beschreibung deß Königreichs Schweden«. Frankfurt am Main 1632.
Sammlung H. Graeben, Oppenheim
Lit.: Fauser 1978, S. XLIV

Hulsens Gesamtansicht von Oppenheim stellt mit Ausnahme der Vordergrundgestaltung eine exakte Kopie nach Merians Kupferstich von 1623 (Kat. Nr. 3) dar. Der in der Vorlage durch die Personenstaffage verdeckte Stadtteil ist dabei willkürlich ergänzt worden.

5. Oppenheim – Ansicht von Südosten mit Sternschanze

Unbekannter Künstler, nach 1633

Kupferstich; 10,4 × 16,9 cm
Bez. über der Stadtansicht: »OPPENHEIM«, u. M.: »Rhenus flu:«, re. leere Wappenkartusche
Herkunft unbekannt
Sammlung Dr. W. Nohl, Oppenheim

Variante (1): Ansicht mit etwas größerem Blickwinkel; 7,7 × 24,6 cm
Bez. o. M.: »OPPENHEIM.«
Sammlung H. Graeben, Oppenheim
Variante (2): Albrecht Schmidt, um 1720
Bez. u. re.: »Albrecht Schmidt exc. A.V.«, o. re.: »29.«
Staatsbibliothek Berlin, Kartenabteilung, Inv. Nr. S 33293

Auch der Künstler dieses Blattes dürfte sich an Merians Ansicht von 1623 (Kat. Nr. 3) orientiert haben. Die am rechten Rheinufer gelegene Sternschanze und das Zollhaus rechts neben dem Rheintor wurden vermutlich nach dem Kupferstich von 1633 (Kat. Nr. 34) ergänzt.

6. Oppenheim – Ansicht von Südosten

Matthaeus Merian d. Ä., 1645

Kupferstich; 18 × 37,5 cm
Bez. u.: »1. Dienheimer Pfort. 2. S. Sebastian. 3. Teutsch haus. 5. S. Anthoni. 4 Gawport. 6. Barfußer Clost. 7. Rathaus. 8. S. Catrinakirch. 9. das Schloß.

10. Rheinport. 11. der Zoll. 12. S. Anna Closter. 13. Spital. 14. Fischerpörtlein.«,
o. M.: »Oppenheim.«, o. re. Wappen mit Reichsadler, u. re.: »Rhenus flu.«
Publikation: Matthaeus Merian/Martin Zeiller: »Topographia Palatinatus Rheni et
Vicinarum Regionum«. Frankfurt am Main 1645.
Sammlung Dr. M. Held, Oppenheim
Lit.: Jungkenn 1933B, S. 14ff., Abb. S. 29; Fauser 1978, S. LVIII

Die großformatige Ansicht aus der »Topographia Palatinatus Rheni« von 1645 ist eine der bedeutendsten Quellen zum Oppenheimer Stadtbild der ersten Hälfte des 17. Jahrhunderts. Da Merian in der Zeit zwischen 1616 und 1619 nachweislich in Oppenheim ansässig gewesen ist,[70] kann mit einiger Sicherheit angenommen werden, daß die Ansicht auf seine Urheberschaft zurückzuführen ist.

Wie auf den meisten seiner Städtebilder beabsichtigte Merian, die Stadtanlage möglichst in ihrer Gesamtheit einschließlich aller wichtigen, das Stadtbild dominierenden Baulichkeiten abzubilden. Um diesem Ziel nahe zu kommen, nahm er eine Reihe kompositorischer Eingriffe vor:

Die Aussicht auf die Stadt von einer in Wirklichkeit nicht existierenden Anhöhe läßt das auf Fernwirkung angelegte Stadtpanorama wirkungsvoll in Erscheinung treten. Die Distanz des Betrachters steigerte Merian durch die leichte Vogelschau, welche einen Blick auf die vor der Stadt gelegenen Wiesen und wassergefüllten Stadtgräben erlaubt. Während das Vorfeld der Stadt optisch freigehalten ist, erscheint die Stadtmauer deutlich als klare Trennlinie, die das Gefüge der Stadt wehrhaft umschließt und gegen das Umland begrenzt.

Über der bürgerlichen Wohnbebauung, die sich vorwiegend auf den unteren Bereich des Berghanges konzentriert, thronen Burg und Kirche. Beide sind in ihren Proportionen absichtlich etwas überhöht. Auch bei den südlichen und nördlichen Randbereichen des Ortsbildes ist Merian von den tatsächlichen Gegebenheiten abgewichen. Beispielsweise ist die sich an den Hang schmiegende Vorstadt mit dem Kloster Mariacron rechts im Bild näher herangerückt, als sie von diesem Blickwinkel aus gesehen werden kann. Der eigentlich bogenförmige Verlauf der östlichen Stadtgrenze von der Stadtmauer unterhalb der Sebastianskirche bis zum achteckigen Fährturm in der Vorstadt erscheint dabei zu einer geradlinigen Flucht hin korrigiert. Auch ist das Stadtbild gerade in den Randbereichen leicht verkürzt und auf die wichtigen Bauten zusammengefaßt.

Im Folgenden seien die wichtigsten Einzelheiten des Stadtprospektes benannt:

Am linken Bildrand zeigt Merian die Befestigungsanlagen rund um das Dienheimer Tor. Die genaue Gestalt der 1818 abgerissenen Toranlage[71] erschließt sich aus einer Reihe von Darstellungen wesentlich späterer Zeit (Kat. Nr. 42ff.). Von den ehemals sehr umfangreichen Befestigungsanlagen des südlichen Ortseingangs gibt es u. a. noch die Reste des Sackträgerturmes (ganz links) mit einem größeren Teil der dortigen Stadtmauer. Die weiter nördlich gelegene, 774 erstmals erwähnte Sebastianskirche wurde 1837 bis auf die Grundmauern beseitigt (siehe auch Kat Nr. 144). Ähnlich verhält es sich mit dem ehemaligen Deutschherrenhaus in der Wormser Straße. Es wurde 1849 zugunsten eines Neubaus abgerissen.[72]

Die vermutlich im frühen 15. Jahrhundert errichtete Kirche des ehemaligen Franziskaner- bzw. Barfüßerklosters wurde wenige Jahre nach der Stadtzerstörung von 1689 wieder aufgebaut. Sie dient heute als katholische Pfarrkirche.

Die Reste der an der Dexheimer Straße gelegenen Kirche des Antoniterklosters sind ebenso wie das äußere Gautor erst im frühen 19. Jahrhundert verschwunden. Die Kirchenruine, 1806 zu einer Friedhofskapelle umgebaut[73], wurde 1972 durch einen Neubau ersetzt. Die besondere architektonische Qualität des westlichen Stadteingangs mit den Ruinen der Kirche des Antoniterklosters und des äußeren Gautores läßt sich in den Ansichten des Franz und Christian Georg Schütz nachvollziehen (Kat. Nr. 51 und 145).

Von der ehemaligen Tränkpforte (rechts unter dem Barfüßerkloster) hat sich – mehr zufällig – der äußere Torbogen in einem Garagenbau der Bädergasse erhalten. Den ruinösen Zustand des Tores in der Zeit um 1873 hat Paul Wallot in einem Aquarell (Kat. Nr. 63) festgehalten.

Das bereits beim Stadtbrand von 1621 zerstörte mittelalterliche Rathaus in der Pfaugasse, bei Merian mit drei Fassadenerkern dargestellt, war möglicherweise in den Obergeschossen ein Fachwerkbau und glich in seiner Bauweise hessischen Rathausbauten wie z.B. in Alsfeld, Frankenberg oder Michelstadt.

Weiter rechts folgen mehrere markante Stadtmauertürme; der wuchtige Schalenturm links ist erst in der Zeit um 1930/40 verschwunden. Oberhalb befand sich die Kapelle des ehemaligen Spitals »zum Heiligen Geist«. Die 1731 nach der Stadtzerstörung wiederhergestellte[74] Kapelle wurde um 1900 zu einem Wohnhaus (Mainzer Straße 31) umgebaut. Das weiter rechts zu sehende, angeblich 1829 abgebrochene Rheintor[75] sperrte die Mainzer Straße auf der Höhe des Postplatzes.

Das Zentrum des Bildes markiert die Katharinenkirche, welche in der von Merian überlieferten Gestalt weitgehend dem heutigen

Bauzustand entspricht. Lediglich das Dach des nördlichen romanischen Turmes scheint wesentlich niedriger gewesen zu sein als heute, und über den Fenstern des Ostchors und dem Oktogon des südlichen romanischen Turmes gab es anscheinend kleine, auf die Wimperge des Mittelschiffs Bezug nehmende Dreiecksgiebel.

Weiter rechts unter der Burg erscheinen die Paläste des Stadtpatriziats mit dem Frankensteiner Hof, heute Dalbergerstraße 19, an vorderster Stelle. Die ehemals zinnenbekrönte Blendarkadenmauer darunter schließt das Grundstück noch heute zum Hang hin ab. Rechts daneben erblickt man den Dalberger Hof. Ein letzter bescheidener Rest dieses Anwesens bildet ein kleiner Renaissance-Erker mit der Jahreszahl 1574, heute Teil des um 1840/50 errichteten Gartenhauses der Villa Frowein in der Dalbergerstraße. Die Ruinen des 1689 zerstörten Dalberger Hofes hat Christian Georg Schütz auf mehreren Gemälden in der Zeit um 1770 festgehalten (Kat. Nr. 156ff.). Der Adelshof ganz rechts ist der ehemalige Hof derer von Gemmingen (Dalbergerstraße 29).

An der Spitze des Stadtbildes erhebt sich die ehemalige Reichsburg Oppenheim, welche Anfang des 17. Jahrhunderts tiefgreifend verändert wurde und seit der Zerstörung von 1689 Ruine ist. Zu Füßen der Kernburg erstreckte sich ein weiträumiger, von einer hohen Burgmauer umschlossener Vorhof.

Der markante Turm ganz rechts unterhalb der Burganlage ist der ehemalige Schneiderturm. Die Ruinen des 1689 gesprengten Turmes hat Paul Wallot in einer Zeichnung dargestellt (Kat. Nr. 57). Im Bereich der Vorstadt erscheint der Zollturm, welcher um 1843 im oberen Teil neu errichtet wurde (siehe Kat. Nr. 58). Gegenüber in der Turmstraße befand sich das Zollhaus, ein Renaissance-Bau, der in Resten mitsamt dem heute umbauten seitlichen Treppenturm noch erhalten ist. Weiter rechts zeigt Merian den achteckigen Fährturm und das Seilertor; beide wurden um 1829 weitgehend abgetragen[76]. Vom ehemaligen Seilertor gibt es noch zwei (heute unterirdische) Geschützkammern des Torunterbaus, und vom achteckigen Turm finden sich noch geringfügige Mauerreste in den Häusern der Vorstädterstraße/Fischergasse.

Das ehemalige Zisterzienserinnenkloster Mariacron lag ganz im Norden der Stadt und besaß eine eigene Umwehrung, welche die ausgedehnte Anlage einschließlich Wirtschaftshof umgab. Die letzten bescheidenen Reste der Klosterkirche St. Anna, darunter die ehemalige bergseitige Giebelwand, (siehe auch Ansichten Kat. Nr. 147ff.) wurden Ende des 19. Jahrhunderts in die damals neuerrichteten Fabrikgebäude der Klosterbrennerei Mariacron integriert.

7. Oppenheim – Ansicht von Südosten, darunter Ansichten des Rheinfalls von Schaffhausen und Bad Schwalbachs

Johann Janssonius, 1657

Altkolorierter Kupferstich; 32,5 × 40,5 cm
Bez. o. M.: »OPPENHEYM.«, innerhalb der Darstellung von li. nach re. Erläuterungen zu einzelnen Gebäuden: »dienheimer pfort.«, »S. Sebastian.«, »teutsh haus«, »Gawpfort.«, »S. Antoni.«, »Vnder den fishern«, »Barfusser Clo:«, »Rathaus.«, »S: Catharina.«, »Das Schloss.«, »Spital.«, »Rheinpfort«, »Clo: pfort.«, »Nonnen Clo:«, »Nerstein«, darunter re.: »Rhenus flu: Der Rhein.«
Publikation: Johann Janssonius: »Urbium Totius Germaniae Superioris Illustriorum Clariorumque tabulae Antiquae et Novae accuratissimè elaboratae«.
Amsterdam 1657.
Sammlung Dr. K.W. Heyden, Oppenheim
Lit.: Fauser 1978, S. LI

Janssonius' Ansicht von Oppenheim und der Merianstich von 1645 (Kat. Nr. 6) stimmen in den meisten Einzelheiten überein. Einige bei näherer Betrachtung festzustellende Abweichungen lassen sich im Vergleich mit weiteren Bildquellen eindeutig als Korrekturen interpretieren: Zu diesen Ergänzungen und Richtigstellungen zählen u. a. die anhand der Ansicht von Müller (Kat. Nr. 22) belegte Sakristei zwischen Querhaus und Chor an der Sebastianskirche, die um einen Turm ergänzte Fassade des ehemaligen Deutschordenshauses in der Wormser Straße und die bei Merian nur ansatzweise abgebildete Langhaus-Südfassade der Katharinenkirche. Schließlich sei auch auf die Darstellung der Klosterkirche St. Anna am nördlichen Stadtrand hingewiesen: Der untere Teil der Kirche zeigt eine Fensterachse mehr als bei Merian angegeben. Daß die beiden Baukörper tatsächlich in einem unterschiedlichen Längenverhältnis zueinander standen, bestätigt eine im Detail recht zuverlässige Einzelansicht von Ruland (Kat. Nr. 147).

8. Oppenheim – Ansicht von Südosten

Sébastien de Pontault de Beaulieu, um 1668

Kupferstich; 10,4 × 15,4 cm
Bez. o. li.: »45 f«, o. M.: »OPPENHEIM.«, u.: »Rhein Fl.«, u. re.: »Moyses sculp.«
Publikation: Sébastien de Pontault de Beaulieu: »Les glorievses conqvestes de Louis le Grand.«. Paris 1686.
Sammlung Dr. M. Held, Oppenheim
Lit.: Fauser 1978, S. XXV

Variante: Stadtansicht wie oben, allerdings mit Prunkbordüre; 13,2 × 17,8 cm
Bez. u. re.: »Moyses sculp.«
Sammlung Dr. W. Nohl, Oppenheim
Lit.: Held/Nohl 1994, S. 27ff. mit Abb.

Der Darstellung liegt Merians Ansicht von 1623 (Kat. Nr. 3) zugrunde. Ähnlich wie bei Hulsen (Kat. Nr. 4) wurde der durch die emblematische Figur verdeckte Stadtteil frei ergänzt.

9. Die Zerstörung Oppenheims im Pfälzischen Erbfolgekrieg

Unbekannter Künstler, 1689

Altkolorierter Kupferstich; 17 × 25 cm
Bez. o. M.: »OPPENHEIM«, darunter handschriftliche Hinzufügung: »1689«
Vermutlich Illustration eines Flugblattes
Sammlung H. Graeben, Oppenheim
Lit.: Wüthrich 1965, S. 129, Abb. S. 136

Diese Darstellung, vermutlich die Zerstörung Oppenheims während des Pfälzischen Erbfolgekrieges, dürfte auf der Grundlage Merians Ansicht von 1645 (Kat. Nr. 6) entstanden sein (man vergleiche vor allem die auffälligen Übereinstimmungen im Bereich des Vordergrundes). In einigen Details unterscheidet sich die Ansicht von der mutmaßlichen Vorlage. Anders als bei Janssonius (Kat. Nr. 7) dürfte es sich hier kaum um Korrekturen oder Aktualisierungen handeln. Die auffälligsten Abweichungen seien im Folgenden kurz erwähnt.

Im Bereich unterhalb der Burg fehlt der markante Turm an der Südostecke des äußeren Burghofes. Knapp darunter vermißt man einen der großen Adelshöfe auf dem Pilgersberg. Offenbar willkürlich hinzugefügt wurde der Turm über dem Westgiebel der Franziskanerkirche.

Eine bisher geäußerte These, der Stich stelle den Stadtbrand von 1621 dar, muß aufgrund der großen zeitlichen Distanz zwischen der Entstehung der Ansicht nach 1645 und dem Stadtbrand von 1621 während der Besatzung der Stadt durch Spinola angezweifelt werden. 1621 war, wie die Chronik von 1643 berichtet, lediglich das Viertel um das mittelalterliche Rathaus (Pfaugasse, Bädergasse) zerstört worden. Große Teile der Stadt wie beispielsweise die Kirchen und die Burg hatten das Inferno jedoch überstanden. Demgegenüber erfolgte das Zerstörungswerk während des Pfälzischen Erbfolgekrieges weitaus systematischer und umfaßte – im Sinne der Darstellung – die gesamte Stadt.

Der Überlieferung nach sollen große Teile der Stadtbefestigung, darunter der Bergfried der Burg[77], schon einige Tage vor der Brandschatzung am 31. Mai 1689 geschleift worden sein. Da der hohe Bergfried auf der Ansicht allerdings zu sehen ist, läßt sich die Darstellung kaum als authentische, vor Ort aufgenommene Dokumentation des Ereignisses deuten. Möglicherweise diente die Ansicht als Illustration eines Flugblattes; ganz ähnliche solcher Einblattdrucke aus der Zeit des Pfälzischen Erbfolgekrieges haben sich auch von anderen damals niedergebrannten Städten (z. B. Bacharach, Durlach, Heidelberg oder Worms) erhalten. Auch sie basieren in der Regel auf früheren – um das Flammenmeer ergänzten – Stadtansichten.

10. Oppenheim – Ansicht von Südosten

Christoph Riegel, 1689

Kupferstich; 5,7 × 11,2 cm
Bez. o. li.: »1 Das Schloß. 2 Pfarrkirch. 3 Rhein fl.«, darunter: »OPPENHEIM.«
Publikation: Christoph Riegel: »Das Von Frankreich zwar verunruhigte doch dabey allarte Teutschland«. Frankfurt und Leipzig 1689.
Sammlung Dr. M. Held, Oppenheim
Lit.: Held 1994, S. 2 mit Abb.

Miniaturformatige Kopie nach Merians Ansicht von 1645 (Kat. Nr. 6).

11. Oppenheim – Ansicht von Südosten

Gabriel Bodenehr, um 1736

Kupferstich; 10,7 × 15 cm
Bez. o. li.: »Eine Stadt und Amt in der Unter-Pfalz, an einem Hügel nicht weit vom Rhein, dem Churfürsten zu Pfalz gehörig. Sie liegt 3. Meilen von Mayntz, und ist Ao 1689 von den Frantzosen demoliert worden.«, o. re.: »34«, o. M.: »OPPENHEIM.«, u.: »Rhein Fl.«, u. re.: »Gabriel Bodenehr exc. Aug. Vind.«
Publikation: Gabriel Bodenehr: »Dritter Theil des Tractats genanndt Europens Pracht u. Macht bestehend in 50 neuen Kupfern oder Prospecten unterschiedlicher Stätt, Festungen«. Augsburg um 1736.
Sammlung Dr. K. W. Heyden, Oppenheim
Lit.: Fauser 1978, S. XXXI; Held/Nohl 1994, S. 27ff. mit Abb.

Variante: Kupferstich wie oben, bez. u. re.: »Georg Chr. Kilian exc. Aug. Vind.«
Staatsbibliothek Berlin, Kartenabteilung, Inv. Nr. S. 33290

Bodenehrs Ansicht von Oppenheim ist eine bis in die Details gehende Kopie nach dem Stich von Beaulieu (Kat. Nr. 8).

12. »Oppenheim«

Louis Brion, 1802

Aquatinta; 8,6 × 14,6 cm
Bez. o. li.: »Dép. du Mont-tonnerre«, u. M.: »Oppenheim.«
Publikation: Jean Baptiste Joseph Breton: »Voyage dans la ci-devant Belgique et sur la rive gauche du Rhin«. Paris 1802.
Sammlung Dr. M. Held, Oppenheim
Lit.: Held/Nohl 1994, S. 27ff. mit Abb.; Schmitt 1996, S. 54

Auch dieser Stich zeigt keine authentische Stadtansicht. Vermutlich orientierte sich der Künstler an der Ansicht von Beaulieu (Kat. Nr. 8). Die Gestaltung des Vordergrundes erscheint gegenüber der Vorlage geringfügig variiert.

13. »OPPENHEIM In der ersten Hälfte des 17t. Jahrhunderts.«

Christoph Gebhard Grape, 1826

Kupferstich; 8,5 × 15,4 cm
Bez. u. li.: »Gez. und gest. von Grape nach Merian.«, u. M.: »OPPENHEIM In der ersten Hälfte des 17t. Jahrhunderts.«
Publikation: Dr. Julius Bernhard Engelmann: »Der/erneuerte Merian,/oder/Vorzeit und Gegenwart am Rhein./Fünfzig Abbildungen/merkwürdiger Städte des Rheinlandes,/nach Merian,/nebst ihrer Geschichte und der Schilderung ihres Zustandes/vor zwei Jahrhunderten./Ein Beitrag zur deutschen Nationalgeschichte«. Heidelberg 1826.
Sammlung Dr. M. Held, Oppenheim
Lit.: Held 1993, S. 32 mit Abb.; Schmitt 1996, S. 142

Die Ansicht ist eine verkleinerte, im Detail jedoch wenig exakte Kopie nach Merians Ansicht von 1645 (Kat. Nr. 6).

14. »Oppenheim im Jahr 1645.«

H. Leonhard, um 1840

Lithographie; 16,5 × 36,8 cm
Bez. u. li.: »Leonhard in Mainz«, darunter: »1 Dienheimer Pforte 2. St Sebastian, 3, Deutschhaus. 4 Gauppforte 5 St. Anthoni, 6 Barfüsser Klost. 7, Rathaus, 8 St. Katharinakirch, 9, Das Schloss, 10 Reinport. 11 d. Zoll, 12 St. Anna Clost., 13. Spital., 14 Fischerpförtlein«, u. M.: »Oppenheim im Jahr 1645.«
Vermutlich Einblattdruck
Sammlung Dr. K. W. Heyden, Oppenheim

Im Gegensatz zu den sonstigen Nachdrucken nach Merian handelt es sich hier um eine – dem Duktus des Originals folgende – exakte Kopie nach Merians Ansicht von 1645 (Kat. Nr. 6).

15. »Oppenheim am Rhein im Jahre 1645.«

Unbekannter Künstler, um 1840

Altkolorierter Kupferstich; 5,5 × 14,8 cm
Bez. u. M.: »Oppenheim am Rhein im Jahre 1645. Nach Matthias Merian.«
Herkunft unbekannt
Sammlung H. Graeben, Oppenheim

Verkleinerte Kopie nach Merians Ansicht von 1645 (Kat. Nr. 6).

16. »OPPENHEIM«

Wilhelm Mayr, 1845

Lithographie; 19,4 × 39,2 cm
Bez. u. li: »Gedruckt bei G. Groll in Darmstadt«, u. re.: »aufgenommen u. auf Stein gezeichnet von Wilh. Mayr«, darunter: »1. Das grosse Spital. 2. Das kleine Spital. 3. Die Todtenkapelle. 4. Das Gefängniss. 5. Das kath. Schulhaus. 6. Die kath. Kirche. 7. Das Rathhaus. 8. Das evangel. Schulhaus. 9. Die Katharinenkirche. 10. Der Ring. 11. Das Schloss. 12. Der Schneiderthurm.«, u. M.: »OPPENHEIM, im Jahr 1845«
Vermutlich Einblattdruck
Evangelisches Gemeindearchiv, Oppenheim

Abgesehen von der etwas frei nachempfundenen landschaftlichen Umgebung liefert dieser Stich ein annähernd wirklichkeitsgetreues Bild der Stadt um die Mitte des 19. Jahrhunderts. Die Ansicht ist von besonderem Interesse, da einige heute nicht mehr vorhandene Baulichkeiten abgebildet sind, wie z. B. die ehemalige Friedhofskapelle am oberen Stadtrand, der Ringhof rechts neben der Katharinenkirche und die rechts unterhalb der Burg dargestellte Ruine des Schneiderturmes.

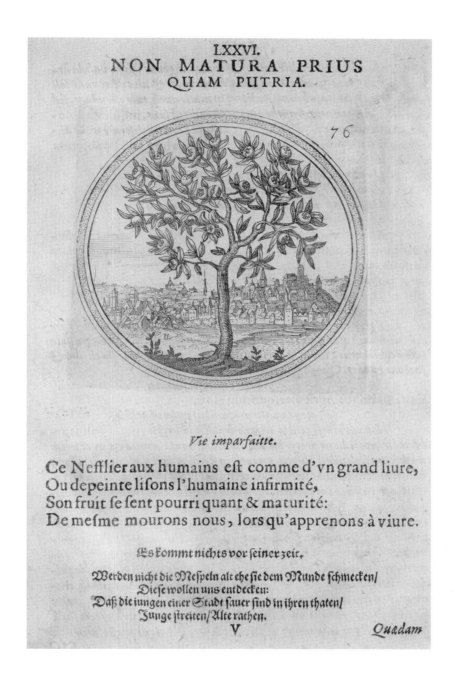

1. M. Merian d. Ä., Emblematische Darstellung, im Hintergrund Oppenheim – Ansicht von Südosten, 1619 (Ausgabe von 1664).

2. M. Merian d. Ä., Reiterporträt des Marquis de Spinola, im Hintergrund Oppenheim – Ansicht von Südosten, um 1620.

3. M. Merian d. Ä., Emblematische Darstellung, im Hintergrund Oppenheim – Ansicht von Südosten, 1623 (Ausgabe von 1638).

4. F. v. Hulsen, Oppenheim – Ansicht von Südosten, 1632.

5. Unbekannter Künstler, Oppenheim – Ansicht von Südosten mit Sternschanze, nach 1633.

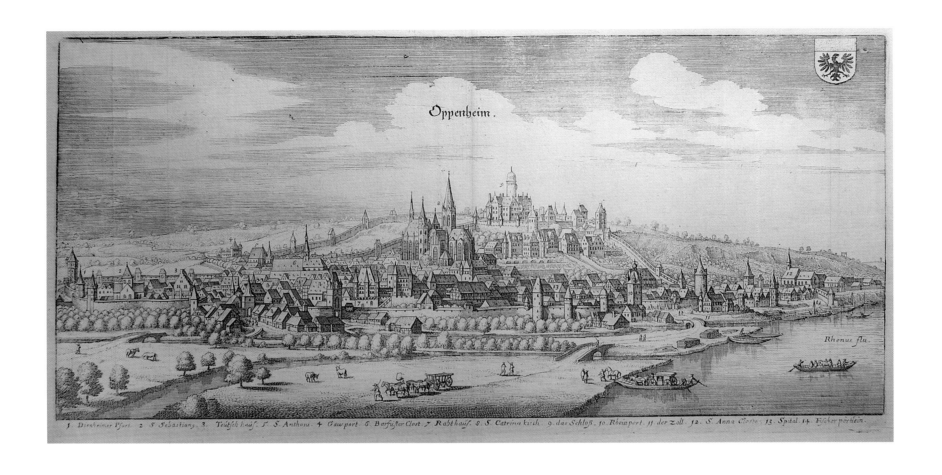

6.   M. Merian d. Ä., Oppenheim – Ansicht von Südosten, 1645.

7. *J. Janssonius, Oppenheim – Ansicht von Südosten, darunter Ansichten des Rheinfalls von Schaffhausen und Bad Schwalbachs, 1657.*

8. S. de Pontault de Beaulieu, Oppenheim – Ansicht von Südosten, um 1668.

9. Unbekannter Künstler, *Die Zerstörung Oppenheims im Pfälzischen Erbfolgekrieg*, 1689.

10. Chr. Riegel, Oppenheim – Ansicht von Südosten, 1689.

11. G. Bodenehr, Oppenheim – Ansicht von Südosten, um 1736.

12. L. Brion, »Oppenheim.«, 1802.

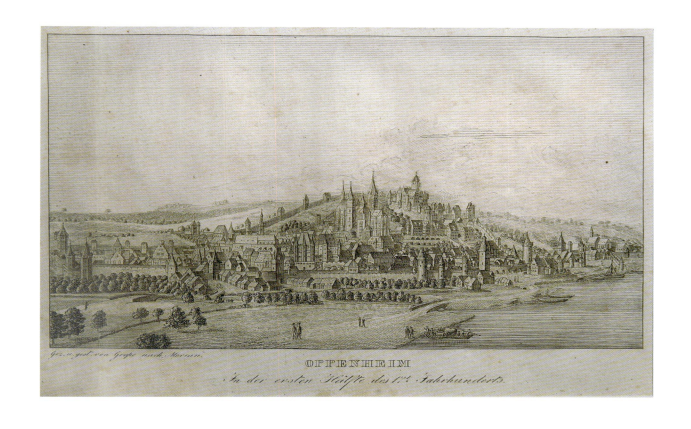

13. Chr. G. Grape, »OPPENHEIM In der ersten Hälfte des 17t. Jahrhunderts.«, 1826.

14. H. Leonhard, »Oppenheim im Jahr 1645.«, um 1840.

15. Unbekannter Künstler, »Oppenheim am Rhein im Jahre 1645.«, um 1840.

16. W. Mayr, »OPPENHEIM«, 1845.

Stadtansichten von Süden

17. Oppenheim – Ansicht von der Landstraße südlich von Dienheim

Johannes Ruland, um 1790

Bleistift, Tuschfeder, teilweise laviert; 24 × 42,5 cm
Bez. u. li.: unleserl. Schriftzug mit »Oppenheim«
Historisches Museum der Pfalz Speyer, Inv. Nr. BS 589

Ruland zeigt Oppenheim inmitten eines weiten Landschaftspanoramas, das von den Ausläufern des Rheinhessischen Hügellandes bis in die Ferne des Rheintals reicht. Der Standort des Künstlers lag südlich von Dienheim am Rande der damals noch unbefestigten, nach Worms führenden Landstraße. Die große Entfernung zur Stadt erlaubte lediglich eine grobe Wiedergabe des Ortsbildes; andererseits bot sich die Möglichkeit, die nach Süden gerichtete Schauseite der Stadt in ihrem landschaftlichen Kontext festzuhalten. Die Zeichnung bereitet Rulands Radierung (Kat. Nr. 18) und ein Aquarell von Janscha (Kat. Nr. 19) vor.

18. Oppenheim – Ansicht von der Landstraße südlich von Dienheim

Johannes Ruland, um 1790

Kupferstich, teilweise laviert; 17,2 × 23,8 cm
Bez. u. li.: »J. Rulandt.«, u. re.: »a Spire.«
Vermutlich Einblattdruck
Historisches Museum der Pfalz Speyer, Inv. Nr. BS 590 HM 1940/8

Die in der Technik der Radierung ausgeführte Arbeit folgt in allen Einzelheiten der wahrscheinlich vor Ort entstandenen zeichnerischen Vorlage (Kat. Nr. 17).

19. »Oppenheim«

Laurenz Janscha, um 1790

Aquarell; 29,3 × 44 cm
Bez. u. M.: »Oppenheim«
Albertina Wien, Inv. Nr. 7138

Die um eine reizvolle Vordergrundstaffage ergänzte Ansicht weist weitreichende Übereinstimmungen mit der Zeichnung Rulands (Kat. Nr. 17) auf. Auffallend ist, daß Janscha beim Kopieren nach der Vorlage Rulands einige architektonische Details, wie beispielsweise die Südfassade der Katharinenkirche, mißverstanden hat. Das Blatt diente wiederum als Vorlage für den kolorierten Stich von Ziegler (Kat. Nr. 20).

20. »Ansicht von Oppenheim.«

Johann Ziegler/Laurenz Janscha, 1798

Altkolorierter Kupferstich; 29 × 44 cm
Bez. u. li.: »Nach der Natur gezeichnet von L. Janscha«, u. re.: »Gestochen von J. Ziegler.«, u. M.: »Ansicht von Oppenheim. Vue d'OPPENHEIM.«, darunter: »Wien, bey Artaria u. Comp.«, re.: »a. 4.«
Publikation: Laurenz Janscha, Johann Ziegler: »Collection de cinquante vues du Rhin«. Wien 1798.
Sammlung Dr. K. W. Heyden, Oppenheim
Lit.: Jungkenn 1933B, S. 30, Abb. S. 31; Schmitt 1996, S. 242

Zieglers Stich basiert in allen Einzelheiten auf dem Aquarell von Janscha (Kat. Nr. 19).

21. »OPPENHEIM. on the Rhine«

John Dennis, 1820

Aquatinta; 12,7 × 18,5 cm
Bez. u. li.: »Drawn & Etched by J Dennis.«, u. re.: »Engraved by I Medgod«, u. M.:
»OPPENHEIM. on the Rhine«, darunter: »Published 18 October 1820
by Jn Dennis Hackney Grove.«
Aus einem britischen Rhein-Reisewerk
Sammlung Dr. K. W. Heyden, Oppenheim
Lit.: Jungkenn 1933B, S. 30

Die Ansicht des britischen Rhein-Reisenden Dennis bietet einen malerisch verklärten Blick auf die Stadt von Süden. Trotz einiger wahrheitsgetreu getroffener Details – wie z. B. dem rechts im Bild dargestellten »Steinernen Stock« oder dem in der Ferne angedeuteten Dienheimer Tor – wirken wesentliche Partien des Stadtbildes auffallend stilisiert. Besonders fragwürdig erscheint die Darstellung des im Mittelgrund, am rechten Straßenrand turmartig aufragenden Gebäudes. Möglicherweise handelt es sich um eine stark verfremdete Darstellung des an dortiger Stelle zu suchenden Gutleuthauses.

22. »Oppenheim von der Südseite.«

Franz Hubert Müller, 1827 (hier spätere Ausgabe von 1853)

Aquatinta; 42,4 × 63,3 cm
Bez. o. re.: »XXI.«, u. M.: »Oppenheim von der Südseite.«
Publikation: Franz Hubert Müller: »Die ST. CATHARINENKIRCHE zu Oppenheim. Ein Denkmal teutscher Kirchenbaukunst aus dem 13. Jahrhundert. Geometrisch und perspectivisch dargestellt und mit einem erläuternden Texte versehen«.
Frankfurt am Main 1853.
Evangelisches Gemeindearchiv, Oppenheim

Zu den stadtgeschichtlich bedeutendsten Darstellungen zählt unzweifelhaft Müllers Aquatinta-Blatt mit der Gesamtansicht Oppenheims von Süden. Die Stadtansicht ist nur wenige Jahre nach dem Abbruch des Dienheimer Tores entstanden und zeigt die seit damals bestehende begradigte Eingangssituation der Wormser Straße (vgl. die Ansicht des Dienheimer Tores, Kat. Nr. 42).

Im Vorfeld der Stadt reihten sich entlang der Straße zahlreiche ummauerte Gärten mit kleinen Gartenhäusern. Der klassizistische Pavillon hinter der Postkutsche besteht noch heute; es handelt sich um das sogenannte »Witterstätter Gartenhaus« in der Wormser Straße. An der Straßenseite gegenüber erscheint der heute noch nahezu unverändert erhaltene Torbau des vermutlich im Dreißigjährigen Krieg zerstörten Gutleutspitals.

Müller erläuterte die Ansicht wie folgt:

»*Wir sehen darauf diesen, nach so verhängnissvollen Ereignissen grösstentheils des Schmuckes seiner Mauern, Thürme und Thore beraubten, aber immer noch seine alte Wichtigkeit verkündenden Ort, wie er sich von Südwesten, von der Dienheimer Strasse aus dem Reisenden zeigt. Die St. Katharinenkirche ragt auch hier gewaltig über die sich auf einem sanften Abhange gegen Süden friedlich erhebenden Dächer hervor, und etwas höher, zur Linken hin, gewahrt man die Trümmer des, einst Schutz und Wohlstand verleihenden Schlosses Landskron über üppigen, an der Stelle seiner ehemaligen Befestigung angelegten Rebenpflanzungen; rechts die St. Sebastianskirche mit ihrem niedrigen Thurme und in der Mitte die Franziskaner- jetzt Katholische Kirche. Zwischen dieser aber und der St. Katharinenkirche erscheinen die Zinnen des Rathhauses dessen Spitze noch der doppelte Reichsadler ziert.*«[78]

23. Oppenheim – Ansicht von Süden

H. M. Krauss, 1836

Bleistift; 22,2 × 40,6 cm
Verso bez.: »Oppenheim H. M. Krauss 1836«
Sammlung Dr. K.W. Heyden, Oppenheim
Lit.: Hanschke 1999, S. 55, Abb. S. 50; Hanschke 2002, S. 8, Abb. S. 10

Auch diese Ansicht vermittelt eine präzise Vorstellung vom Oppenheimer Stadtbild der ersten Hälfte des 19. Jahrhunderts. Im Gegensatz zu Müller (Kat. Nr. 22) wählte der Künstler einen weiter südlich gelegenen Standpunkt. Dank des großzügigeren Blickwinkels enthält die Darstellung einige Kat. Nr. 22 ergänzende Einzelheiten: So läßt sich erkennen, daß die Straße nach Dienheim mit jungen, etwas unregelmäßig stehenden Bäumen alleeartig bepflanzt war. Im Mittelgrund sieht man den »Steinernen Stock« (vgl. Kat. Nr. 21); am linken Bildrand erscheint die 1806 auf den Fundamenten der Kirche des Antoniterklosters errichtete Friedhofskapelle.

24. »Oppenheim von der Südseite gesehen«

Franz Hablitscheck/Ludwig Lange, 1849

Stahlstich; 8,1 × 12,9 cm
Bez. u. li.: »Gez. v. L. Lange«, u. re.: »Stahlst. v. F. Hablitscheck«, u. M.: »Oppenheim von der Südseite gesehen«, darunter: »Druck & Verlag von G. G. Lange in Darmstadt«
Publikation: Gustav Georg Lange: »DAS GROSSHERZOGTHUM HESSEN in malerischen Original Ansichten 1t. BAND Starkenburg & Rheinhessen«. Darmstadt 1849.
Sammlung H. Graeben, Oppenheim

Im Gegensatz zu den zuvor besprochenen Ansichten präsentiert dieser miniaturformatige Stich das Stadtbild von einem weiter östlich gelegenen Standpunkt. Über einer dunklen, summarisch erfaßten Dachlandschaft erheben sich die beiden Hauptkirchen der Stadt. Bemerkenswert ist das Detail des rechts der Katharinenkirche dargestellten, um 1850 abgetragenen Hofes »zum güldenen Ring« (mit Treppengiebel und seitlichem Turm). Weiter rechts folgt der Frankensteiner Hof mit seinem breitgelagerten, auf der Südostecke des Berghanges gelegenen Hauptgebäude. Links darunter erscheint der Nachfolgebau des ehemaligen Oppenheimer Rathauses in der Pfaugasse. Die charakteristische Topographie der fest umrissenen, sich an den Hang schmiegenden Stadt mit den von einzelnen Bäumen und Hecken aufgelockerten Feldern im Vordergrund bestand noch weit bis in das 20. Jahrhundert und ging erst durch die nach 1945 neu angelegten Stadtteile im Unterfeld verloren.

17. J. Ruland, Oppenheim – Ansicht von der Landstraße südlich von Dienheim, um 1790.

18. J. Ruland, Oppenheim – *Ansicht von der Landstraße südlich von Dienheim, um 1790.*

19. L. Janscha, »Oppenheim«, um 1790.

20. J. Ziegler/L. Janscha, »Ansicht von Oppenheim.«, 1798.

21. J. Dennis, »OPPENHEIM. on the Rhine«, 1820.

22. F. H. Müller, »Oppenheim von der Südseite.«, 1827 (Ausgabe von 1853).

23. H. M. Krauss, Oppenheim – Ansicht von Süden, 1836.

24. F. Hablitscheck/L. Lange, »Oppenheim von der Südseite gesehen«, 1849.

Stadtansichten von Südwesten

25. Oppenheim – Ansicht von Südwesten

Christian Georg Schütz (?), um 1770 (?)

Lt. Lit. Gemälde, wahrscheinlich Aquarell; 35 × 46 cm
Früher im Besitz des Rhein-Museums, Koblenz, vermutlich Kriegsverlust
Reproduktion im Nachlaß Ernst Jungkenn
Sammlung M. Jungkenn, Oppenheim
Lit.: Jungkenn 1938, S. 171, Abb. im Tafelanhang

Von einem nahe der Straße nach Dexheim gelegenen Aussichtspunkt schweift der Blick kilometerweit in die Ferne des Taunus. Das auf dem nach rechts abfallenden Bergrücken gelegene Oppenheim erscheint als Gesamtansicht inmitten seiner landschaftlichen Umgebung. Die Ansicht weist viele interessante, jedoch sehr malerisch behandelte Einzelheiten auf. Von besonderem Interesse ist die Darstellung der im Westen der Stadt gelegenen, damals noch recht umfangreich erhaltenen Befestigungsanlagen.

26. Oppenheim – Ansicht von Südwesten

Christian Georg Schütz, um 1770 (?)

Feder in Braun und Pinsel in Sepia, laviert; 15,6 × 18 cm
Historisches Museum Frankfurt am Main, Inv. Nr. C 15162

Wie die beiden Ansichten des äußeren Gautores von Christian Georg Schütz und Franz Schütz (Kat. Nr. 49 und 50) entstand dieses Aquarell vermutlich im Atelier nach einer vor Ort aufgenommenen Vorlage. Es zeigt einen Ausschnitt aus dem zuvor in Kat. Nr. 25 beschriebenen Blatt. In malerisch flüchtiger Ausführung sind alle wesentlichen, aus diesem Blickwinkel zu beobachtenden Baulichkeiten dargestellt.

27. Oppenheim – Ansicht von Südwesten

Friedrich Christian Reinermann, 1827

Bleistift, weiß gehöht; 32,5 × 81 cm
Bez. u. li.: »Oppenheim Donnerstag 3ter Mai 1827«, verso: »Friedrich Christian Reinermann«
Sammlung M. Jungkenn, Oppenheim
Lit.: Jungkenn 1938, S. 172; Hanschke 1999, Abb. S. 70

Reinermanns Oppenheim-Panorama von Südwesten diente als Vorlage für das Ölgemälde von Goldstein (Kat. Nr. 28). Für diese These spricht, daß sich nahezu sämtliche Architekturdetails bei Goldstein wiederholen. Auch die Tatsache, daß Jungkenn die Reinermann-Zeichnung in Dresden erwarb, wo Goldstein ab 1821 lebte, legt eine Verbindung zwischen den beiden Künstlern nahe.

28. Oppenheim – Ansicht von Südwesten

Johann Theodor Goldstein, nach 1827

Öl auf Leinwand; 54 × 68 cm
Bez. u. re.: »J. T. Goldstein, Dresden 20«
Kunsthandel
Lit.: 136. Kunstauktion 24. Oktober 1998, Kunst- und Auktionshaus Wilhelm M. Döbritz, Abb. auf der Titelseite

Großformatige Gemäldefassung nach Kat. Nr. 27.

29. Oppenheim – Ansicht von Südwesten

Peter Becker, 1894

Tuschfeder über Bleistift, aquarelliert; 14,5 × 22,5 cm
Bez. u. M.: »18 PB 94«, lt. Lit. bez.: »N06 Oppenheim«, im Passep. Klebezettel: »4886 P. Becker«
Kunsthandel
Lit.: Dorotheum, Alte Meisterzeichnungen, Druckgraphik bis 1900,
Aquarelle und Miniaturen, Auktion am 3. Oktober 2000
Palais Dorotheum Wien, Kat. Nr. 65 mit Abb.

Beckers bevorzugte Landschaften waren das Main- und Rheingebiet, Westfalen und Mitteldeutschland, deren Schönheiten er sich auf einsamen Wanderungen erarbeitete. Die Zeichnung zeigt Oppenheim in idealisierter landschaftlicher Umgebung. Ganz im Sinne gotischer Vertikalität präsentiert der Künstler die Architektur der Stadt in leichter Überzeichnung. Von der Mittelalter-Verklärung – nun in der Zeit des Späthistorismus – zeugt die in alter Pracht aufragende Kulisse der zwischen 1878 und 1889 wiederhergestellten Katharinenkirche. Auch die Kleidung der Personenstaffage ist der mittelalterlichen Aura des Bildes angepaßt.

25. Chr. G. Schütz (?), Oppenheim – Ansicht von Südwesten, um 1770 (?).

26. Chr. G. Schütz, Oppenheim – Ansicht von Südwesten, um 1770 (?).

27. *F. Chr. Reinermann, Oppenheim – Ansicht von Südwesten, 1827.*

28. J. Th. Goldstein, Oppenheim – Ansicht von Südwesten, nach 1827.

29. P. Becker, Oppenheim – Ansicht von Südwesten, 1894.

Stadtansichten von Nordwesten

30. Oppenheim – Ansicht von Nordwesten

Christian Georg Schütz, 1768

Schwarze Kreide; 34,2 x 47,3 cm
Bez. u. li.: »C. G. Schüz. fec. 1768.«
Städelsches Kunstinstitut Frankfurt am Main, Taf. 185. Inv. Nr. 5790
Lit.: Maisak 1991, Abb. S. 14; Schilling 1973, Kat. Nr. 1980

Die Reihe der Oppenheim-Ansichten aus der Schütz-Werkstatt ermöglicht einen umfassenden Einblick in die Arbeitsweise des Meisters. Auf der Suche nach geeigneten Motiven für seine seriell produzierten Rheinlandschaften fand Schütz in dem Ruinenstädtchen Oppenheim ein ideales Reservoir. Die wohl vor Ort entstandene Zeichnung bildete die Vorlage für das später im Atelier gefertigte Ölgemälde (Kat. Nr. 31). Schütz läßt darin die erst für die Künstler der Romantik wie z. B. Eisenlohr (Kat. Nr. 32) so charakteristische Akribie vermissen, bemüht sich aber bei den wichtigen stadtbildprägenden Bauten um eine auch im Detail zuverlässige Darstellung.

31. Oppenheim – Ansicht von Nordwesten

Christian Georg Schütz (?), um 1770 (?)

Öl auf Leinwand; 90 × 120 cm
Unsigniert, wahrscheinlich Chr. G. Schütz oder Schütz-Schule
Früher Leihgabe an das Landesmuseum Mainz
Privatsammlung

Dieses Ölgemälde von Oppenheim entstand vermutlich auf der Grundlage der in Kat. Nr. 30 genannten Vorzeichnung. Die Stadtansicht hält sich eng an die skizzenhafte Vorlage, welche jedoch nur bedingt als topographisch getreues Abbild aufzufassen ist.

32. Oppenheim – Ansicht von Nordwesten

Friedrich Eisenlohr, um 1820

Bleistift; 29,1 × 40,5 cm
Bez. u. li.: »Oppenheim F. Eisenlohr«
Sammlung J. Hanschke, Oppenheim

Ähnlich wie Schütz wählte Eisenlohr den effektvollen Blick auf die Stadt von Nordwesten. Mit bemerkenswerter Sorgfalt wandte sich der Künstler den Einzelheiten des Ortsbildes zu:

Im Vordergrund zeigt Eisenlohr die Reste des äußeren Stadtgrabens, der ehemals die Gautorvorstadt umgab. Die Grenze zwischen Vorder- und Mittelgrund markiert die innere Stadtmauer. Sie bildete damals noch eine klare Trennlinie zwischen der Stadt und ihrer landschaftlichen Umgebung. Links von der Katharinenkirche erscheint der Frankensteiner Hof (mit barockem Mansarddach und seitlichem Turm), rechts darunter die Ruine der Michaelskapelle. Dicht auf die Katharinenkirche folgt die damals gerade neuerbaute Katharinenschule, eines der wenigen im Stile des Klassizismus errichteten Gebäude. Ganz rechts im Bild betrachtet man den Sparrhof (mit Walmdach und zwei Schornsteinen) und einen Teil der früheren Franziskanerkirche St. Bartholomäus.

30. Chr. G. Schütz, Oppenheim – Ansicht von Nordwesten, 1768.

31. Chr. G. Schütz (?), Oppenheim – Ansicht von Nordwesten, um 1770 (?).

32. F. Eisenlohr, Oppenheim – Ansicht von Nordwesten, um 1820.

Stadtansichten von Nordosten

33. Oppenheim – Ansicht vom rechten Rheinufer

Anton Mirou, um 1610

Bleistift, laviert; 17,7 × 29 cm
Bez. o. M.: »Oppenheym,«
Landesmuseum Mainz, Inv. Nr. GS 1964/3
Lit.: Hermann 1995, S. 270 mit Abb.

Im Folgenden Zitat nach Hermann 1995[79]:

«Das Blatt zeigt die Stadt Oppenheim von Norden vom gegenüberliegenden rechten Rheinufer aus gesehen, von dem nur eine kleine, grasbewachsene Sandbank im Vordergrund erscheint. Die Ansicht wirkt sehr detailgetreu und exakt in der Wiedergabe der städtischen Topographie. Tatsächlich wurden aber zugunsten einer malerisch und harmonisch wirkenden Landschaft Ungenauigkeiten in Kauf genommen. Die Häuser zeigen sich als dicht zusammengedrängte Masse von Dächern ohne Schornsteine. Markante profane Gebäude sind nicht erkennbar, obwohl solche vorhanden waren (etwa das alte Rathaus). Auch die das Stadtbild prägende Katharinenkirche wird auffallend zurückhaltend dargestellt: Der Vierungsturm ist zu niedrig und es fehlt der hohe Westchor. Besonders deutlich machen sich kompositorische Eingriffe bei der nördlichen Vorstadt bemerkbar. Diese gruppierte sich um das ehemalige Frauenkloster Mariacron, wie z. B. aus der großen Stadtansicht Merians gut ersichtlich ist. Der Zeichner hat hier jedoch die Häuser weggelassen, so daß die Klosterkirche einsam vor der Stadtmauer steht und dadurch besonders hervorgehoben wird. Es gibt jedoch auch Bereiche mit relativ genauer Wiedergabe der Örtlichkeiten wie die über Oppenheim thronende Burg Landskrone samt der Vorburg und die Stadtbefestigung mit ihren Türmen. Die Baukuben und Dachformen (wiederum ohne Schornsteine) erscheinen sehr glaubwürdig und stimmen auch im Detail mit der Darstellung von Merian überein. Bei der Burg gibt es einige bemerkenswerte Abweichungen zu den anderen bisher bekannten Ansichten von Oppenheim. So hat der Zeichner den Bergfried mitten in den Hof gesetzt und nicht an dessen richtigen Standort, die nordwestliche Ecke von Stadt- und Burgmauer. An der östlichen Mauer der Vorburg stehen bei der vorliegenden Zeichnung außer dem Torturm und den beiden Ecktürmen noch drei Burgmannenhäuser, von denen bei Merian nur noch eines übriggeblieben ist. Die wichtigste und für die Datierung wesentliche Abweichung betrifft die Dachformen der Kernburg. Süd- und Ostbau zeigen sich mit steinernen Treppengiebeln, während bei allen späteren Ansichten der Gebäude Walmdächer zu sehen sind. Diese Beobachtung ist ein entscheidender Hinweis für die Entstehungszeit des Blattes. Die Walmdächer wurden bei einem grundlegenden Umbau der Burg errichtet, der nach einer Beschreibung von 1620 »vor kurtzen Jahren« erfolgte, also etwa um 1615. Die Zeichnung muß deshalb vor dieser Zeit angefertigt worden sein, es ist daher die älteste bekannte Ansicht von Oppenheim. Wenzel Hollar und Matthaeus Merian scheiden somit aus zeitlichen Gründen als Schöpfer aus. Ernst Jungkenn hatte schon 1933 (ohne Kenntnis des vorliegenden Blattes) auf Anton Mirou verwiesen und vermutet, daß unter den verlorenen Gemälden des flämischen Künstlers auch eine Ansicht von Oppenheim gewesen sein dürfte. Die Vermutung konnte nun mit großer Wahrscheinlichkeit bestätigt werden. Unter den Budapester Zeichnungen niederländischer Künstler befindet sich eine 1610 entstandene und Mirou zugeschriebene Ansicht von Schwalbach, die im Zeichenstil und dem eher malerischen Gesamteindruck dem Oppenheimer Blatt auffallend ähnlich ist. Selbst kleinste Details, etwa das Fehlen der Schornsteine, die Darstellung der Büsche und Bäume, Schraffur und Lavierung der Schattenflächen, die kleine, stark lavierte Gebüschgruppe im Vordergrund (sie entspricht der Sandbank in der Oppenheimer Darstellung), stimmen überein. Auch eine Skizze von Adolphseck, die Mirou 1615 auf einer Reise nach Schwalbach anfertigte, hat mit dem Oppenheimer Blatt vergleichbare Elemente. Möglicherweise entstand die Oppenheimer Ansicht im Zusammenhang mit der Schwalbacher Reise, denn Mirou kam auf seinem Weg nach Norden an der Stadt vorbei. Die Entstehungszeit der beiden als Vergleich genannten Zeichnungen (1610 und 1615) liegt gleichfalls exakt in dem für Oppenheim vorgeschlagenen Rahmen. Schließlich gibt es noch ein Argument für die Urheberschaft von Mirou: Seine Zeichnungen der Schwalbacher Reise dienten als Vorlage für 26 Radierungen, die Merian 1620 schuf. Die Ansicht von Oppenheim gelangte ebenfalls in die Werkstatt Merians und wurde 1631/32 für den Stich »Einnahme der Stadt Oppenheim durch die Schweden (7. November 1631)« benutzt, wobei der Stecher alle Eigenarten und Fehler der Vorlage genau übernahm.»

34. Blick von einer Anhöhe auf das Rheintal bis Worms, rechts die Stadt Oppenheim. Im Vordergrund die schwedische Armee beim Überqueren des Rheins.

Matthaeus Merian d. Ä. nach Wenzel Hollar, 1633
(hier spätere Ausgabe von 1646)

Kupferstich; 20,2 × 32,7 cm
Bez. o.: »Abbildung des Ohrts und gelegenheit, da Ihr Maystat der König zu Schweden mit dero Armeen über den Rhein gesetzt, die Spanische Reüterei in die Flucht gebracht und die Statt Oppenheim eingenohmen 7.9bris.1631.«, darunter: »REX SUECORVM CUM EXERCITV RHENUM TRAHCIT«, u. Erläuterungen: »A Die Schwedische Armee. B. Ihr May. der konig. C. der Rhein. D Die Spanische Reütterey. E Die Stern Schantz. F. Die Statt Oppenheim. G. Nerstein. H Dienheim. I. Rudelsheim. K. Stockstadt. L. Die Stuben. M. Die Awe. N. Gintzheim. O. Altzheim am Altrhein. P. Die Statt Gernsheim. Q. Bibisheim. R. Zum Stein welches die Spanischen in brandt gesteckt undt verlassen. S. Die Statt Wormbs. T Guntersblum. V. Schwedische Batterie.«, über der Miniaturansicht von Oppenheim: »Oppenheim«, M. re.: »Rhenus Flu:«
Publikation: Matthaeus Merian: »Theatrvm Europaevm«, Band 2. Frankfurt am Main 1633.
Sammlung Dr. M. Held, Oppenheim
Lit.: Fauser 1978, S. LXXII; Wüthrich 1965, S. 143, Abb. S. 141

Variante (1): Kupferstich angeblich von 1631 oder 1632, ohne lateinische Überschrift. Text und Abbildungsdetails mit geringfügigen Abweichungen gegenüber der Ausgabe von 1633.
Bez. u. li.: »W. Hollar fec.«
Lit.: Art Bulletin 55, 1973, S. 88 mit Abb.
Variante (2): Kupferstich ohne lateinische Überschrift, mit niederländischem Titel.
Publikation: Cornelis Danckerts II: »Historis oft Waerachtich Verhael Van den Gantschen toestant von Oorlooge [...]«. Amsterdam 1642.

Dieser Stich, es handelt sich um eine der hervorragendsten Illustrationen des »Theatrvm Europaevm«, schildert eindrucksvoll die Einnahme Oppenheims durch die schwedische Armee am 7. November 1631. Der geschickt gewählte Standpunkt von einer fiktiven Anhöhe jenseits des Rheins ermöglicht einen großzügigen Ausblick auf das weitläufige militärische Ereignis, das sich vom rechten Rheinufer aus über Oppenheim weit in das Hinterland erstreckte. Die Darstellung besitzt große Bedeutung für die Geschichte der Stadt, da sie die Lokalisierung der ehemaligen Sternschanze erlaubt, welche in Resten noch bis in das beginnende 19. Jahrhundert fortbestand. Die Miniaturansicht von Oppenheim folgt in den Einzelheiten der Zeichnung von Mirou (Kat. Nr. 33). Das interessante Bildkonzept, angesiedelt zwischen Landkarte und Vogelschau, macht die besondere Qualität des Blattes aus.

35. Die Rheinfähre bei Oppenheim

Christian Georg Schütz, um 1770 (?)

Schwarze Kreide, Feder in Grau, aquarelliert; 21,5 × 36 cm
Städelsches Kunstinstitut Frankfurt am Main, Taf. 184. Inv. Nr. 1663
Lit.: Schilling 1973, Kat. Nr. 1976

Dieses Christian Georg Schütz zugeschriebene Aquarell zeigt ohne Zweifel die Rheinfähre zwischen Nierstein und Oppenheim. Über dem linken Rheinufer erscheint der an der Stelle des heutigen Steinbruchs gelegene Galgenberg. Links von der Bildmitte deutete Schütz mit wenigen Strichen die Silhouette von Oppenheim an. Eindeutig identifizierbar ist die Ruine der Kirche des Klosters Mariacron nördlich der Vorstadt (siehe auch Kat Nr. 147ff.) Am rechten Bildrand erkennt man die Anlegestelle am Niersteiner Rheinufer.

36. Oppenheim – Ansicht von Nordosten

Jakob Rieger, 1787

Kupferstich; 6,2 × 7,5 cm
Bez. u. re.: »J Rieger 1782«
Publikation: »Versuch einer vollständigen Geographisch-Historischen Beschreibung der Kurfürstl. Pfalz am Rheine von Johann Goswin Widder, Dritter Theil.«. Frankfurt und Leipzig 1787.
Sammlung Dr. M. Held, Oppenheim
Lit.: Held 1997, S. 74 mit Abb.

Der kleinformatige Stich auf der Titelseite des oben genannten Werkes ist ein Vorläufer Riegers großer Oppenheim-Ansicht Kat. Nr. 37.

37. Oppenheim – Ansicht von Nordosten

Jakob Rieger, 1788

Kupferstich; 21,7 × 37,1 cm
Bez. u.: »Oppenheim.«, darunter: »mit dem alten Schloss Landskron, dem Rheinstrom, und in der ferne das dorf Dienheim. von der Mitternachtseite nach der Natur aufgenomen u. gest. v. J. Rieger Manh. 1788.«
Publikation: Jakob Rieger: »12 Ansichten aus der Pfalz«. Mannheim 1788.
Sammlung Dr. K. W. Heyden, Oppenheim
Lit.: Jungkenn 1933B, S. 30, Abb. S. 9; Held 1997, S. 74 mit Abb.

Aus dem Blickwinkel einer Vordergrundstaffage vornehmer Spaziergänger erscheint das Gesamtpanorama der Stadt. Riegers Ansicht basiert – wie dem Bilduntertitel zu entnehmen ist – auf einer »*nach der Natur*« gezeichneten Vorlage und liefert auch tatsächlich ein annähernd authentisches, in den Details weitgehend zuverlässiges Bild. Zu den bemerkenswerten Einzelheiten des Stadtprospektes zählen die am rechten Bildrand dargestellte Ruine des ehemaligen Zisterzienserinnenklosters Mariacron und die das Stadtbild akzentuierenden Türme und Tore der Stadtbefestigung. Hoch über den Häusern thront die Ruine des Schneiderturmes, dicht gefolgt von den Resten der Burg. Unterhalb der Katharinenkirche erscheint der Pilgersberg mit dem Frankensteiner Hof, unmittelbar darunter das Rheintor. Auf der linken Bildhälfte ragen aus der Masse der Dächer die Franziskanerkirche, die Sebastianskirche und der Hexenturm hervor.

38. Oppenheim – Ansicht von Nordosten I

Johannes Ruland, um 1790

Bleistift; 24 × 42,5 cm
Bez. u. re.: »Obenheim«
Historisches Museum der Pfalz Speyer, Inv. Nr. BS 592
Lit.: Zeller 1933, S. 7ff., Abb. S. 8

In ihrem etwas groben zeichnerischen Duktus gleicht die Darstellung einer flüchtig vor Ort notierten Skizze, die trotz fehlender Detaillierung ein topographisch stimmiges Bild zu liefern scheint. Der Blick des Zeichners richtete sich auf die jenseits des Rheines gelegene Vorstadt, von der sich zwei markante Baulichkeiten abheben: Es handelt sich um die Ruine der Klosterkirche Mariacron und weiter links die Ruine des Seilertores. Beide Motive hat Ruland auch in Einzeldarstellungen festgehalten (Kat. Nr. 147 und Kat. Nr. 59). Im Hintergrund erscheint die Silhouette von Oppenheim mit den Kirchturmspitzen von St. Katharinen, der Ruine Landskrone und dem Schneiderturm.

39. Oppenheim – Ansicht von Nordosten II

Johannes Ruland, um 1790

Bleistift; 24 × 42,5 cm
Bez. u. re.: »Obenheim«
Historisches Museum der Pfalz Speyer, Inv. Nr. BS 591

Der Standort für diese weitere Zeichnung Rulands mit Blick auf Oppenheim über den Rhein lag etwas weiter südlich als Kat. Nr. 38 und unmittelbar am Rheinufer. Das mit groben Linien angedeutete Unwetter hat den Künstler vielleicht dazu veranlaßt, seine Skizze in großer Eile anzufertigen; auch stand die große Entfernung zur Stadt einer detaillierteren Ausarbeitung im Weg.

40. Oppenheim – Ansicht von Nordosten

Paul Wallot, nach 1873

Aquarell über Bleistift; 20,8 × 32,9 cm
Verso Kat. Nr. 63
Privatsammlung

Wallots Aquarell ist vom Ufer des Rheinhafens aus gezeichnet. Hoch über der Stadt überlagern sich Katharinenkirche und Frankensteiner Hof zu einer vieltürmigen, das Stadtbild bekrönenden Baugruppe.

41. »Oppenheim, Nordostseite«

Rudolph Gustav Müller, 1876

Bleistift; 21,7 × 31,6 cm
Bez. u. re.: »Oppenheim, Nordostseite Sept 76«
Landesmuseum Mainz, Inv. Nr. GS 1903/50

Müller zeigt das Bild der Stadt im ausgehenden 19. Jahrhundert. Im Gegensatz zu früheren Ansichten sind die Ruinen aus der Zeit der Stadtzerstörung bis auf wenige Reste bereits verschwunden. Rechts im Bild sieht man den Uhrturm, der um 1843 in romantischer Rückbesinnung auf den Resten des mittelalterlichen Zollturmes errichtet worden war. Einen Kontrast zum Historismus jener Zeit bildet die moderne Drahtstift- und Parkettfabrik mit dem am rechten Bildrand in die Höhe ragenden Schornstein. Bei den Villen unterhalb der Burgruine handelt es sich, von rechts nach links betrachtet, um den ehemaligen Hof derer von Gemmingen, damals noch Kreisamt (und ohne den später nach der Ansicht von Merian rekonstruierten Renaissance-Giebel), weiter links das auf den Resten des ehemaligen Dalberger Hofes errichtete Gartenhaus des Textilfabrikanten August von Frowein und den ehemaligen Frankensteiner Hof (später im Besitz der Familie des Reichstagsarchitekten Paul Wallot).

33. A. Mirou, Oppenheim – Ansicht vom rechten Rheinufer, um 1610.

34. M. Merian d. Ä. nach W. Hollar, Blick von einer Anhöhe auf das Rheintal bis Worms, rechts die Stadt Oppenheim. Im Vordergrund die schwedische Armee beim Überqueren des Rheins, 1633 (Ausgabe von 1646).

35. Chr. G. Schütz, *Die Rheinfähre bei Oppenheim, um 1770 (?)*.

36. *J. Rieger, Oppenheim – Ansicht von Nordosten, 1787.*

37. J. Rieger, Oppenheim – Ansicht von Nordosten, 1788.

38. J. Ruland, Oppenheim – Ansicht von Nordosten I, um 1790.

39. J. Ruland, Oppenheim – Ansicht von Nordosten II, um 1790.

40. P. Wallot, Oppenheim – Ansicht von Nordosten, nach 1873.

41. R. G. Müller, »Oppenheim, Nordostseite«, 1876.

Stadtbefestigung

Dienheimer Tor

42. »Prospect der Stadt Oppenheim, auf der Landstrasse nach Gundersblum.«

Johann Jakob Koller, um 1770

Tuschfeder und Aquarell; 19,5 × 36,7 cm
Bez. u.: »Prospect der Stadt Oppenheim, auf der Landstrasse nach Gundersblum.«, li. am Bildrand: »I. K. fecit.«
Sammlung Dr. K. W. Heyden, Oppenheim

Die Ansicht dokumentiert die 1818 weitgehend abgetragenen Befestigungsanlagen des südlichen Ortseingangs. Das äußere Dienheimer Tor lag auf einer westlich der heutigen Hauptstraße gelegenen Schanze und bestand aus einer einfachen Schildmauer mit Bogenfries und Erker über der Toreinfahrt. Hatte man das äußere Tor passiert, gelangte man auf einen zur Stadtmauer parallel verlaufenden Wall, der auf der Höhe der heutigen Wormser Straße endete. Das innere Dienheimer Tor (mit Zinnenkranz und Turm) befand sich auf der Höhe des Anwesens Wormser Straße 57. Ganz links erkennt man den Sackträgerturm. Dicht über der Stadtmauer erscheint ein Teil des Ortsbildes mit den Ruinen der Burg, der Katharinenkirche und der Sebastianskirche.

43. Dienheimer Tor – Ansicht der Feldseite

Unbekannter Künstler, 1795

Feder, laviert; Bildmaße unbekannt
Lt. Lit. bez.: »Nous soussignés, Maire, et officiers Municipaux, certifions le present dessin de la ville d' Oppenheim face coté de Worms être fidelement dessiné et lavé en foi de quoi nous avons signé le present à Oppenheim le 15. Prairial. Le Maire et officiers Municipaux T. Martin Ferd. Emonds«
1921 erworben von der hessischen Bürgermeisterei Oppenheim, Verbleib unbekannt
Reproduktion im Besitz von H. Wernher, Oppenheim
Lit.: Jungkenn 1933B, S. 30, Abb. S. 33; Wernher 1925, S. 41 mit Abb.

Im Gegensatz zu Kat. Nr. 42 ist die Stadtmauerpartie von einem einige Meter westlich der Straße gelegenen Standpunkt wiedergegeben. Links von der Bildmitte erscheint das auf der äußeren Schanze gelegene Vortor. Nach rechts folgen der Dienheimer Torturm, die Dächer der Sebastianskirche und die Ruinen des Hexenturmes.

44. »Am Dienheimer Tor«

Wilhelm Merck, vor 1818

Aquarell; Bildmaße unbekannt
Lt. Lit. bez.: »Am Dienheimer Tor«
Ehemals Sammlung Clara Merck, Darmstadt, Verbleib unbekannt
Lit.: Jungkenn 1933B, S. 30; Wernher 1925, S. 37 mit Abb.

Mercks Ansicht liefert eine prospekthafte Zusammenstellung aller Sehenswürdigkeiten, die Oppenheim von dieser Seite aus zu bieten hatte. Der Ausblick auf den Rhein mit den zwei ankernden Schiffen und der steil abfallenden Uferböschung bildet eine reizvolle, jedoch frei erfundene Zutat. Trotz der phantasievollen kompositorischen Eingriffe hat der Künstler die Details der einzelnen Motive wahrheitsgemäß erfaßt. Die Gestalt des äußeren Dienheimer Tores stimmt in ihren Grundzügen mit den anderen Ansichten überein, ebenso verhält es sich mit dem hoch aufragenden Dienheimer Torturm und der unmittelbar darunter befindlichen Toreinfahrt. Neben Burg Landskrone und Katharinenkirche zeigt auch diese Ansicht die Sebastianskirche und den weiter östlich gelegenen Hexenturm.

42. J. J. Koller, »Prospect der Stadt Oppenheim, auf der Landstraße nach Gundersblum.«, 1770.

43. Unbekannter Künstler, Dienheimer Tor – Ansicht der Feldseite, 1795.

44. W. Merck, »Am Dienheimer Tor«, vor 1818.

Inneres Gautor

45. Inneres Gautor und Burg Landskrone

Unbekannter Künstler, vermutlich 1825

Tuschfeder und Bleistift, laviert; 21 × 27,8 cm
Bez. u. li.: »l'une des portes d'Oppenheim«
Kölnisches Stadtmuseum, Inv. Nr. 1928/689 g h 804 a

Die Darstellung schildert eindrucksvoll die Atmosphäre der auch 130 Jahre nach der Zerstörung im Pfälzischen Erbfolgekrieg an vielen Stellen immer noch ruinösen Stadt. Von dem mächtigen inneren Gautor zieht sich die brüchige Stadtmauer hinauf bis an die Spitze des Burgbergs.

46. Inneres Gautor – Ansicht der Feldseite

Paul Wallot, vermutlich 1860

Bleistift; 20 × 24,2 cm
Bez. u. M.: »26 September.«
Staatliche Museen zu Berlin, Kunstbibliothek, Skizzenbuch PW K.5.1 1857-1860

Während fast alle Oppenheimer Stadttore im frühen 19. Jahrhundert beseitigt wurden, konnte das innere Gautor – dank seiner Nutzung als Gefängnis – bestehen bleiben. Das in seinem ältesten Baubestand in das 13. Jahrhundert zurückreichende Tor wurde nach einer auf der Stadtseite angebrachten Bauinschrift 1566 erneuert.

47. Inneres Gautor – Ansicht der Feldseite

Karl Theodor Reiffenstein, 1876

Bleistift; 11,9 × 18,5 cm
Bez. u. li.: »Gauthor, Oppenheim 18. Juni 1876.«
Städelsches Kunstinstitut Frankfurt am Main, Inv. Nr. Reiffenstein Bd. 30, S. 1

Im Gegensatz zu Kat. Nr. 46 skizzierte Reiffenstein das Tor von einem etwas weiter unten, unmittelbar vor der Toreinfahrt gelegenen Standpunkt.

45. Unbekannter Künstler, Inneres Gautor und Burg Landskrone, vermutlich 1825.

46. P. Wallot, Inneres Gautor – Ansicht der Feldseite, 1861.

47. K. Th. Reiffenstein, Inneres Gautor – Ansicht der Feldseite, 1876.

Äußeres Gautor

48. Äußeres Gautor – Ansicht der Feldseite

Christian Georg Schütz, 1766

Öl auf Holz; 31 × 37 cm
Bez. u. re.: »Schüz fec.«
Lt. Lit. Zettel auf der Rückseite: »Ausserhalb dem äusseren Gautor zu Oppenheim, wo man durch den Bogen auf den Rhein sehen kann. Gezeichnet anno 1766 von dem berühmten Landschafts Mahlern Herren Christian Georg Schütz in Frankfurth.«
Bayerische Staatsgemäldesammlung, Alte Pinakothek München, Inv. Nr. 1698
Lit.: Banaschewski 1923, Kat. Nr. 181; Jungkenn 1933A, Abb. nach S. 6

Das qualitätsvolle Gemälde zeigt das in der Mitte des 16. Jahrhunderts zusammen mit den weitläufigen äußeren Stadtmauern auf dem Herrnberg errichtete äußere Gautor. Die ähnlich wie das Seilertor (Kat. Nr. 59f.) ursprünglich durch eine Zugbrücke gesicherte Anlage wurde über einen seitlichen Treppenturm erschlossen. Auf die Toreinfahrt folgten zwei Geschosse mit größeren Fensteröffnungen, Schießscharten und einem Wurferker. Links hinter der Stadtmauer erscheint ein Teil der Katharinenkirche und die Giebelwand der an der Dexheimer Straße gelegenen Kirche des Antoniterklosters (siehe auch Kat. Nr. 51). Rechts im Mittelgrund stellte Schütz das innere Gautor und die Bartholomäuskirche dar.

49. Äußeres Gautor – Ansicht der Feldseite

Christian Georg Schütz, um 1770

Feder in Braun, laviert; 23,7 × 32 cm
Bez. u. re.: »Chr. Georg Schütz n. 27. c.«
Sammlung Dr. K. W. Heyden, Oppenheim

Geringfügig variierte Aquarellfassung nach Kat. Nr. 48.

50. Äußeres Gautor – Ansicht der Feldseite

Franz Schütz, 1771

Feder in Braun, aquarelliert; 16,8 × 21,9 cm
Bez. u.: »desiné par Francois Schütz. 1771.«
Germanisches Nationalmuseum Nürnberg, Inv. Nr. Hz 7105, Kapsel 582 b
Lit.: Schoch 1992, Kat. Nr. 106, Abb. S. 245

Das ähnlich wie Kat. Nr. 49 ausgesprochen ›bildhaft‹ ausgeführte Aquarell ist mit Sicherheit nicht als Entwurf für das Ölgemälde (Kat. Nr. 48) anzusehen. Vermutlich hat der Künstler dieses damals wahrscheinlich gut verkäufliche Motiv nach dem Gemälde ausgeführt.[80]

51. Oppenheim mit dem äußeren Gautor und der Kirche des Antoniterklosters

Franz Schütz, um 1770

Tuschfeder, Kreide; 23 × 37,3 cm
Sammlung M. Jungkenn, Oppenheim
Lit.: Jungkenn 1933A, S. 3, Abb. S. 3

Während links im Vordergrund der markante Torturm die Szene beherrscht, richtet sich im Mittelgrund der Blick auf die Ruine der Kirche des Antoniterklosters. In der Ferne zeigt Schütz Oppenheim mit Burg Landskrone, Katharinenkirche und ganz rechts dem inneren Gautor. Besonderes Interesse verdient die Zeichnung wegen der detaillierten Darstellung der verschiedenen Stadtmauern auf dem Herrnberg. So entdeckt man beispielsweise entlang der äußeren Mauer, dicht neben dem äußeren Gautor, einige verfallene Türme der Stadtmauer und weiter rechts im Bild die Reste einer dritten, mittleren Stadtmauer mit Torbogen.

52. Idealisierte Flußlandschaft mit dem äußeren Gautor in Oppenheim

Christian Georg Schütz, 1766

Öl auf Kupfer; 42 × 54,5 cm
Bez. u. M.: »Schütz. inventor. et. fec.1766«
Museum Georg Schäfer Schweinfurt, Inv. Nr. MGS 2808
Lit.: Bushart 2003, Kat. Nr. 142, Abb. S. 184

Während das Gemälde Kat. Nr. 53 außer dem äußeren Gautor auch die Katharinenkirche und die Giebelwand der Kirche des Antoniterklosters zeigt, finden sich auf dieser Ansicht keine weiteren Versatzstücke, die mit Oppenheim in Verbindung zu bringen wären. Umso effektvoller ist das Tor auf einer Anhöhe in Szene gesetzt: »*Der Blick führt herab in ein gebirgiges Flußtal, das sich fern in der von der Morgensonne beschienenen Ebene verliert. Die Grenze zwischen Morgengrauen und -licht markiert der hochgelegene Torturm, durch den Landleute, Reiter und Vieh ins Freie streben.*«[81] Am Fluß unten liegt eine Fähre (es handelt sich um die Rheinfähre nördlich von Oppenheim, Kat. Nr. 35), auf dem jenseitigen Ufer eine Stadt mit Kirche.

53. Idealisierte Flußlandschaft mit Motiven aus Oppenheim

Christian Georg Schütz, um 1770 (?)

Öl auf Holz; 30 × 42,5 cm
Bez. u. re.: »Schüz fecit.«
Verso ein Inventarzettel des 18. Jahrhunderts
Kunsthandel
Lit.: Lempertz Auktion 786, 20. Mai 2000 Köln, Alte Kunst Gemälde Zeichnungen Skulpturen, Kat. Nr. 740, Abb. S. LXXXIII

Wie sehr sich die Oppenheimer Ruinen für Schütz' arkadische Landschaftsbilder eigneten, beweist dieses Gemälde mit seiner Architekturstaffage, welche einige der in Kat. Nr. 48 genannten Motive in einen frei erfundenen topographischen Zusammenhang stellt.

54. Idealisierte Flußlandschaft mit dem äußeren Gautor in Oppenheim

Christian Georg Schütz, 1774

Öl auf Kupfer; 33,1 × 41,7 cm
Bez. u. re.: »Schüz. fec. 1774.«
Bayerische Staatsgemäldesammlung, Galerie Aschaffenburg, Inv. Nr. 6425/4304
Lit.: Brochhagen 1964, S. 143

Das Gemälde entspricht im Bildaufbau etwa der Phantasielandschaft auf dem Bild Kat. Nr. 52, verlegt das Tor jedoch weiter nach hinten an den Rand einer kleinen Ortschaft mit Kirche.

48. Chr. G. Schütz, *Äußeres Gautor – Ansicht der Feldseite*, 1766.

49. Chr. G. Schütz, Äußeres Gautor – Ansicht der Feldseite, um 1770.

50. F. Schütz, Äußeres Gautor – Ansicht der Feldseite, 1771.

51. F. Schütz, Oppenheim mit dem äußeren Gautor und der Kirche des Antoniterklosters, um 1770.

52. Chr. G. Schütz, Idealisierte Flußlandschaft mit dem äußeren Gautor in Oppenheim, 1766.

53. Chr. G. Schütz, Idealisierte Flußlandschaft mit Motiven aus Oppenheim, um 1770 (?).

54. Chr. G. Schütz, *Idealisierte Flußlandschaft mit dem äußeren Gautor in Oppenheim, 1774.*

Burg Landskrone

55. »Das Schlos zu Oppenheim«

Unbekannter Künstler, 1687

Kupferstich; 11,3 × 17,2 cm
Bez. o. M.: »Das Schlos zu Oppenheim«
Publikation: Christian Wagner: »Der Pfaltz am Rhein Staat-Land-Städt- und Geschicht Spiegel...«. 1687.
Spätere Ausgabe in: Jacob Koppmayer: »Rhenus Fluminum princeps de montibus Rhetiae Oriens et in Mare Germanicum occidens oder : Der vortreffliche Grosse Wasser Strom der Rhein mit denen namhaften Flüssen«. Augsburg 1689.
Sammlung Dr. K. W. Heyden, Oppenheim

Das Blatt basiert in fast allen Einzelheiten auf der Darstellung der Burg in Merians Ansicht von 1645 (Kat. Nr. 6). Abweichend von den tatsächlichen Gegebenheiten wirkt die Anlage sehr gerafft und in der Höhe übersteigert. Das bei Merian durch die unterhalb der Burg gelegenen Adelshöfe zum Teil verdeckte östliche Burgtor (rechts neben dem Eckturm mit der geschweiften Haube) erscheint lediglich als einfacher Wehrturm ohne die dazugehörige Toreinfahrt.

56. Burg Landskrone und Michaelskapelle

Paul Wallot, vermutlich 1859

Bleistift; 20 × 24,2 cm
Staatliche Museen zu Berlin, Kunstbibliothek, Skizzenbuch PW K.5.1 1857-1860

Die Ansicht zeigt die Ruinen von Burg Landskrone und Michaelskapelle, aufgenommen von einem Standpunkt einige Meter unterhalb des Geschlechterbrunnens. Für das Grundstück über der Toreinfahrt rechts im Mittelgrund entwarf Wallot einige Jahre später eine repräsentative Villa in den Stilformen der Neorenaissance, welche um 1873 errichtet wurde (Bauakten Stadtarchiv).

Schneiderturm

57. Schneiderturm

Paul Wallot, 1854

Bleistift, Bildmaße unbekannt
Bez. M. re.: »Der sogenannte Schneiderthurm Oppenheim 1854 Paul Wallot«
Ehemals im Besitz von Carl H. Koch, Oppenheim
Lit.: Koch 1938, Abb. im Tafelanhang

Der mittelalterliche Schneiderturm wurde 1689 im Zuge der Stadtzerstörung von den Franzosen geschleift. Die Ruine bestand noch bis in die zweite Hälfte des 19. Jahrhunderts. 1903 wurde auf den Fundamenten des Schneiderturmes der heutige Ruprechtsturm erbaut. Der Name des Turmes erinnert an den 1410 auf Burg Landskrone verstorbenen König Ruprecht.

Uhrturm

58. Uhrturm und Vorstadt von Oppenheim

Paul Wallot, 1861

Bleistift; 16,6 × 23,7 cm
Bez. u. re.: »15/ 8 1861«
Staatliche Museen zu Berlin, Kunstbibliothek, Skizzenbuch PW K.6.2 1857-1860

Dem Motiv des unterhalb des Stadtgrabens gelegenen Uhrturmes hat sich Wallot in mehreren Skizzen zugewandt (siehe Skizzenbücher Kat. Nr. 206). Die Ansicht zeigt den unteren Teil des Stadtgrabens, die sogenannte »Hohl« mit den dortigen, teils noch erhaltenen Stadtmauerresten und der Grabenbrücke. Der weiter unten gelegene Uhrturm wurde um 1843 auf den Ruinen des ehemaligen Zollturmes errichtet.

55. Unbekannter Künstler, »Das Schlos zu Oppenheim«, 1687.

56. P. Wallot, Burg Landskrone und Michaelskapelle, vermutlich 1859.

57. P. Wallot, Schneiderturm, 1854.

58. P. Wallot, Uhrturm und Vorstadt von Oppenheim, 1861.

Seilertor *Fährturm*

59. Seilertor – Ansicht der Feldseite

Johannes Ruland, um 1790

Bleistift, teilweise laviert; 24 × 42,5 cm
Bez. u. re.: »? (Oppenheim) Ruland. d.«
Historisches Museum der Pfalz Speyer, Inv. Nr. BS 595
Lit.: Zeller 1933, S. 7ff., Abb. S. 8.

Das Seilertor zählte zu den Haupttoren der Oppenheimer Stadtbefestigung. Nach Rulands Darstellung bewahrte es auch als Ruine noch seinen wehrhaften Charakter. Über dem Torgewände erhoben sich ehemals drei Geschosse: Das oberste besaß vier kleine Ecktürmchen; an den beiden mittleren Geschossen gab es jeweils einen Wurferker und eine Anzahl unregelmäßig angeordneter Schießscharten. Die beiden Pfeiler lassen darauf schließen, daß sich vor der Toreinfahrt (vgl. mit Kat. Nr. 48ff.) ursprünglich eine Zugbrücke befand. Von der markanten Anlage ist lediglich der Torunterbau mit zwei übereinanderliegenden Geschützkammern erhalten (heute Teil des Gebäudes Vorstädterstraße 24).

60. Seilertor – Ansicht der Feldseite

Unbekannter Künstler, vermutlich 1825

Tuschfeder, laviert; 27,5 × 20,5 cm
Bez. u. M.: »Porte d'Oppenheim«
Kölnisches Stadtmuseum, Inv. Nr. G 4805 (=RM 1928/689)

Die Ansicht zeigt das baufällige Tor wenige Jahre vor seiner Niederlegung (1829). Das beim Abbruch geborgene Baumaterial wurde bei einem Umbau der Katharinenschule wiederverwendet.[82]

61. Fährturm

Wilhelm von Kobell, 1782

Schwarze Kreide; 13,6 × 19,8 cm
Bez. u. M.: »W. Kobell«, verso: »in Oppenheim 1782«
Kunstsammlungen der Veste Coburg, Inv. Nr. Z 1192
Lit.: Wichmann 1970, S. 161, WV 1 mit Abb.

Wilhelm von Kobells Ansicht des Oppenheimer Fährturmes ist ein Frühwerk des namhaften Künstlers.

62. Fischmarkt und Fährturm

Johannes Ruland, um 1790

Bleistift; 24 × 42,5 cm
Historisches Museum der Pfalz Speyer, Inv. Nr. BS 599
Lit.: Jungkenn 1938, S. 170, Abb. im Tafelanhang; Held 1991A, S. 47 mit Abb.

Die Ruine des Fährturmes wurde vermutlich gemeinsam mit dem Seilertor um 1829 abgetragen. Der Turm besaß die Gestalt eines massigen zweigeschossigen Oktogons mit Eckquaderung, hochrechteckigen Fenstern, Gesimsen und Rundbogenfries als oberem Abschluß. Im Vordergrund zeigt die Ansicht die Bebauung am Fischmarkt mit dem dortigen Brunnen und den umliegenden giebelständigen Fachwerkhäusern. Vom ehemaligen Fährturm haben lediglich geringfügige Reste überdauert (heute Teil des Anwesens Vorstädterstraße 29).

59. J. Ruland, Seilertor – Ansicht der Feldseite, um 1790.

60. Unbekannter Künstler, Seilertor – Ansicht der Feldseite, vermutlich 1825.

61. W. v. Kobell, Fährturm, 1782.

62. J. Ruland, *Fischmarkt und Fährturm*, um 1790.

Tränkpforte

63. Tränkpforte – Ansicht der Feldseite

Paul Wallot, nach 1873

Aquarell über Bleistift; 20,8 × 32,9 cm
Verso Kat. Nr. 40
Privatsammlung

Die Tränkpforte befand sich südlich unterhalb des alten Rathauses in der Bädergasse. Nach Merians Ansicht von 1645 handelte es sich um einen hohen, mindestens dreigeschossigen Torturm mit steil aufragendem Walmdach. Um 1873 waren lediglich der untere Teil des Tores und ein Stück der seitlich anschließenden Stadtmauer erhalten.

Seit einigen Jahren sind die letzten vorhandenen Bauteile von allen Seiten dicht umbaut. Geringfügige Reste, darunter das feldseitige Torgewände, wurden in die Ostwand eines Garagengebäudes auf dem Grundstück Bädergasse 54 integriert.

Im Hintergrund zeigt Wallot die Dächer der Bartholomäuskirche und die Rückfassaden der Häuser zwischen Pfau- und Bädergasse.

Unbekanntes Stadttor

64. Stadttor – Ansicht der Feldseite

Unbekannter Künstler, vermutlich 1825

Tuschfeder, laviert; 27,7 x 20,7 cm
Bez. u. li.: »Partie des Murailles d'Oppenheim«
Sammlung Dr. M. Held, Oppenheim

Dieses Werk eines anonymen Künstlers gehört mit großer Wahrscheinlichkeit in die Reihe der Oppenheim-Ansichten aus dem Kölner Stadtmuseum. Diese Vermutung basiert auf der übereinstimmenden Zeichentechnik, dem identischen Format und der allen Blättern gemeinsamen französischen Bezeichnung. Die Lokalisierung des Tores steht noch aus.

63. P. Wallot, Tränkpforte – Ansicht der Feldseite, nach 1873.

64. Unbekannter Künstler, Stadttor – Ansicht der Feldseite, vermutlich 1825.

Sakralbauten

Katharinenkirche – Ansichten von Süden

65. Idealisierte Rheinlandschaft mit der Katharinenkirche von Süden

Schule des Christian Georg Schütz, um 1770 (?)

Öl auf Holz; 27,5 × 37,5 cm
Privatsammlung
Variante von Kat. Nr. 209

Über den Häusern einer Oppenheim nachempfundenen Phantasie-Architektur erscheint die Südseite der Katharinenkirche. Rechts gleitet der Blick in die Ferne auf eine reich detaillierte Flußlandschaft.

66. Katharinenkirche – Ansicht von Süden

Christian Georg Schütz, um 1770 (?)

Tuschfeder, aquarelliert; 23,1 × 36,4 cm
Schloßmuseum Weimar, Inv. Nr. KK 2986

Die Ansicht ist aufgrund der präzise beobachteten näheren Umgebung der Kirche von besonderem Interesse. Bei den links der Kirchhoftreppe dargestellten Bögen handelt es sich um die Eingänge zu einem heute noch erhaltenen Gewölbe, das 2001 bei Restaurierungsarbeiten wiederentdeckt wurde.[83] Die Mauer mit dem Torbogen links im Bild steht noch heute; sie enthält eine Anzahl vermauerter Fenster- und Torgewände aus mittelalterlicher Zeit, darunter einen gotischen Schulterbogen. Auch die Ruinen auf der rechten Seite lassen sich noch mit den heutigen Gegebenheiten in Verbindung bringen. Das Mauerstück mit dem Erker stellt die Reste des Dienheimer Hofes dar (heute Schulstraße 11); es findet sich auch auf einer Zeichnung von Ruland (Kat. Nr. 161). Dahinter erscheint das Dach des Hofes »zum güldenen Ring«. Der Turm mit der Zwiebelhaube gehört zum ehemaligen Frankensteiner Hof und die achteckige Turmruine weiter links befand sich vermutlich auf dem Grundstück des ehemaligen Dalberger Hofes (siehe auch Kat. Nr. 164).

67. Katharinenkirche – Ansicht von Süden

Johannes Ruland, um 1790

Bleistift; 40 × 55 cm
Bez. u. li.: »Oppenheim«
Historisches Museum der Pfalz Speyer, Inv. Nr. BS 588
Lit.: Zimmermann 1989, S. 492 mit Abb.

Rulands Handzeichnung dokumentiert den ruinösen Bauzustand der nach dem Brand von 1689 nur notdürftig instandgesetzten Kirche. Angesichts der Schäden am südlichen Querhausgiebel ist anzunehmen, daß größere Reparaturen an der Maßwerkfassade während des 18. Jahrhunderts ausgeblieben sind. Ob die drei fehlenden Strebepfeiler der südlichen Langhausfassade im Mittelalter unvollendet blieben, wie in der bisherigen Literatur vermutet, oder beim Brand von 1689 zerstört wurden, läßt sich heute kaum mehr nachvollziehen. Die von Ruland mit sicherer Hand vorgeführten architektonischen Details der Südfassade stehen im Kontrast zu den perspektivischen Unstimmigkeiten bei der Erfassung des Gesamtbauwerks. Westchor und Langhaus haben unterschiedliche Fluchtpunkte, was an einem Standortwechsel des Zeichners gelegen haben dürfte.

68. Katharinenkirche mit Rathaus und Merianstraße

Carl Philipp Fohr, um 1812 (?)

Tuschfeder, Pinsel, Aquarell über Bleistift; 47,4 × 41 cm
Bez.: »Fohr«, verso: »Die Catharinenkirche zu Oppenheim, gez. von C. Fohr für den ObRath Moller und von diesem zum Geschenk erhalten. D.«
Kurpfälzisches Museum der Stadt Heidelberg, Inv. Nr. Z 280
Lit.: Schütz 1982, S. 15; Märker 1995, S. 177

Fohrs Aquarell hat die städtebaulich reizvolle Situation der auf das südliche Querhaus fluchtenden Merianstraße zum Thema. Mit der belebten Figurenszene im Vordergrund bietet die Zeichnung eine anschauliche Momentaufnahme des Oppenheimer Straßenbildes im frühen 19. Jahrhundert.

Links im Bild sieht man den östlichen Teil des 1719 von Stadtbaumeister Johann Epstein wiederhergestellten Rathauses. Rechts neben der Treppe zum Kirchhof erscheint der noch heute erhaltene Hof »zum Freytag«, der mit seinem auf 1629 datierten Torbogen zeitweilig eine Poststation beherbergte.

69. Katharinenkirche – Ansicht von Süden

Franz Hubert Müller, 1829 (hier spätere Ausgabe von 1853)

Aquatinta; 63,7 × 50,5 cm
Bez. o. re.: »XXXI.«, u. M.: »Die Südseite«
Publikation: Franz Hubert Müller: »Die ST. CATHARINENKIRCHE zu Oppenheim. Ein Denkmal teutscher Kirchenbaukunst aus dem 13. Jahrhundert. Geometrisch und perspectivisch dargestellt und mit einem erläuternden Texte versehen«. Frankfurt am Main, 1853.
Evangelisches Gemeindearchiv, Oppenheim

Seine Wiederherstellung vorwegnehmend präsentiert sich der prachtvolle gotische Dom, der um das fehlende Strebewerk und einen maßwerkdurchbrochenen Vierungsturmhelm ergänzt worden ist, in makelloser Vollendung. Müller beschrieb die Ansicht wie folgt:

»Das Blatt stellt die äussere Südseite der Kirche, völlig ergänzt und mit ausgebauter Thurmspitze dar, [...] wie sie sich wohl zu der Zeit ausgenommen haben mag, als König Ruprecht das Schloss zu Oppenheim durch seine Gegenwart verherrlichte. Besonders in der Morgenbeleuchtung mögen sich diese erhabenen Zinnen, mit ihren mannigfaltigen, aufwärts strebenden Formen, von verschiedenartigem Laubwerk umgeben, in ihrer ganzen Grossartigkeit gezeigt, und den Beschauer mit Ehrfurcht und Bewunderung erfüllt haben.« [84]

70. Mittelalterliche Architekturphantasie mit der Oppenheimer Katharinenkirche

Hanns Woldemar Hermann, nach 1829

Feder in Braun, aquarelliert, weiß gehöht; 20,7 × 18 cm
Sammlung Dr. M. Held, Oppenheim

Über einer dicht bebauten mittelalterlichen Stadtanlage thront die Oppenheimer Katharinenkirche. Die originelle Architekturphantasie orientiert sich an dem Aquatintablatt von Müller (Kat. Nr. 69), denn auch hier fehlt der spätgotische Westchor, den Müller bei seiner Rekonstruktion des hochgotischen Bauzustandes fortgelassen hat. Für diese Vermutung spricht auch, daß der Künstler das Maßwerk des Vierungsturmhelmes und die Zinnen auf der Kirchhofmauer nach Müller übernommen hat.

71. »Catharinenkirche zu Oppenheim«

C. Dottinger, 1864

Tuschfeder, aquarelliert; 30,3 × 18 cm
Bez. u. li.: »C. Dottinger. 1864«, u. re.: »Catharinenkirche zu Oppenheim«
Sammlung Dr. K. W. Heyden, Oppenheim

Teilansicht der Katharinenkirche mit Blick auf das südliche Querhaus, den Vierungsturm und einen Teil der Langhausfassade. Der Standort des Künstlers befand sich unmittelbar vor der Südfassade auf dem Gelände des Kirchhofes. Die Zeichnung diente als Vorlage für den etwa gleichformatigen Druck Kat. Nr. 72.

72. »Katharinenkirche in Oppenheim.«

Unbekannter Künstler, nach 1864

Aquatinta; 32,1 × 19,1 cm
Bez. o. li.: »Heft II.«, o. re.: »Bl. 1«, u. M.: »Katharinenkirche in Oppenheim.«
Herkunft unbekannt
Sammlung Dr. M. Held, Oppenheim

Die Herkunft dieses Druckes ist bislang ungeklärt. Die mutmaßliche Vorzeichnung stammt von C. Dottinger (Kat. Nr. 71).

73. »Die wiederhergestellte Katharinenkirche zu Oppenheim a. Rh.«

Gottlob Theuerkauf, 1889

Holzstich; 23,3 × 34,9 cm
Bez. u. M.: »Die wiederhergestellte Katharinenkirche zu Oppenheim a. Rh.«, darunter: »Mit Hülfe einer photographischen Aufnahme gezeichnet von G. Theuerkauf.«
Pendant zu Kat. Nr. 75
Sammlung Dr. M. Held, Oppenheim

Die Ansicht zeigt die in alter Pracht wiedererstandene Kirche nach Abschluß der Restaurierungarbeiten von 1878-1889. Die Restaurierung ging damals weit über eine Erneuerung der beschädigten Bauteile hinaus. Im Sinne der großen Domvollendungen wie z.B. in Köln oder Regensburg plante man auch die Wiederherstellung von Bauteilen, die zwar nicht mehr vorhanden waren, aber konstruktiv und ästhetisch zur Vollendung des Bauwerks notwendig erschienen.[85] Glücklicherweise wurden diese Ergänzungen sparsam vorgenommen und von einem der prominentesten Neugotiker des späten 19. Jahrhunderts, dem Architekten Friedrich von Schmidt, geleitet.[86] Die Baumaßnahmen am Außenbau umfaßten die Ausbesserung von Witterungsschäden, die Rekonstruktion des Westchor- und Vierungsturmdaches und die Ergänzung der fehlenden Strebepfeiler auf der Nord- und Südseite des Langhauses.

65. Schule des Chr. G. Schütz, Idealisierte Rheinlandschaft mit der Katharinenkirche von Süden, um 1770 (?).

66. Chr. G. Schütz, Katharinenkirche – Ansicht von Süden, um 1770 (?).

67. J. Ruland, Katharinenkirche – Ansicht von Süden, um 1790.

68. *C. Ph. Fohr, Katharinenkirche mit Rathaus und Merianstraße, um 1812 (?).*

69. F. H. Müller, Katharinenkirche – Ansicht von Süden, 1829 (Ausgabe von 1853).

70. H. W. Hermann, Architekturphantasie mit der Oppenheimer Katharinenkirche, nach 1829.

71. C. Dottinger, »Catharinenkirche zu Oppenheim«, 1864.

72. Unbekannter Künstler, »Katharinenkirche in Oppenheim.«, nach 1864.

73. G. Theuerkauf, »Die wiederhergestellte Katharinenkirche zu Oppenheim a. Rh.«, 1889.

Katharinenkirche – Ansichten von Südwesten

74. Katharinenkirche – Ansicht von Südwesten

Edward Theodore Compton, 1869

Aquarell; 13,6 × 22,8 cm
Bez. u. re.: »Oppenheim, April 69«
Sammlung Dr. K. W. Heyden, Oppenheim

In impressionistischer Spontaneität schuf der begabte Künstler diese farbenfrohe Ansicht der Katharinenkirche von Südwesten. Bemerkenswert ist, daß der Maler scheinbar auf eine Vorzeichnung der wichtigsten Konturen verzichtete und es ihm dennoch gelang, Stadt und Kirche in der flüchtigen Technik des Aquarells treffend zu porträtieren.

75. »Die St. Katharinenkirche in Oppenheim am Rhein.«

Gottlob Theuerkauf, 1875

Altkolorierter Holzstich; 23,3 × 34,9 cm
Bez. u. M.: »Die St. Katharinenkirche in Oppenheim am Rhein. Originalzeichnung von G. Theuerkauf.«
Pendant zu Kat. Nr. 73
Sammlung H. Graeben, Oppenheim

Die in der Technik des Holzstichs gefertigte Arbeit bildet ein Pendant zu der Ansicht der Katharinenkirche von Süden (Kat. Nr. 73). Sie zeigt den Bau noch vor dem Beginn der Restaurierungsarbeiten von 1878–1889. Der Standort des Künstlers lag auf der Terrasse des barocken Sparrhofes, von der sich ein imposanter Blick auf das Bauwerk bietet. Die üppige Vegetation vor der Kulisse der steil aufstrebenden Architektur entspricht ganz dem Geschmack des 19. Jahrhunderts. Damals waren viele mittelalterliche Dome von ihrer umliegenden Bebauung freigestellt und in parkähnliche Grünanlagen eingebettet worden. Erst später begriff man, wie wichtig gerade die unmittelbare maßstabsbildende historische Bebauung ist, die in ihrer geringen Höhe und mittelalterlichen Kleinteiligkeit die Höhenentwicklung gotischer Kirchenbauten effektvoll kontrastierte. In Oppenheim ist der größte Teil der mittelalterlichen Bausubstanz aus der nächsten Umgebung der Kirche beim Stadtbrand 1689 vernichtet und im 18. Jahrhundert nur teilweise wiederhergestellt worden. So befand sich die Kirche infolge der ›wilden Eingrünung‹ weit bis ins 19. Jahrhundert hinein in einem romantischen ›Dornröschenschlaf‹.

74. E. Th. Compton, Katharinenkirche – Ansicht von Südwesten, 1869.

75. G. Theuerkauf, »Die St. Katharinenkirche in Oppenheim am Rhein.«, 1875.

Katharinenkirche – Ansichten von Nordwesten

76. Katharinenkirche – Ansicht von Nordwesten

Friedrich Christian Reinermann, 1827

Bleistift, weiß gehöht; 32,5 × 79,5 cm
Bez. u. li.: »Oppenheim den 4ten Mai 1827«, verso: »Friedrich Christian Reinermann«
Sammlung M. Jungkenn, Oppenheim
Lit.: Jungkenn 1938, S. 172; Hanschke 1999, Abb. S. 96

Außer dem in Kat. Nr. 27 genannten Panorama schuf Reinermann diese zweite großformatige Ansicht mit der Katharinenkirche. Das auf 1827 datierte Blatt zeigt das Langhaus mit dem damals erst seit geraumer Zeit bestehenden Schleppdach, welches als provisorischer Witterungsschutz am nördlichen Obergaden errichtet worden war. Um 1820 besaßen Hauptschiff und nördliches Seitenschiff noch jeweils eigene Dächer (siehe Zeichnung von Eisenlohr, Kat. Nr. 32). Auf der linken Seite erkennt man den Hof »zum güldenen Ring« und den Frankensteiner Hof (mit Hauptgebäude, Seitentrakt und Treppenturm). Rechts schweift der Blick über die Dächer des Welschdorfes und der Bartholomäuskirche, bevor er sich in der Ferne über den mäandrierenden Bewegungen des Altrheins verliert.

77. »OPPENHEIM«

Ludwig Lange/Johann Richter, 1849

Stahlstich; 8,6 × 13 cm
Bez. u. li.: »Gez. v. L. Lange«, u. re.: »Stahlst. v. Joh. Richter«, darunter: »OPPENHEIM«
Publikation: Gustav Georg Lange: »DAS GROSSHERZOGTHUM HESSEN in malerischen Original Ansichten 1t. BAND Starkenburg & Rheinhessen«. Darmstadt 1849.
Sammlung Dr. M. Held, Oppenheim

Von einer der Fensterhöhlen auf Burg Landskrone trifft der Blick auf die Katharinenkirche. Rechts im Hintergrund sieht man einen Teil der Stadt mit der Bartholomäuskirche und der ehemaligen Sebastianskirche.

78. »Oppeinheim.«

Isidore Laurent Deroy, um 1849

Altkolorierte Lithographie; 15,8 × 23 cm
Bez. o. M.: »LES BORDS DU RHIN.«, u. M.: »Dessiné et Lith. par Deroy«, darunter: »Oppenheim.«, u. li.: »Paris, WILD rue de la Banque 15«, u. M.: »22«, u. re.: »Imp. Lemercier, Paris.«
Publikation: Deroy Pére: »LES BORDS DU RHIN«, Paris 1849.
Sammlung H. Graeben, Oppenheim

Die seltene Lithographie erfaßt – dank des geschickt gewählten Standpunkts – eine ganze Reihe Oppenheimer Sehenswürdigkeiten. Nacheinander erkennt man, von links nach rechts, einen Teil der Burgruine, das heute noch erhaltene, in den 1840er Jahren errichtete neugotische Gartenhaus in der Dalbergerstraße, den daran anschließenden Frankensteiner Hof, dann die Katharinenkirche mit Michaelskapelle, das Rathaus und die Bartholomäuskirche.

79. »OPPENHEIM.«

Myles Birket Foster/Edward John Roberts, 1856

Stahlstich; 11,4 × 16,1 cm
Bez. u. li.: »B. Foster.«, u. re.: »E. I. Roberts.«, darunter: »OPPENHEIM.«
Publikation: Vermutlich aus A. Mayhew: »The Rhine«. London 1856.
Sammlung Dr. M. Held, Oppenheim

Die Ansicht präsentiert ein malerisches Panorama der Stadt mit ihren beiden Hauptkirchen und der Flußebene in der Ferne. Fosters Vorzeichnung zu diesem Stahlstich entstand vermutlich auf einer 1852 unternommenen Rheinreise.

80. »OPPENHEIM.«

T. Barber/W. Tombleson, nach 1832

Stahlstich; 10,2 × 15,9 cm
Bez. u. li.: »Tombleson delt.«, u. re.: »T. Barber sculp.«, darunter: »OPPENHEIM.«
Publikation: Vermutlich aus einer nach 1832 erschienenen Neuauflage
von Tombleson's: »VIEWS OF THE RHINE«, London 1832.
Sammlung Dr. M. Held, Oppenheim

Trotz des kleinen Formats sind Stadt und Kirche auf diesem Stich des 19. Jahrhunderts gut getroffen. Besonderes Interesse verdient die Ansicht wegen der Darstellung der 1837 abgebrochenen Sebastianskirche, die als kleines, jedoch exaktes Detail ganz rechts im Hintergrund zu sehen ist.

76. F. Chr. Reinermann, Katharinenkirche – Ansicht von Nordwesten, 1827.

77. L. Lange/J. Richter, »OPPENHEIM«, 1849.

78. I. L. Deroy, »Oppeinheim.«, um 1849.

79. M. B. Foster/E. J. Roberts, »OPPENHEIM.«, 1856.

80. T. Barber/W. Tombleson, »OPPENHEIM.«, nach 1832.

Katharinenkirche – Ansichten von Nordosten

81. Katharinenkirche – Ansicht von Nordosten

Friedrich Eisenlohr, vermutlich 1842 (nach älterer Vorlage vor 1825)

Ölstudie; 28 × 40,8 cm
Kunsthandel
Lit.: Auktionshaus Winterberg in Heidelberg: Auktion 69, 15. und 16. Oktober 2004, Kat. Nr. 567, Abb. S. 199

Der badische Architekt Friedrich Eisenlohr setzte sich mehrfach mit Oppenheim und der Katharinenkirche auseinander. Die Vorlage für die hier behandelte Ölstudie entstand wohl zeitgleich mit der Ansicht der Stadt von Nordwesten (Kat. Nr. 32). Eine obere Zeitgrenze bildet etwa das Jahr 1825. Ab dieser Zeit besaß der Vierungsturm der Katharinenkirche die auf allen späteren Ansichten dargestellte, hinter den hohen Maßwerkfenstern angebrachte Bretterverschalung (siehe beispielsweise Kat. Nr. 83 und 92).

82. Katharinenkirche – Ansicht von Nordosten

Unbekannter Künstler, vor 1825

Tuschfeder; aquarelliert; 36,5 × 30,7 cm
Sammlung Dr. K. W. Heyden, Oppenheim

Auch dieses unbezeichnete Aquarell dürfte wie die Vorlage zu Eisenlohrs Ansicht der Katharinenkirche (Kat. Nr. 81) noch vor 1825 entstanden sein.

83. »L'Eglise et puits à Oppenheim«

Unbekannter Künstler, vermutlich 1825

Tuschfeder, Kohle, laviert; 21 × 28 cm
Bez. u. li.: »L'Eglise et puits à Oppenheim«
Kölnisches Stadtmuseum, Inv. Nr. G 4802 (=RM 1928/686)

Trotz aller perspektivischen Unstimmigkeiten gibt die Ansicht alle wichtigen, im Blickfeld des Zeichners gelegenen Baulichkeiten detailliert wieder. Im Vordergrund erscheint der 1546 errichtete Geschlechterbrunnen in der heutigen Dalbergerstraße. Rechts dahinter erhebt sich die Katharinenkirche. Am linken Bildrand ist die Gartenmauer des Frankensteiner Hofes mit der früheren rundbogigen Toreinfahrt dargestellt, knapp darüber sieht man den Treppengiebel des um 1850 abgerissenen Hofes »zum güldenen Ring«. Weiter rechts folgen die Dächer der Bartholomäuskirche und die Rückseite des Rathauses (ebenfalls mit abgetrepptem Giebel).

84. »St. Catharinenkirche in Oppenheim a/R.«

Unbekannter Künstler, um 1850

Aquarell; 21,5 × 19,8 cm
Bez. u. M.: »St. Catharinenkirche in Oppenheim a/R.«
Sammlung Dr. K. W. Heyden, Oppenheim

Ähnlich wie der Stich von Mayer/Klimsch (Kat. Nr. 85) zeigt dieses Blatt den Blick auf die Kirche etwa von der Höhe des Kantoren-Wohnhauses auf dem Zuckerberg, dessen früheres (heute zugemauertes) Eingangsportal mit der links an der Bruchsteinmauer dargestellten Pforte identisch ist.

85. »Oppenheim.«

Ferdinand Karl Klimsch/Carl Mayer, 1867

Stahlstich; 10,7 × 15,9 cm
Bez. u. li.: »Klimsch gez.«, u. re.: »Stahlstich v. Carl Mayer's K-A. in Nürnberg.«, u. M.: »Oppenheim.«, darunter: »Verlag von Julius Niedner in Wiesbaden.«
Publikation: Wilhelm Otto von Horn: »Der Rhein. Geschichte und Sagen seiner Burgen, Abteien, Klöster und Städte«. Wiesbaden 1867.
Sammlung Dr. M. Held, Oppenheim
Lit.: Schmitt 1996, S. 225

Auch dieser Stich zeigt den Blick auf die Kirche von Nordosten. Der Standort des Künstlers befand sich am unteren Ende des vom Zuckerberg hinauf zu Burg Landskrone führenden Weges. Auf der linken Seite öffnet sich der Blick auf die Stadt. Rechts erkennt man den Ostgiebel der Michaelskapelle und die am Stadtrand gelegene Friedhofskapelle.

86. Katharinenkirche – Ansicht von Nordosten

Carl Schilling, vor 1878

Öl auf Holz; 135 × 95 cm
Bez. u. re.: »Carl Schilling«
Evangelisches Gemeindearchiv, Oppenheim

Das Gemälde dokumentiert die Kirche im Zustand vor der Restaurierung von 1878–1889. Eine untere Datierungsgrenze bietet die Dachform des nördlichen polygonalen Nebenchors. Die frühere provisorische Überdachung bestand nach der Ansicht von Eisenlohr (Kat. Nr. 81) aus einem einfachen Pultdach, das während der Restaurierung unter Ignaz Opfermann bis ca. 1838[87] in der hier dargestellten Form erneuert wurde.

87. Katharinenkirche – »Entwurf von 1879 in perspektivischer Darstellung.«

Friedrich und Heinrich von Schmidt, 1879

Tuschfeder, laviert (Reproduktion); 25,8 × 24,6 cm
Bez. u. li.: »Meisenbach«, u. re.: »Schmidt. 1879.«, u. M.: »Entwurf von 1879 in perspektivischer Darstellung.«
Publikation: Heinrich Freiherr von Schmidt: »Der Ausbau und die Wiederherstellung der St. Katharinenkirche zu Oppenheim a. Rh., Festschrift zur Feier der Vollendung am 31. Mai 1889«. Oppenheim 1889.
Sammlung Dr. K. W. Heyden, Oppenheim

Schmidt schuf die Entwurfszeichnung vermutlich nach der Photographie von Carl Hertel (Kat. Nr. 183), die den Außenzustand noch vor Beginn der Restaurierungsarbeiten dokumentiert und ebenfalls in der oben genannten Festschrift veröffentlicht wurde. Die Ansicht zeigt die Kirche von Nordosten mit den von Schmidt vorgeschlagenen Ergänzungen im Bereich der Fassaden (Strebewerk an der Langhausnordseite, Fialen am Ostchor, Nordostlaube am Vierungsturm) und am Dachwerk (Erneuerung der Dächer auf dem Vierungsturm, den Seitenchören und dem Westchor).

88. »Die Katharinenkirche zu Oppenheim am Rhein in ihrer Vollendung.«

Unbekannter Künstler, um 1889

Holzstich; 16,1 × 11,6 cm
Bez. u. M.: »Die Katharinenkirche zu Oppenheim am Rhein in ihrer Vollendung.«
Herkunft unbekannt
Sammlung Dr. M. Held, Oppenheim

Der vermutlich nach einer photographischen Aufnahme gefertigte Holzstich dokumentiert den bis heute nahezu unveränderten Bauzustand der Kirche nach Abschluß der Restaurierungsarbeiten von 1878–1889.

81.   F. Eisenlohr, Katharinenkirche – Ansicht von Nordosten, vermutlich 1842 (nach älterer Vorlage vor 1825).

82. *Unbekannter Künstler, Katharinenkirche – Ansicht von Nordosten, vor 1825.*

83. Unbekannter Künstler, »L'Eglise et puits à Oppenheim«, vermutlich 1825.

84. Unbekannter Künstler, »St. Catharinenkirche in Oppenheim a/R.«, um 1850.

85. F. K. Klimsch / C. Mayer, »Oppenheim.«, 1867.

86. Carl Schilling, Katharinenkirche – Ansicht von Nordosten, vor 1878.

87. F. v. Schmidt / H. v. Schmidt, Katharinenkirche — »Entwurf von 1879 in perspektivischer Darstellung«, 1879.

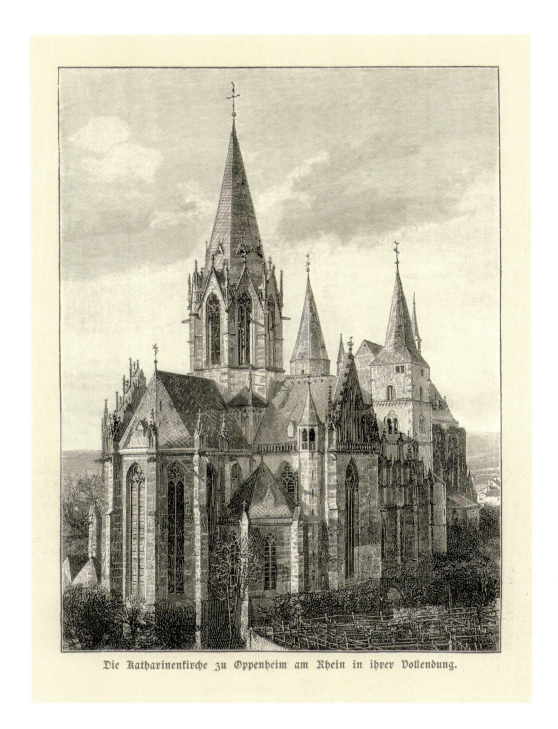

88. Unbekannter Künstler, »Die Katharinenkirche zu Oppenheim am Rhein in ihrer Vollendung.«, um 1889.

Katharinenkirche – Ansichten von Südosten

89. Katharinenkirche – Ansicht von Südosten

Franz Schütz, um 1770

Kohle und Tuschfeder; 20 × 36 cm
Früher Sammlung Wallot, Oppenheim
Lit: Wernher 1925, Abb. S. 117; Jungkenn 1938, S. 170, Abb. im Tafelanhang

Inmitten eines schuttbedeckten, von Ruinen durchsetzten Trümmerfeldes steigt der riesenhafte gotische Kirchenbau empor. Obgleich das Ereignis der Stadtzerstörung annähernd hundert Jahre zurückliegt, sind die Wunden des Stadtbrandes noch allerorts zu sehen. Nach den wenigen aufrechtstehenden Ruinen beurteilt, dürfte das Umfeld der Kirche hauptsächlich aus Fachwerkhäusern bestanden haben. Die auf steinernen Erdgeschossen errichteten Holzbauten mit Zierfachwerk und steilen Dächern gehörten einem weit verbreiteten süddeutschen Haustypus an. Große Teile der Altstadt von Frankfurt am Main waren auf dieselbe Art errichtet worden, so daß nach den Luftangriffen Ende des Zweiten Weltkrieges ganz ähnliche Brandwüsten zurückblieben wie auf der Zeichnung dargestellt.

90. »Perspectivische Ansicht der St. Katharinen-Kirche zu Oppenheim.«

Georg Moller, 1815

Kupferstich; 26,4 × 21,2 cm
Bez. u. M.: »Perspectivische Ansicht der St. Katharinen-Kirche zu Oppenheim.«
Publikation: Georg Moller: »DENKMAEHLER DER DEUTSCHEN BAUKUNST«. Darmstadt 1815.
Institut für Baugeschichte, Universität Karlsruhe

Moller veröffentlichte in seinem 1815 herausgegebenen Werk »Denkmaehler der Deutschen Baukunst« eine Reihe von Kupferstichen mit Darstellungen der Katharinenkirche. Die Ansicht von Südosten entstand wohl nicht vor Ort, sondern dürfte nach den damals angefertigten Bauaufnahmen perspektivisch konstruiert worden sein. In den Details wirkt die Darstellung stark vereinfacht.

91. »Katharinenkirche in Oppenheim.«

Unbekannter Künstler, nach 1815

Altkolorierter Kupferstich; 8 × 7,7 cm
Bez. u. M.: »Katharinenkirche in Oppenheim.«, darunter: »XLVII.«
Herkunft unbekannt
Sammlung Dr. M. Held, Oppenheim

Verkleinerte, im Detail variierte Kopie nach Kat. Nr. 90.

92. Katharinenkirche – Ansicht von Südosten

Franz Hubert Müller, 1829 (hier spätere Ausgabe von 1853)

Aquatinta; 63 × 51,2 cm
Bez. o. re.: »XXXVI.«, u. M.: »Von Süd-Osten.«
Publikation: Franz Hubert Müller: »Die ST. CATHARINENKIRCHE zu Oppenheim. Ein Denkmal teutscher Kirchenbaukunst aus dem 13. Jahrhundert. Geometrisch und perspektivisch dargestellt und mit einem erläuternden Texte versehen«. Frankfurt am Main 1853.
Evangelisches Gemeindearchiv, Oppenheim

Außer der prachtvollen Südansicht (Kat. Nr. 69), die ein Idealbild des spätmittelalterlichen Zustandes um 1400 vermittelt, schuf Müller diese zweite zeitgenössische Außenansicht von Südosten. Ganz rechts erkennt man den südlichen Treppengiebel des ehemaligen Hofes »zum güldenen Ring« in der Dalbergerstraße.

93. »ST. KATHARINENKIRCHE ZU OPPENHEIM«

Johann Poppel, 1855

Altkolorierter Stahlstich; 20,2 x 15,8 cm
Bez. o. M.: »BAUKUNST«, u. re.: »J. Poppel gest.«, u. M.: »ST. KATHARINEN-
KIRCHE ZU OPPENHEIM«, darunter: »Ste CATHERINE D'OPPENHEIM
T. O. Weigel. Leipzig. St. CATHARINE'S CHURCH, OPPENHEIM«
Publikation: Ernst Förster: »DENKMALE DEUTSCHER BAUKUNST,
BILDNEREI UND MALEREI«. Leipzig 1855.
Sammlung H. Graeben, Oppenheim

Auch dieser Stich orientiert sich an der Vorlage Mollers, geht jedoch über eine rein lineare Architekturdarstellung hinaus. Die akribische graphische Ausarbeitung mit ihrer fein differenzierten Licht- und Schattenwirkung verleiht der Darstellung Plastizität und Tiefenwirkung.

89. F. Schütz, Katharinenkirche – Ansicht von Südosten, um 1770.

90. G. Moller, »Perspectivische Ansicht der St. Katharinen-Kirche zu Oppenheim.«, 1815.

91. Unbekannter Künstler, »Katharinenkirche in Oppenheim.«, nach 1815.

92. *F. H. Müller, Katharinenkirche – Ansicht von Südosten, 1829 (Ausgabe von 1853).*

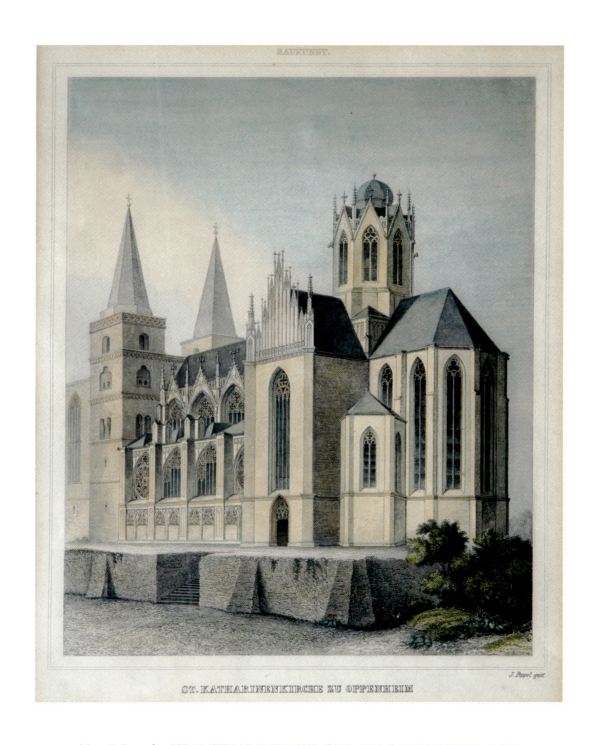

93. J. Poppel, »ST. KATHARINENKIRCHE ZU OPPENHEIM«, 1855.

Katharinenkirche – Innenansichten Ostchor und Langhaus

94. »Die Katharinen-Kirche in Oppenheim«

Johannes Ruland, um 1790

Bleistift; 42 × 56 cm
Bez. u. re.: »Die Katharinen-Kirche in Oppenheim Ruland. del.«
Früher im Besitz von Geheimrat Dr. Friedrich von Bassermann-Jordan, Deidesheim
Lit.: Jungkenn 1949, S. 157ff. mit Abb.; Zimmermann 1989, Abb. S. 493

Die Ansicht zeigt das Innere der Kirche nach der provisorischen Wiederherstellung des frühen 18. Jahrhunderts. Anstelle der durch Brandeinwirkung oder nachfolgende Witterungseinflüsse eingestürzten Mittelschiffgewölbe war eine flache Holzdecke eingezogen worden. Von den kleinen Langhauskapellen, die ursprünglich in halber Länge in die Seitenschiffe hineinragten, scheinen gegen Ende des 18. Jahrhunderts lediglich die der Nordseite erhalten gewesen zu sein (siehe auch Kat. Nr. 98). Daß der Innenraum erheblich durch Feuer beschädigt worden war, bezeugen die starken Abplatzungen an den Pfeilersockeln im Vordergrund. Außer der schlichten Holzdecke im Mittelschiff sind in der Barockzeit die Kanzel, eine im Chor befindliche Orgel mit Empore und das Kirchengestühl geschaffen worden.

95. Katharinenkirche – Blick in den Ostchor

Carl Philipp Fohr, um 1815

Tuschfeder, Pinsel in Schwarz und Aquarell; 68,9 × 54,5 cm
Kurpfälzisches Museum der Stadt Heidelberg, Inv. Nr. Z 286
Lit.: Jungkenn 1938, S. 171, Abb. im Tafelanhang

Variante von Kat. Nr. 96.

96. Katharinenkirche – Blick in den Ostchor

Carl Philipp Fohr, um 1815

Aquarell und Deckweiß, Tuschfeder; 67,9 × 53,6 cm
Hessisches Landesmuseum Darmstadt, Inv. Nr. HZ 1276
Lit.: Märker 1995, Kat. Nr. 63, Abb. S. 108

Vermutlich spätere Fassung von Kat. Nr. 95. Der von dem Architekten Georg Moller »in der Lehre von der Perspektive und dem Falle des Schatten« geschulte Fohr dürfte sich in der Zeit seines Darmstädter Aufenthaltes vom 4. April bis 8. Juni 1815 mit der Oppenheimer Katharinenkirche auseinandergesetzt haben.[88] Fohr zeigt entgegen dem damaligen, in Kat. Nr. 94 abgebildeten Bauzustand eine Idealansicht mit gewölbten Langhausjochen. Die beiden großformatigen, gemäldeartig ausgeführten Innenansichten sind in Detailstudien der Fenster und Architekturteile (Kat. Nr. 192ff.) sorgfältig vorbereitet worden.

97. »Innere Ansicht der Catharinenkirche«

Georg Moller, 1852

Kupferstich; 29,2 × 22,3 cm
Bez. u. M.: »OPPENHEIM«, darunter: »Innere Ansicht der Catharinenkirche«, darunter: »Vue perspective de l'interieur de l'église de Ste Catharine«
Publikation: Georg Moller: »DENKMÄLER DER DEUTSCHEN BAUKUNST. Vierte verschönerte, verbesserte und wohlfeilere Ausgabe, HERAUSGEGEBEN VON PROF. F. M. HESSEMER, ERSTER BAND«, Frankfurt am Main 1852.
Institut für Baugeschichte, Universität Karlsruhe

Im Gegensatz zu Fohr dürfte Moller bei seiner – wohl bis ins Detail perspektivisch konstruierten – Innenansicht bewußt auf jegliche malerische Effekte verzichtet haben. In der Wahl des Blickwinkels gleicht die Darstellung auffallend dem Aquatinta-Blatt von Müller (Kat. Nr. 102).

98. Katharinenkirche – »Ansicht eines Theiles der kleinen Seiten-Gewölbe, mit einem Grabmal der Familie von Dalberg.«

Georg Moller, 1815

Kupferstich; 24,4 cm × 16,7 cm
Bez. u. M.: »ST. KATHARINEN=KIRCHE ZU OPPENHEIM«, darunter: »Ansicht eines Theiles der kleinen Seiten-Gewölbe, mit einem Grabmal der Familie von Dalberg.«
Publikation: Georg Moller: »DENKMAEHLER DER DEUTSCHEN BAUKUNST«. Darmstadt 1815.
Institut für Baugeschichte, Universität Karlsruhe

Die Darstellung zeigt das Doppelepitaph des Johann Kämmerer gen. von Dalberg und seiner Ehefrau Anna von Bickenbach. Anhand der in den Fenstern dargestellten Maßwerkformen läßt sich der ursprüngliche Standort des Epitaphs in der zweiten Kapelle (Zählung von Ost nach West) auf der Langhausnordseite lokalisieren. Heute befindet sich das Epitaph an der Westwand des südlichen Querhausarms. Anders als der aktuelle Zustand und die Darstellung Müllers (Kat. Nr. 138) zeigt der Stich die Figuren vertauscht, so daß man auf der linken Seite das Standbild des Ehemanns betrachten und auf der rechten Seite das der Ehefrau. Möglicherweise hat Moller die untypische Anordnung der Ehefrau zur rechten des Ehemanns als spätere Veränderung interpretiert und hier eine Rekonstruktion des Grabdenkmals vorgestellt.

Franz Hubert Müller schrieb zur Anordnung der Figuren:

»*Gegenwärtig befindet sich dieses Grabmal in der zweiten Seitenkapelle der linken Abseite von oben, unter dem untern Fenster. Zu bemerken ist noch, dass es aus zwei Theilen besteht. Die Figur des Ritters nämlich ist, mit den beiden Spitzsäulen rechts und links, von der Figur der Frau durch einen senkrechten Durchschnitt völlig getrennt, wie auf dem Aquatintablatte zu sehen [siehe Kat. Nr. 138], so, dass der Stein, worauf der Ritter dargestellt ist, zuerst für sich allein bestanden zu haben scheint. Da aber der andere Stein, worauf die Frau ausgehauen ist, blos eine Spitzsäule zur Linken der Figur hat, mit der rechten Seite jedoch an den Stein des Ritters anschliesst, so scheint dieser Theil später angefügt; welche Meinung noch mehr Wahrscheinlichkeit erhält, wenn man die Arbeit der Verzierungen an beiden Theilen in der Wirklichkeit sorgfältig vergleicht. Auch weicht dies Denkmal, von den übrigen in dieser Kirche, durch die Stellung der Figuren nebeneinander ab, indem hier die Frau zur Rechten des Ritters steht.*«[89]

99. »Inneres der Katharinenkirche zu Oppenheim.«

Franz Hubert Müller, 1821

Tempera auf Eichenholz; 91 × 74,5 cm
Bez. u. li.: »Franz Hubert Müller aus Bonn mahlte diese Tafel i. J. 1821.«, bez. auf der Rückseite des Rahmens auf einem Klebezettel: »Müller, Franz Hubert Inneres der Katharinenkirche zu Oppenheim.«
Hessisches Landesmuseum Darmstadt, Inv. Nr. GK 705
Lit.: Bott 2004, S. 205, Abb. S. 20

Ähnlich wie auf seiner Idealansicht der Katharinenkirche mit mittelalterlicher Figurenstaffage (Kat. Nr. 69) hat Müller auf diesem Gemälde die Architektur der Kirche durch eine stilechte Andachtsszene belebt, wie sie sich in einer der kleinen Langhauskapellen abgespielt haben könnte. Die Anlage der ursprünglich zur Hälfte in die Seitenschiffe hineinragenden Kapellen war nötig geworden, um die Altäre für die zahlreichen gestifteten Messen und die Kanoniker des 1317 gegründeten Katharinenstiftes unterzubringen.[90] Der Teilabbruch dieser originellen Raumschöpfung erfolgte angeblich zwischen 1841 und 1843 und war mit der Baufälligkeit der Anlage begründet worden.[91] Bei der Restaurierung unter Opfermann wurden die schmalen Laufgänge aufgegeben und die Spitzbogenarkaden in die Ebene der großen Fenster zurückgesetzt.

Im Zentrum des Bildes erscheint das um 1332 verglaste Rosenfenster[92] der südlichen Langhausfassade.

100. Katharinenkirche – »Die perspectivische Ansicht der linken Abseite, nach den Grund- und Aufrissen ergänzt.«

Franz Hubert Müller, 1824 (hier spätere Ausgabe von 1853)

Aquatinta; 61,8 × 50 cm
Bez. o. re.: »VI.«, u. M.: »Die linke Abseite.«
Publikation: Franz Hubert Müller: »Die ST. CATHARINENKIRCHE zu Oppenheim. Ein Denkmal teutscher Kirchenbaukunst aus dem 13. Jahrhundert. Geometrisch und perspectivisch dargestellt und mit einem erläuternden Texte versehen«. Frankfurt am Main 1853.
Evangelisches Gemeindearchiv, Oppenheim
Lit.: Zimmermann 1989, Abb. S. 498

Die Ansicht des nördlichen Seitenschiffs mit den damals in Resten noch vorhandenen Kapellen beschrieb Müller wie folgt:

»Die untergehende Sonne senkt aus Nordwest ihre Strahlen in die Hallen der linken Abseite und erhebt dadurch die Beleuchtung derselben zu kräftigeren Gegensätzen, als sich gewöhnlich bei dem Dämmerlichte darbieten, welches durch die Glasmalerei der Fenster fällt. Ein tiefer Friede spricht sich in diesen geweihten Räumen aus, die noch nicht erschüttert und verheert sind durch die Stürme einer, dem Vaterlande durch religiöse und politische Spaltungen, so verderblichen Zeit. Zur linken Seite erhebt sich noch die Reihe der schlanken, die Gewölbe der Seitenkapellen unterstützenden Säulchen, an deren Knäufen sich einst der Steinmetz als Meister in sinnigen Laubverzierungen zeigte. Das Auge wird dann allmählig durch die lange Perspective zum linken Seitenchore hingeleitet, und auch den zur Rechten erblickt man seitwärts; die einfachen Altäre derselben werden an hohen Festtagen geschmückt und dienen der Menge, welche im Schiffe der Kirche nicht mehr Platz findet, zum Ziele der Andacht. Selbst die Bildsäule des heil. Petrus sieht man in der Ferne an einem der Hauptpfeiler noch unverletzt auf ihrem zierlichen Tragsteine, und so denkt man sich auch die übrigen noch erhalten, welche dem Blicke durch die vorstehenden Pfeiler entzogen werden. Schützend breiten die emporstrebenden Gewölbe des Schiffes sich noch in kühnen Bogen aus, und sogar näher am Fussboden hat keine frevelnde Hand die zarten Glieder der Sockel verletzt. Dieser aber wird noch nicht störend unterbrochen durch verschiedenartig gestaltete Grabsteine, die so leicht der unter ihnen weichenden Erde nachsinken – doch, es ist bereits in seinem Innersten erschüttert, dieses herrliche Denkmal des teutschen Kunstsinnes, welches durch seine Hoheit den Geist zum Himmel erhob; diese architektonische Blüthe einer gemüth- und kunstreichen Zeit ist bereits gesunken unter der zerstörenden Hand feindlicher Völker. Aber dem Kunstfreunde ist sie eine kostbare Reliquie, worin er noch überall Zusammenhang findet, und wodurch er sich die Zeit eines ächt teutschen Kunststrebens vergegenwärtiget, welches durch die Religion dem Leben angehörte und dem Vaterlande gewidmet war.«[93]

101. Katharinenkirche – »Die perspectivische Ansicht der Chöre von Innen.«

Franz Hubert Müller, 1826 (hier spätere Ausgabe von 1853)

Aquatinta; 63 x 51 cm
Bez. o. re.: »XVI.«, u. M.: »Die Chöre«
Publikation: »Die ST. CATHARINENKIRCHE zu Oppenheim. Ein Denkmal teutscher Kirchenbaukunst aus dem 13. Jahrhundert. Geometrisch und perspectivisch dargestellt und mit einem erläuternden Texte versehen«. Frankfurt am Main 1853.
Evangelisches Gemeindearchiv, Oppenheim

Auch zu dieser Ansicht lieferte Müller eine eingehende Beschreibung:

»Mit besonderer Berücksichtigung wurde zu diesem Blatte ein Standpunkt gewählt, von dem aus es möglich war, den Hauptchor sowohl, als auch die beiden Seitenchöre mit einem Blicke zugleich übersehen zu können. Da dieser Standpunkt aber, der Wahrheit gemäss, auch diesmal innerhalb des Gebäudes angenommen werden musste, so wurde dazu das äusserste untere Eck, in der linken Vorlage des Kreuzes bestimmt. Der Sachkundige wird hiernach leicht diesen Standpunkt im Grundrisse bestimmen können. Aus der Wahl desselben geht die besondere Stellung der Bildfläche hervor, mit welcher hier keine der perspectivischen Linien parallel läuft.

Durch den mittleren Chor verbreitet die durch die farbigen Fenster fallende Morgensonne oft eine milde Dämmerung, wogegen die vorstehenden starken Pfeiler kräftige Kontraste bilden. Diese Wirkung möglichst getreu in die Zeichnung zu übertragen, war also die schwierige Aufgabe. Besonders vortheilhaft nehmen sich die einfachen Spitzbogen und Rippen der Gewölbe aus, gleichsam wie den, die Pfeiler krönenden Knäufen entsprossen; wodurch einigermassen die Idee mancher Verehrer der teutschen Baukunst gerechtfertigt wird, welche einen Palmbaum, mit seinen ausgebreiteten Blättern, als die Grundform zu diesen Gewölbeconstructionen anzunehmen geneigt sind; obschon diese eigentlich damit nur eine zufällige Aehnlichkeit haben und aus der Consequenz des Ganzen nothwendig hervorgehen müssen.

Wie entsprechend übrigens, sowohl der Würde des Gotteshauses und seinem geheiligten Zwecke, als auch den strengsten Schönheitsregeln, die Anordnung dieser Hallen sei, wird der denkende Beschauer gewiss nicht verkennen.

Leider ist in der Wirklichkeit der Genuss dieser schönen Ansicht wieder, durch den früher schon besprochenen Querbau der Orgel, und durch die grossen Betstühle völlig gestört. Von der besseren Einsicht und dem Kunstsinne des jetzigen Kirchenvorstandes der St. Katharinenkirche ist jedoch mit Zuversicht zu hoffen, dass er, sobald es die Umstände nur erlauben, diese, vor hundert und mehreren Jahren entstandenen Verunstaltungen zu beseitigen bedacht sein werde.«[94]

102. Katharinenkirche – »Die perspectivische Ansicht des Mittelschiffes«

Franz Hubert Müller, 1828 (hier spätere Ausgabe von 1853)

Aquatinta; 62,5 x 49,2 cm
Bez. o. re.: »XXVI.«, u. M.: »Das Schiff.«
Publikation: Franz Hubert Müller: »Die ST. CATHARINENKIRCHE zu Oppenheim. Ein Denkmal teutscher Kirchenbaukunst aus dem 13. Jahrhundert. Geometrisch und perspectivisch dargestellt und mit einem erläuternden Texte versehen«. Frankfurt am Main 1853.
Evangelisches Gemeindearchiv, Oppenheim

Müller erläuterte die Ansicht wie folgt:

»Auch auf diesem Blatte sollte das Gebäude von allen Unbilden der Zeit und menschlichen Willkühr wieder hergestellt erscheinen, gleichsam wie am Tage vor seiner Einweihung, daher wird durch die in der Zeichnung wieder hergestellten Fenstergemälde das Auge nicht, wie jetzt in der Wirklichkeit durch die grellen Lichter gestört, welche leider durch die Lücken fallen, die mit weissen Glasscheiben ausgefüllt werden mussten. Das Helldunkel wie es noch jetzt, freilich hin und wieder unterbrochen, in diesen feierlichen Räumen herrscht, wäre eine, von der Hand eines der grössten Koloristen zu lösende Aufgabe, die für die Behandlung in Aquatinta unübersteigliche Hindernisse darbot. Das ganze Gebäude zeigt übrigens, ohne allen Anstrich, die natürliche Farbe des Baumaterials und gerade dadurch gewinnt es ein sehr würdiges Ansehen. Auch wäre die Harmonie des unangestrichenen, in verschiedenen Stücken mannigfaltig abwechselnden Sandsteines durch keinen künstlichen Anstrich nur einigermassen zu ersetzen; dieser einfache Ton des Sandsteines wird aber wieder durch die weissen Wände und Gewölbe gehoben, die als Mauerwerk keinesweges die Farbe von Sandsteinquadern erhalten durften. So herrschen in dem Gebäude nur zwei Hauptfarben [...].«[95]

103. Katharinenkirche – Blick auf Vierung und Rosenfenster

Josef Durm, 1859

Bleistift; 40,4 × 25,2 cm
Bez. u. li.: »1859«
Staatliche Kunsthalle Karlsruhe, Inv. Nr. 1940-257
Lit.: Theilmann/Ammann 1978, Kat. Nr. 703, Bildband Abb. S. 277

Die vermutlich auf einer Studienreise entstandene Zeichnung zeigt den Blick von der Vierung auf das berühmte Rosenfenster der Langhaussüdseite. In der Bildmitte sieht man den mächtigen südwestlichen Vierungspfeiler mit den heute noch vorhandenen Konsolsteinen und Baldachinresten früherer Heiligenfiguren. Bis auf die geringfügigen perspektivischen Ungenauigkeiten bei den Pfeileransätzen ist die recht komplizierte Situation korrekt erfaßt und gleicht noch nahezu unverändert dem heutigen Bauzustand.

104. »Klokkentoren in de Katherinenkerk te Oppenheim.«

Gottfried Franz, 1876

Holzschnitt; 10,5 × 8,4 cm
Bez. u. re.: »G. Franz«, u. M.: »Klokkentoren in de Katherinenkerk te Oppenheim.«
Publikation: C. Stieler: »Rheinfahrt«. Stuttgart 1876. (niederländische Ausgabe)
Sammlung Dr. M. Held, Oppenheim

Die Miniaturansicht stellt das Gewölbe unter dem südlichen romanischen Turm mit dem Grabdenkmal des Kriegsrats und Obersten Conrad von Hantstein († 1553) dar.

105. Katharinenkirche – Innenansicht des Langhauses

Lambert/Stahl, 1886

Holzstich; 14,4 × 9 cm
Bez. u. li.: »LxS«, u. re.: »Weinwurm & Hafner Zgr Stgt«, u. M.: »Fig. 675. Katharinenkirche zu Oppenheim. (Lambert u. Stahl nach Phot.)«
Publikation: Wilhelm Lübke: »GESCHICHTE DER ARCHITEKTUR VON DEN ÄLTESTEN ZEITEN BIS ZUR GEGENWART«, 2. Band. Leipzig 1886.

Der nach einer photographischen Vorlage gefertigte Holzstich präsentiert das Innere des in seinen Abmessungen dem Quadrat angenäherten Langhauses (24,50 × 25 m). Hinter den hohen Arkaden erscheinen die Maßwerkfenster des südlichen Seitenschiffs.

94. J. Ruland, »Die Katharinen-Kirche in Oppenheim«, um 1790.

95. C. Ph. Fohr, Katharinenkirche – Blick in den Ostchor, um 1815.

96. C. Ph. Fohr, Katharinenkirche – Blick in den Ostchor, um 1815.

97. G. Moller, »Innere Ansicht der Catharinenkirche«, 1852.

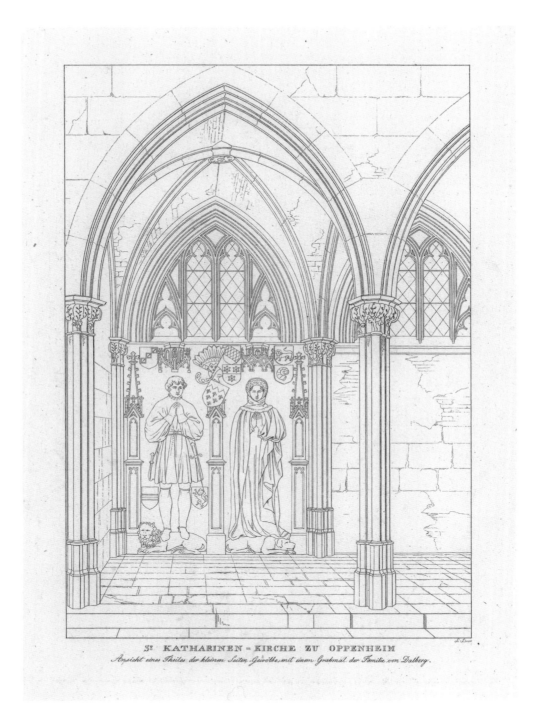

98. G. Moller, Katharinenkirche – »Ansicht eines Theiles der kleinen Seiten-Gewölbe, mit einem Grabmal der Familie von Dalberg.«, 1815.

99. F. H. Müller, »Inneres der Katharinenkirche zu Oppenheim.«, 1821.

100. F. H. Müller, Katharinenkirche – »Die perspectivische Ansicht der linken Abseite, nach den Grund- und Aufrissen ergänzt.«, 1824 (Ausgabe von 1853).

101. F. H. Müller, Katharinenkirche – »Die perspectivische Ansicht der Chöre von Innen.«, 1826 (Ausgabe von 1853).

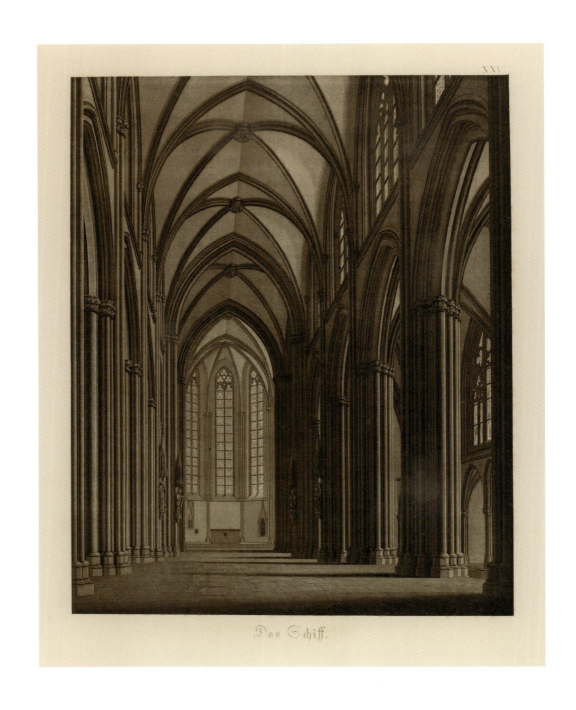

102. F. H. Müller, Katharinenkirche – »Die perspectivische Ansicht des Mittelschiffes«, 1828 (Ausgabe von 1853).

103. J. Durm, Katharinenkirche – Blick auf Vierung und Rosenfenster, 1859.

104. G. Franz, »Klokkentoren in de Katherinenkerk te Oppenheim.«, 1876.

Fig. 675. Katharinenkirche zu Oppenheim. (Lambert u. Stahl nach Phot.)

105. Lambert/Stahl, Katharinenkirche – Innenansicht des Langhauses, 1886.

Katharinenkirche – Innenansichten Westchor

106. Katharinenkirche – Blick in den Westchor

Georg Schneider, um 1792/93 (?)

Feder in Braun, laviert; 24 × 39,4 cm
Verso bez.: »Eglise ruinée près d'Oppenheim sur le long du Rhin«
Hessisches Landesmuseum Darmstadt, Inv. Nr. HZ 5133

Vermutlich handelt es sich hier um eine stark abstrahierte Innenansicht des Westchors. Der großzügige Umgang mit sämtlichen Architekturdetails – nicht einmal die Anzahl der dargestellten Maßwerkfenster stimmt mit den wirklichen Gegebenheiten überein – läßt darauf schließen, daß der Künstler keine topographisch getreue Wiedergabe beabsichtigte. Im Chor erscheint skizzenhaft das Doppelepitaph des Wolff Heinrich Sturmfeder von und zu Oppenweiler und seiner Ehefrau Christine von Schmilling (siehe auch Kat. Nr. 143 und Kat. Nr. 186).

107. Katharinenkirche – »Westliche Thüre«

Georg Moller, 1852

Kupferstich; 22 × 30,4 cm
Bez. u. re.: »Noack & Susemihl fe.«, u. M.: »OPPENHEIM«, darunter: »Westliche Thüre.«, »Porte de l'eglise«
Publikation: Georg Moller: »DENKMÄLER DER DEUTSCHEN BAUKUNST. Vierte verschönerte, verbesserte und wohlfeilere Ausgabe, HERAUSGEGEBEN VON PROF. F. M. HESSEMER, ERSTER BAND«. Frankfurt am Main 1852.
Institut für Baugeschichte, Universität Karlsruhe

Die Ansicht zeigt den Blick vom Verkündigungsportal in den Ostchor. Auf der linken Seite erscheint der um 1830/40 beseitigte Zugang zur Wendeltreppe der Orgelempore.

108. Katharinenkirche – »Westlicher Eingang.«

Franz Hubert Müller, 1823 (hier spätere Ausgabe von 1853)

Aquatinta, altkoloriert; 63,5 × 51,5 cm
Bez. u. M.: »Westlicher Eingang.«
Publikation: Franz Hubert Müller: »Die ST. CATHARINENKIRCHE zu Oppenheim. Ein Denkmal teutscher Kirchenbaukunst aus dem 13. Jahrhundert. Geometrisch und perspectivisch dargestellt und mit einem erläuternden Texte versehen«. Frankfurt am Main 1853.
Evangelisches Gemeindearchiv, Oppenheim

Auch diese Darstellung erläuterte Müller ausführlich:

»[…] So ist gegenwärtig eine Emporbühne von Holz, worauf die Orgel steht, quer durch das Kreuz der Kirche gezogen, und ebenso verhindern grosse, kastenartige Betstühle im Langhause die freie Aussicht, wesswegen ich meine Zeichnung bloss nach der geometrischen Aufnahme perspectivisch construiren konnte, die magische Wirkung der Beleuchtung aber nur von einem anderen Standpunkte aus sehen und in der Zeichnung nur nach der Wahrscheinlichkeit zu übertragen im Stande war. Auch ist die über dem Durchgange befindliche Galerie mit der fensterartigen Oeffnung, gegen Sturm und Regen, mit Brettern zugeschlagen und so dem Blicke gänzlich entzogen, wesswegen ich mir durch die Darstellung dieser Ansicht, welche nach der geometrischen Zeichnung, bei deren Aufnahme ich einen Theil des Brettverschlags öffnen liess, ergänzt ist, sowie sie das Ganze ursprünglich gewährte, einiges Verdienst erworben zu haben glaube.«[96]

Die Darstellung in den Zwickeln seitlich des Spitzbogens deutete Müller wie folgt:

»Ueber den Spitzbogen des Durchganges, wodurch sich dieser von den gewöhnlichen Eingängen, welche oben eine wagerechte Bedeckung haben, unterscheidet, ist die Verkündigung dargestellt. In dem Zirkelrund auf der rechten Seite knieet Maria in demuthsvoller Stellung, neben ihr steht der Betpult und vor ihr ein Gefäss mit Lilien, als Symbol der Sittenreinheit: Attribute, die bei dieser Vorstellung nie fehlen. In dem Zirkelrund zur Linken, der Maria gegenüber, erscheint, ebenfalls in knieender Stellung, der Bote des Himmels, der Erzengel Gabriel, und vor ihm, in einem kleinen, nach unten offenen Halbkreise, Gott Vater, bis unter die Brust sichtbar, beide Hände wie zum Grusse ausgebrei-

tet. Der Hauch seines Mundes bildet einen Strahl, der bis auf die andere Seite, an das Haupt der Maria fortgesetzt ist, indem er mehrere hervorragende Zirkelbogen der Verzierung durchbricht. Auf diesem Strahle schwebt der heilige Geist, in Gestalt einer Taube, der Maria entgegen, diesem aber folgt das Christuskind, in prophetischer Deutung ein kleines Kreuz auf den Schultern tragend.«[97]

Zu dem heute nicht mehr erhaltenen, möglicherweise bei der Restaurierung unter Opfermann um 1830/40 entfernten Zugang zur Wendeltreppe der Empore schrieb Müller:

»Auf der linken Seite des auf dem Aquatintablatte dargestellten Durchganges sieht man eine kleinere Thüre, zu einer auf die Emporbühne führenden Wendeltreppe. Diese Wendeltreppe gestattet, da sie sehr enge ist, nur einer Person auf einmal das Auf- und Niedersteigen. Sie erhält ihr Licht durch eine über der Thüre angebrachte Oeffnung in Gestalt eines Doppelfensters. Nach der Seite der alten Kirche ist eine ähnliche Thüre mit einer gleichen fensterartigen Oeffnung darüber angebracht, wodurch auch von dieser Seite der Aufgang auf die Emporbühne stattfinden konnte, sowie auch ein kleinerer Zugang zum neuen Chore dadurch bewerkstelligt wurde, für den Fall, dass an gewöhnlichen Tagen das eiserne Gitter des Durchganges verschlossen blieb. Die Emporbühne aber wurde, nach dem neuen Chore zu, durch das auf dem vorliegenden Aquatintablatte ausgeführte, steinerne Geländer begränzt und muss auch wohl nach der alten Kirche zu, nach den auf dieser Seite noch befindlichen Bruchstücken von Gewölben zu urtheilen, eine grössere Ausdehnung gehabt haben. Zu beiden Seiten erheben sich, über der Emporbühne, die Gewände einer hohen, fensterartigen Oeffnung, wovon auf dem Aquatintablatte noch rechts und links der untere Theil sichtbar ist. Diese Oeffnung schliesst sich oben, ohne alle Verzierung, durch einen Spitzbogen, und gewährt einen schönen Durchblick in die Gewölbe der alten Kirche.« [98]

109. Katharinenkirche – Verkündigungsportal zwischen West- und Ostchor

Josef Durm, 1859

Aquarell über Bleistift; 30,9 × 24,5 cm
Bez. u. li.: »D. 1859«
Staatliche Kunsthalle Karlsruhe, Inv. Nr. 1940-248
Lit.: Theilmann/Ammann 1978, Kat. Nr. 704, Bildband Abb. S. 277

Auch diese Ansicht zeigt das um 1407 entstandene Verkündigungsportal im Westchor der Katharinenkirche.[99] Die geöffnete rechte Flügeltür erlaubt einen Blick in die östlichen Teile der Kirche, wo die von Opfermann um 1840 errichteten Arkaden der Orgelempore und ein Fenster des Ostchors zu sehen sind. Der Pflanzenbewuchs an der Außenseite des Portals entsprach durchaus dem damaligen Bauzustand: Dachwerk und Gewölbe waren durch den Brand von 1689 und nachfolgende Witterungseinflüsse zerstört worden. Da sich die Wiederherstellungsmaßnahmen der folgenden 200 Jahre lediglich auf den Ostteil der Kirche beschränkten, konnte sich im Laufe der Jahrhunderte eine üppige Vegetation entfalten (siehe auch Kat. Nr. 106).

110. »De St. Katherinenkerk te Oppenheim.«

Gottfried Franz, 1876

Altkolorierter Holzschnitt; 14 × 5,4 cm
Bez. u. re.: »G. Franz«, u. M.: »De St. Katherinenkerk te Oppenheim.«
Publikation: C. Stieler: »Rheinfahrt«. Stuttgart 1876. (niederländische Ausgabe)
Sammlung Dr. M. Held, Oppenheim

Der Holzschnitt zeigt einen Ausschnitt aus dem Innern der Westchors. Dargestellt ist ein Teil der rechten Chorpartie mit ihren markanten Gewölbeansätzen und den im Sockelbereich unter den Fenstern aufgestellten Grabdenkmälern.

106. G. Schneider, Katharinenkirche – Blick in den Westchor, um 1792/93 (?).

107. G. Moller, Katharinenkirche – »Westliche Thüre«, 1852.

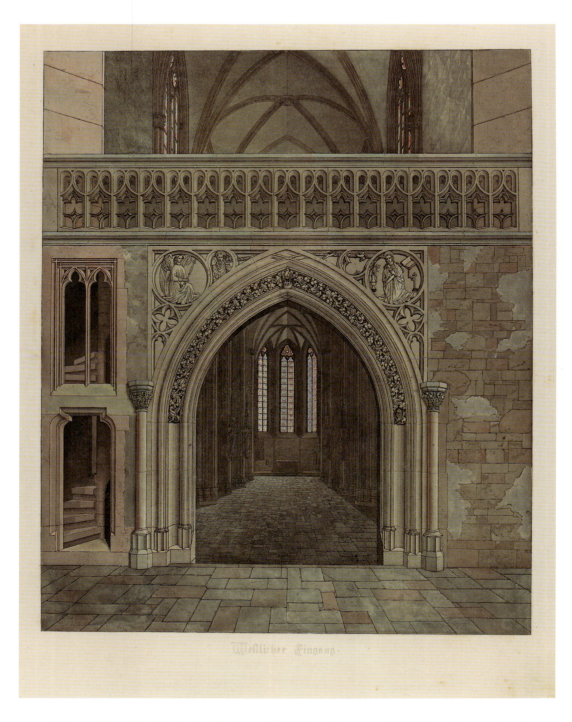

108. F. H. Müller, Katharinenkirche – »Westlicher Eingang.«, 1823 (Ausgabe von 1853).

109. *J. Durm, Katharinenkirche – Verkündigungsportal zwischen West- und Ostchor, 1859.*

De St. Katherinenkerk te Oppenheim.

110.   G. Franz, »De St. Katherinenkerk te Oppenheim.«, 1876.

Katharinenkirche – Pläne (Auswahl)

111. »Ansicht der St. Katharinen=Kirche zu Oppenheim von der Südseite.«

Georg Moller, 1815

Kupferstich; 27,5 × 42,3 cm
Bez. o. M.: »Ansicht der St. Katharinen=Kirche zu Oppenheim von der Südseite.«
Publikation: Georg Moller: »DENKMAEHLER DER DEUTSCHEN BAUKUNST«. Darmstadt 1815.
Institut für Baugeschichte, Universität Karlsruhe

Die Ansicht zeigt lediglich die hochgotischen Teile der Kirche. Die romanischen Türme und die Ruine des spätgotischen Westchors wurden offenbar zugunsten einer stilreinen Darstellung weggelassen.

Entgegen den tatsächlichen Verhältnissen sind die aufeinanderfolgenden Maßwerkfigurationen auf der Ebene der Langhauskapellen, der Obergadenfenster und der Wimperge streng vereinheitlicht. Auch die Gesimse wurden in ihrer Anordnung aufeinander abgestimmt. Sie sind als durchlaufende, die einzelnen Bauteile verklammernde Bänder dargestellt.

112. Katharinenkirche – »Aufriss der südlichen Seite von Aussen.«

Franz Hubert Müller, 1826 (hier spätere Ausgabe von 1853)

Zinkätzung; 47 × 78,5 cm (Druckplatte)
Bez. o. re.: »XIX.«
Publikation: Franz Hubert Müller: »Die ST. CATHARINENKIRCHE zu Oppenheim. Ein Denkmal teutscher Kirchenbaukunst aus dem 13. Jahrhundert. Geometrisch und perspectivisch dargestellt und mit einem erläuternden Texte versehen«. Frankfurt am Main 1853.
Evangelisches Gemeindearchiv, Oppenheim

Müllers Fassadenriß beruht auf einer ersten, annähernd maßgenauen Bauaufnahme. Ähnlich wie in Kat. Nr. 111 wurden das fehlende Strebewerk und die Fialen des Ostchors ergänzt.

113. Katharinenkirche – »Längen-Durchschnitt der Kirche nach der innern Südseite.«

Franz Hubert Müller, 1823 (hier spätere Ausgabe von 1853)

Zinkätzung; 55,5 × 75,5 cm (Druckplatte)
Bez. o. re.: »IV.«
Publikation: Franz Hubert Müller: »Die ST. CATHARINENKIRCHE zu Oppenheim. Ein Denkmal teutscher Kirchenbaukunst aus dem 13. Jahrhundert. Geometrisch und perspectivisch dargestellt und mit einem erläuternden Texte versehen«. Frankfurt am Main 1853.
Evangelisches Gemeindearchiv, Oppenheim

Längsschnitt durch Langhaus und Ostanlage mit ergänzten Mittelschiffgewölben. Von besonderem Interesse sind die Öffnungen im Unterbau des Vierungsturmes. Nach Schmidt[100] wurden die »*weiten Bogenöffnungen, welche die Verbindung zwischen den Lauben und dem Innern herstellen, [...] schon während der Bauzeit zugemauert [...], um die inzwischen eingetretenen Setzungen der Fundamentsohle unter den Vierungspfeilern in ihren Wirkungen auf den Weiterbau des Turmes möglichst unschädlich zu machen.*«

114. Katharinenkirche – Längsschnitt durch den Westchor

Franz Hubert Müller, 1829 (hier spätere Ausgabe von 1853)

Zinkätzung; 56 x 64,5 cm (Druckplatte)
Bez. o. re.: »XXXIX.«
Publikation: Franz Hubert Müller: »Die ST. CATHARINENKIRCHE zu Oppenheim. Ein Denkmal teutscher Kirchenbaukunst aus dem 13. Jahrhundert. Geometrisch und perspectivisch dargestellt und mit einem erläuternden Texte versehen«. Frankfurt am Main 1853.
Evangelisches Gemeindearchiv, Oppenheim

Längsschnitt durch die westlichen Teile der Kirche mit Blickrichtung nach Süden. Im Gegensatz zu Kat. Nr. 113 handelt es sich hier eindeutig um eine Bestandsaufnahme; geringfügige rekonstruktive Ergänzungen bilden die Fialen über dem Westchor und der seitlich angeschnittene Gewölbeansatz im ersten Mittelschiffjoch. Unten am linken Bildrand dokumentierte Müller die Reste der romanischen Wandgliederung, welche beim Bau der Orgelempore beseitigt wurde. Über den Dienstbündeln des Westchors erheben sich die markanten Ansätze des 1703 eingestürzten Gewölbes.

115. Katharinenkirche – »Querdurchschnitte der ganzen Kirche von den ersten unteren Pfeilern an nach dem östlichen Chore.«

Franz Hubert Müller, 1825 (hier spätere Ausgabe von 1853)

Zinkätzung; 80 × 56 cm (Druckplatte)
Bez. o. re.: »XIII.«
Publikation: Franz Hubert Müller: »Die ST. CATHARINENKIRCHE zu Oppenheim. Ein Denkmal teutscher Kirchenbaukunst aus dem 13. Jahrhundert. Geometrisch und perspektivisch dargestellt und mit einem erläuternden Texte versehen«. Frankfurt am Main 1853.
Evangelisches Gemeindearchiv, Oppenheim

Idealentwurf mit maßwerkdurchbrochener Turmspitze.

116. Katharinenkirche – »Süd-Ansicht.«

Friedrich und Heinrich von Schmidt, 1879

Reproduktionsdruck (Original Tuschfeder); 58,5 × 88 cm
Bez. u. M.: »Süd-Ansicht.«, u. re.: »Fr. Schmidt 1871 H. Schmidt«
Publikation: Heinrich Freiherr von Schmidt: »Der Ausbau und die Wiederherstellung der St. Katharinenkirche zu Oppenheim a. Rh., Festschrift zur Feier der Vollendung am 31. Mai 1889«. Oppenheim 1889.
Sammlung Dr. K. W. Heyden, Oppenheim

Die großformatigen Baurisse des Wiener Dombaumeisters Friedrich von Schmidt und seines Sohnes Heinrich bildeten die Grundlage für die zwischen 1878 und 1889 durchgeführte Restaurierung. In seinem Baubericht erläuterte Schmidt den Wiederherstellungsentwurf:

»Der vorliegende Entwurf gründet sich auf eine bis in das kleinste Detail durchgeführte Aufnahme des gesamten Bauwerkes und umfaßt zugleich die vollständige Wiederherstellung desselben in allen seinen Teilen. [...]
Die Ausdehnung des Entwurfes auf den gesamten Bau in allen seinen Teilen ohne Rücksicht auf den Umfang der in Aussicht genommenen Restaurationsarbeiten erschien als eine ästhetische Notwendigkeit, insoferne es unerläßlich ist, das ephemere Gesamtbild eines Baues ins Auge zu fassen, wenn zu der Wiederherstellung einiger seiner Glieder geschritten werden solle.
Obwohl die St. Katharinenkirche in sehr verschiedenen Bauepochen entstanden ist, so muß doch des seltenen Umstandes Erwähnung geschehen, daß sich hier die vollendetsten Bauformen einer jeglichen Epoche harmonisch aneinanderreihen und daß es die Meister der späteren Zeit, trotz der Verschiedenheit ihrer Formensprache dennoch wohl verstanden haben, ein schönes Gleichgewicht unter den einzelnen Bauteilen herzustellen, und aus diesem Grunde eben kann nur ein Gesamtplan sichere Gewähr für die Gestaltung des Einzelnen darbieten.«[101]

117. Katharinenkirche – »Längenschnitt.«

Friedrich und Heinrich von Schmidt, 1879

Reproduktionsdruck (Original Tuschfeder); 58,5 × 88 cm
Bez. u. M.: »Längenschnitt.«, u. re.: »Fr. Schmidt 1871 H. Schmidt«
Publikation: Heinrich Freiherr von Schmidt: »Der Ausbau und die Wiederherstellung der St. Katharinenkirche zu Oppenheim a. Rh., Festschrift zur Feier der Vollendung am 31. Mai 1889«. Oppenheim 1889.
Sammlung Dr. K. W. Heyden, Oppenheim

Längsschnitt mit Blickrichtung nach Norden. Die Architekturzeichnung basiert auf einer steingerechten Bauaufnahme; sie gibt einen Teil der Ausstattung einschließlich Fenster und Grabdenkmäler wieder.

118. Katharinenkirche – »Querschnitt.«

Friedrich und Heinrich von Schmidt, 1879

Reproduktionsdruck (Original Tuschfeder); 58,5 × 44 cm
Bez. u. M.: »Querschnitt.«, u. li.: »Die St. Katharinenkirche zu Oppenheim a. Rh.«, u. re.: »Fr. Schmidt 1871 H. Schmidt«
Publikation: Heinrich Freiherr von Schmidt: »Der Ausbau und die Wiederherstellung der St. Katharinenkirche zu Oppenheim a. Rh., Festschrift zur Feier der Vollendung am 31. Mai 1889«. Oppenheim 1889.
Sammlung Dr. K. W. Heyden, Oppenheim

Querschnitt durch das Langhaus mit Blickrichtung nach Osten.

119. Katharinenkirche – »Choransicht.«

Friedrich und Heinrich von Schmidt, 1879

Reproduktionsdruck (Original Tuschfeder); 58,5 × 44 cm
Bez. u. M.: »Choransicht.«, u. re.: »Fr. Schmidt 1871 H. Schmidt«
Publikation: Heinrich Freiherr von Schmidt: »Der Ausbau und die Wiederherstellung der St. Katharinenkirche zu Oppenheim a. Rh., Festschrift zur Feier der Vollendung am 31. Mai 1889«. Oppenheim 1889.
Sammlung Dr. K. W. Heyden, Oppenheim

Aufriß der Kirche von Osten.

120. »St. Katharina zu Oppenheim. Teil der Südfassade.«

Unbekannter Künstler, 1885

Altkolorierter Stahlstich; 13,1 × 11,7 cm
Bez. u. M.: »Fig. 197. St. Katharina zu Oppenheim. Teil der Südfassade.«
Publikation: Robert Dohme: »Geschichte der deutschen Baukunst«, Berlin 1885.
Sammlung Dr. K. W. Heyden, Oppenheim

Aufriß der südlichen Langhausfassade mit rekonstruiertem Strebewerk.

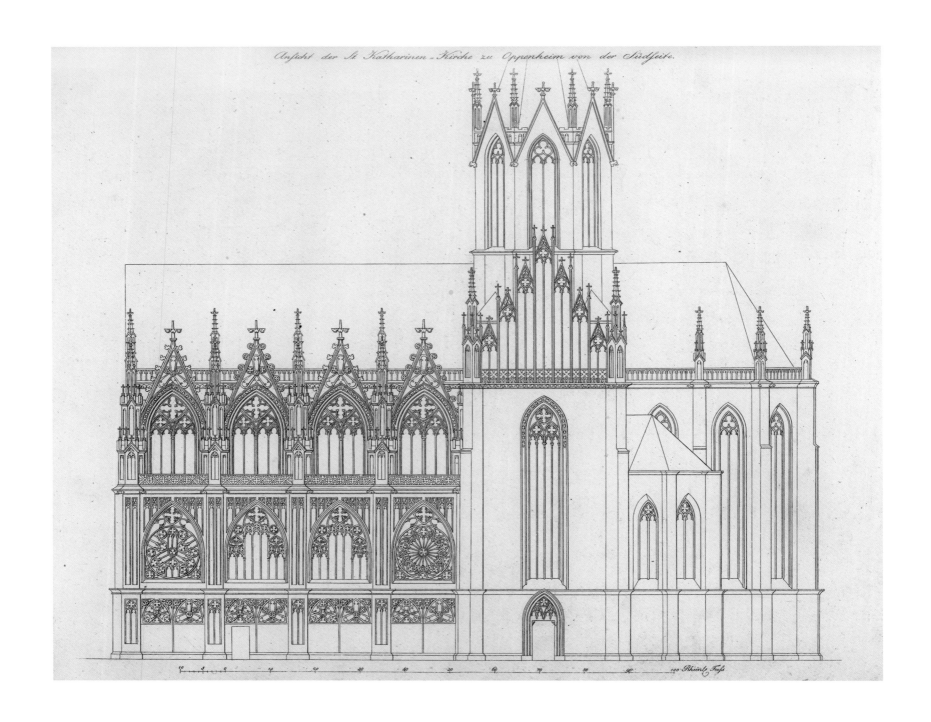

111. G. Moller, »Ansicht der St. Katharinen=Kirche zu Oppenheim von der Südseite.«, 1815.

112. F. H. Müller, Katharinenkirche – »Aufriss der südlichen Seite von Aussen.«, 1826 (Ausgabe von 1853).

113. F. H. Müller, Katharinenkirche – »Längen-Durchschnitt der Kirche nach der innern Südseite.«, 1823 (Ausgabe von 1853).

114. F. H. Müller, Katharinenkirche – Längsschnitt durch den Westchor, 1829 (Ausgabe von 1853).

115. F. H. Müller, Katharinenkirche – »Querdurchschnitte der ganzen Kirche von den ersten unteren Pfeilern an nach dem östlichen Chore.«, 1825 (Ausgabe von 1853).

116. F. v. Schmidt/H. v. Schmidt, Katharinenkirche – »Süd-Ansicht.«, 1879.

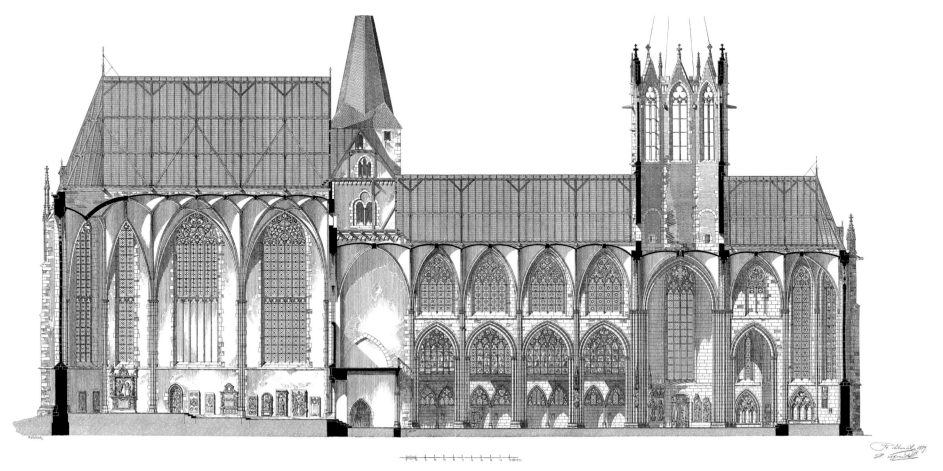

117. F. v. Schmidt / H. v. Schmidt, Katharinenkirche – »Längenschnitt.«, 1879.

118. F. v. Schmidt / H. v. Schmidt, Katharinenkirche – »Querschnitt.«, 1879.

Choransicht.

119. F. v. Schmidt / H. v. Schmidt, Katharinenkirche – »Choransicht.«, 1879.

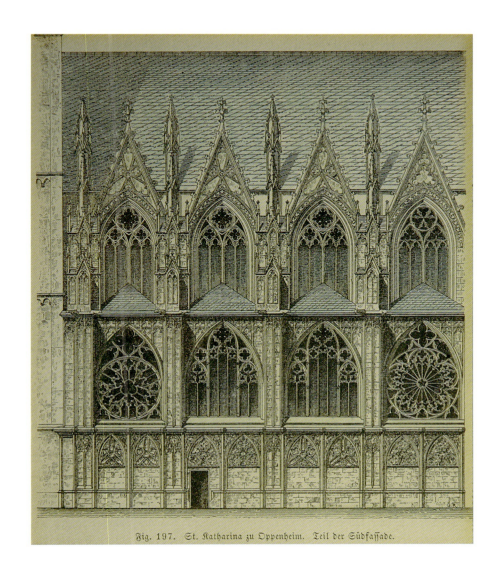

120. Unbekannter Künstler, »St. Katharina zu Oppenheim. Teil der Südfassade.«, 1885.

Katharinenkirche – Baudetails (Auswahl)

121. Katharinenkirche – »Südlicher Eingang.«

Franz Hubert Müller, 1825 (hier spätere Ausgabe von 1853)

Aquatinta; 62 × 50,4 cm
Bez. u. M.: »Südlicher Eingang.«
Publikation: Franz Hubert Müller: »Die ST. CATHARINENKIRCHE zu Oppenheim. Ein Denkmal teutscher Kirchenbaukunst aus dem 13. Jahrhundert. Geometrisch und perspektivisch dargestellt und mit einem erläuternden Texte versehen«. Frankfurt am Main 1853.
Evangelisches Gemeindearchiv, Oppenheim

Die Ansicht zeigt das Portal des südlichen Querhausarmes. Über dem Konsolstein inmitten des Tympanons ergänzte Müller die Statue der heiligen Katharina.[102]

122. Katharinenkirche – »Verschiedene Knäufe, Schlusssteine und Untersätze mit Laubverzierungen«

Franz Hubert Müller, 1827 (hier spätere Ausgabe von 1853)

Aquatinta; 59,7 × 44,3 cm
Bez. o. re.: »XXIV.«
Publikation: Franz Hubert Müller »Die ST. CATHARINENKIRCHE zu Oppenheim. Ein Denkmal teutscher Kirchenbaukunst aus dem 13. Jahrhundert. Geometrisch und perspektivisch dargestellt und mit einem erläuternden Texte versehen«. Frankfurt am Main 1853.
Evangelisches Gemeindearchiv, Oppenheim

Die Darstellung enthält eine Anzahl von Detailaufnahmen: I und II zeigen die in der Mitte der Wimperge, »*über dem zweiten und dritten Fenster, befindlichen Köpfe*«, III und IV »*zwei Knäufchen*« der Obergadenfenster, »*V, VI und VII abgebrochene Stücke der Mitte der Spitzbogen über den Fenstern, mit einem Theile der Laubwerke in den Hohlkehlen, in deren Mitte ein menschlicher Kopf von ziemlich individuellem Character erscheint. […] Bei VIII, IX und XVIII sind drachenartige Ungeheuer, aus den unteren Ecken der Giebelconstruction dargestellt. […] Die unten auf dem Blatte stehenden Stücke XI, XII und XIV sind die Anfänge der sich aussen an die Fenster anfügenden und den Spitzbogen bildenden Glieder. […] Die Stücke XIII und XIV befinden sich am ersten Fenster über der Rose; das grosse Eichenlaub, und die Figuren daran, der Affe mit einer Mönchskappe, sowie der Raubvogel, welcher einen andern Vogel unter seinen Klauen hält […], scheinen ebenfalls in Beziehung auf das Fenster selbst zu stehen […]. Unter X ist ein Knauf der dicken Säule, (ausnahmsweise von der linken Seite, indem sie auf der rechten alle durch die gegenwärtigen Nothdächer verbaut sind) mit der darüber befindlichen Mauerverstärkung und dem Ansatze des Strebebogens dargestellt. […] Einzelne Stücke der Verzierungen auf der obern Platte des ersten und dritten Giebels findet man bei XV und XVII; ein Wasser ausströmendes Thier, welchem leider der Kopf fehlt, indess noch das einzige, ziemlich erhaltene der Art, bei XVI und bei XIX eine drachenartige Figur an einem der unteren Seitengewölbchen von Aussen, welches auch indess von der Zeit sehr gelitten hat. Endlich sind bei XX vier frei verzierte Lilien an der Aussenseite des zweiten oberen Fensters zu sehen.*«[103]

123. Katharinenkirche – Portal der Sakristei im Westchor

Paul Wallot, 1858

Bleistift; 20 × 24,2 cm
Bez. u. re.: »18 PW 58 30 Sept.«
Staatliche Museen zu Berlin, Kunstbibliothek, Skizzenbuch PW K.5.1 1857–1860

Die Zeichnung stellt das Portal der Sakristei im Inneren des Westchors dar. Die aufwendigen, im unteren Bereich teilweise zerstörten spätgotischen Türbeschläge wurden um 1883 während der Wiederherstellung des Westchors erneuert.

124. Katharinenkirche – Strebepfeiler der Langhaussüdfassade

Paul Wallot, um 1859

Bleistift, aquarelliert; 24,2 × 20 cm
Staatliche Museen zu Berlin, Kunstbibliothek, Skizzenbuch PW K.5.1 1857–1860

Nach Auffassung Heinrich von Schmidts[104] war das Strebewerk des Langhauses im Mittelalter unvollendet geblieben. Der einzige vollständig ausgeführte Strebepfeiler der Langhaussüdfassade – hier von Wallot skizziert – diente zwischen 1878 und 1889 als Vorlage für die Rekonstruktion des übrigen Strebewerks.

125. Katharinenkirche – Fenstergruppe im romanischen Nordturm

Paul Wallot, um 1859

Bleistift, laviert; 24,2 × 20 cm
Staatliche Museen zu Berlin, Kunstbibliothek, Skizzenbuch PW K.5.1 1857–1860

Die Ansicht entstand in einem der oberen Stockwerke des Nordturmes. Hinter den z. T. vermauerten ehemaligen Fensteröffnungen erscheint der Dachstuhl zwischen den beiden romanischen Türmen.

126. Katharinenkirche – Treppenturm an der Nordseite

Paul Wallot, 1859

Bleistift; 24,2 × 20 cm
Bez. u. re.: »26 September 59«
Staatliche Museen zu Berlin, Kunstbibliothek, Skizzenbuch PW K.5.1 1857–1860

Die halb geöffnete Pforte gewährt einen Blick in den spätgotischen Treppenturm an der Nordseite des Westchors.

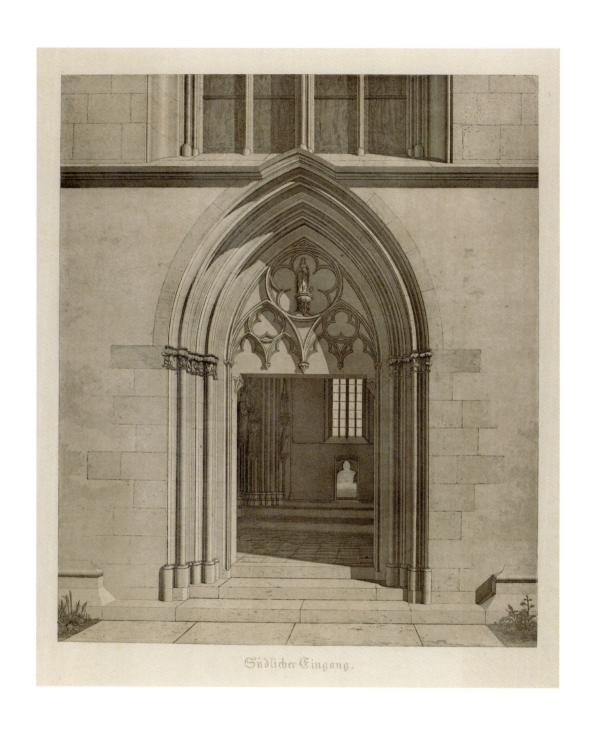

121. F. H. Müller, Katharinenkirche – »Südlicher Eingang.«, 1825 (Ausgabe von 1853).

122. F. H. Müller, Katharinenkirche – »Verschiedene Knäufe, Schlusssteine und Untersätze mit Laubverzierungen«, 1827 (Ausgabe von 1853).

123. P. Wallot, Katharinenkirche – Portal der Sakristei im Westchor, 1858.

124. P. Wallot, Katharinenkirche – Strebepfeiler der Langhaussüdfassade, um 1859.

125. P. Wallot, Katharinenkirche – Fenstergruppe im romanischen Nordturm, um 1859.

126. P. Wallot, Katharinenkirche – Treppenturm an der Nordseite, 1859.

Katharinenkirche – Fenster (Auswahl)

127. Katharinenkirche – »Zwei Fenster aus dem Hauptchore, mit Theilen von Glasmalerei, kolorirt.«

Franz Hubert Müller, 1829 (hier spätere Ausgabe von 1853)

Altkolorierter Kupferstich; 68,5 × 52 cm (Druckplatte)
Bez. o. re.: »XXXIII.«
Publikation: Franz Hubert Müller: »Die ST. CATHARINENKIRCHE zu Oppenheim. Ein Denkmal teutscher Kirchenbaukunst aus dem 13. Jahrhundert. Geometrisch und perspectivisch dargestellt und mit einem erläuternden Texte versehen«. Frankfurt am Main 1853.
Evangelisches Gemeindearchiv, Oppenheim
Literatur: Becksmann 1989, S. 363, Abb. S. 371; Rauch 1996, S. 154, 187, Abb. S. 165; Dölling 2000, S. 37, Abb. S. 38

Die Ansicht dokumentiert Teile der mittelalterlichen Glasmalereien in den Fenstern des Ostchors. Die abgebildeten Scheiben zählen zu den ältesten Ausstattungsstücken der Kirche; sie wurden zwischen 1277 und 1291 geschaffen.[105] Folgende Erläuterung fügte Müller der Darstellung bei:

»Von den Fenstern des Hauptchores giebt das 33. Blatt eine genaue Uebersicht. In dem Mittelfenster welches auch hier in der Mitte steht, sind auf einem teppichartigen Grunde Medaillons angebracht, worin auf der rechten Seite zwölf Hauptbegebenheiten aus dem Leben unseres Heillandes, und auf der linken zwölf Parallelstellen aus dem alten Testamente abgebildet sind, als: die Taufe Jesu Christi im Jordan, Gott opfert seinen einzig geliebten Sohn der Erlösung des Menschengeschlechtes, und daneben das Opfer Abrahams; die Anbetung des Erlösers durch die Weisen aus dem Morgenlande, wobei der leitende Stern das der Menschheit bevorstehende Heil verkündet, und Noe, dem die Taube in der Arche den Oehlzweig, als Zeichen der endlichen Errettung, zurückbringt. Diese vier Stücke, welche noch erhalten sind, mögen daher die Idee des Ganzen vergegenwärtigen, wobei jedoch bemerkt werden muss, dass sie zwar gegeneinander über, jedoch nicht an dieser Stelle standen, da die unterste Abtheilung die Verkündigung und die oberste die Himmelfahrt Christi ohnfehlbar dargestellt haben muss. Die Medaillons des neuen Testamentes umschlingt ein lebendiger Zweig, während die des alten auf einem Gewebe von starren Rauten ruhen. In den noch erhaltenen Verzierungen der Spitze dieses Fensters leuchtet der sechseckige Stern, der auch in dem mittleren Fenster des Köllner Domchores sichtbar ist. – Durch einen kleinen Zwischenraum von diesen Abtheilungen getrennt, jedoch senkrecht darunter, stellen zwei andere Abtheilungen die Glasmalerei des dem mittleren zur Rechten stehenden Fensters dar; darin waren rechts die Märtyrer und links die Streiter der christlichen Kirche vorgebildet; die Einfassungen sind auf beiden Seiten abermals sinnreich vermannigfaltigt; zu bedauern ist es indessen, dass von diesem Fenster, bis auf die zwei hier gezeichneten Abtheilungen, fast alles mit fremdartigen Stücken und weissem Glase ausgefüllt ist. – In dem Fenster zur Linken des mittleren ist das Andenken der vorzüglichsten Wohlthäter unserer Kirche auf eine ausgezeichnete Weise geehrt. Ihre Wappen werden jedes von einer männlichen und weiblichen Figur emporgehalten, vielleicht um dadurch anzuzeigen, dass auch die Frauen an der der Kirche zugewendeten Unterstützung Antheil genommen. Auf dem vorliegenden Blatte sind zwei dieser Abtheilungen, ebenfalls wieder durch einen kleinen Zwischenraum von dem oberen getrennt, gezeichnet. Doch gehören diese nicht an den untern Theil des Fensters, der hier blos um seine Steinconstruction zu zeigen, dargestellt ist; vielmehr erscheinen sie darin in folgender Ordnung: zuoberst stehen nebeneinander zwei Wappen teutscher Könige, ein schwarzer Adler in einem goldenen Felde, von gekrönten Schildhaltern emporgehoben, wodurch ohne Zweifel vermuthlich Richard von Cornwallis und Rudolph von Habsburg angedeutet werden sollten. Eines derselben ist in der linken untern Abtheilung auf diesem Blatte zu sehen. Auf der rechten Seite in diesem Fenster folgen dann ferner, das auf dem Blatte in der rechten untern Abtheilung gezeichnete Wappen: ein rother Leoparde mit zwei Schweifen im goldenen Felde und darunter die übrigen auf der rechten Seite des Blattes gezeichneten Wappen nach der Ordnung von der Rechten zur Linken; sowie auf der linken Seite in demselben Fenster die auf dem Blatte zur Linken stehenden Wappen. Die unteren Gefache dieses Fensters sind mit Backsteinen ausgefüllt. Nur zu drei dieser Wappen haben übrigens die Eigener ausfindig gemacht werden können: das rothe Rad im goldenen Felde gehört der Familie von Bolanden; das roth und schwarz senkrecht getheilte Feld mit weissen Querstreifen den Albich von Dexheim; und der, eine Rose haltende Arm im blauen Felde den Wolfskehl zur Wolkenburg; alle drei Familien sind längst erloschen. Die zu beiden Seiten über den einzelnen Wappen stehenden Abtheilungen stellen die einfachen Verzierungen der meist aus weissem Glase bestehenden Fenster zu beiden Seiten des Chores dar; welche vom Schiffe der Kirche aus wenig oder gar nicht gesehen werden können; man erkennt hierin deutlich die Absicht des

Baumeisters, dem Chore, unbeschadet des Totaleindruckes, mehr Helle zu verschaffen [...].«[106]

128. Katharinenkirche – »Das erste Fenster in der linken Abseite zunächst an der nördlichen Vorlage des Kreuzes, mit der Glasmalerei, kolorirt.«

Franz Hubert Müller, 1823 (hier spätere Ausgabe von 1853)

Altkolorierter Kupferstich; 67 × 51,2 cm
Bez. o. re.: »III.«
Publikation: Franz Hubert Müller: »Die ST. CATHARINENKIRCHE zu Oppenheim. Ein Denkmal teutscher Kirchenbaukunst aus dem 13. Jahrhundert. Geometrisch und perspectivisch dargestellt und mit einem erläuternden Texte versehen«. Frankfurt am Main 1853.
Evangelisches Gemeindearchiv, Oppenheim
Lit.: Rauch 1996, S. 170, 182, Abb. S. 166

Das erste Seitenschifffenster auf der Langhausnordseite (Zählung von Ost nach West) zeigt »*Christus als Salvator mundi und Maria als Himmelskönigin, über denen im Maßwerk der thronende Weltenrichter zu sehen ist.*«[107] Es entstand um 1330/40 und wurde von der Familie Herolt gestiftet.[108] Müller beschrieb die Darstellung wie folgt:

»Es befinden sich darin fünf grosse Figuren. Unten, rechts neben dem Mittelpfosten, erblickt man Gott Vater, angethan mit einer Alba, mit darüber zurückgeschlagenem, gelblich violettem Mantel [...]. Er hält in der rechten Hand die Weltkugel, die Linke ist zum Segen erhoben [...]. Neben seinem, mit grauem Bart und Haar umgebenen Haupte, umstrahlt von einem Nymbus mit einem grünen Kreuze, wovon die untere Seite durch den Kopf gedeckt ist, sieht man die Buchstaben A und Ω, beide mit einem kleinen Kreuze; sie deuten, als der Anfangs- und Endbuchstabe des griechischen Alphabets, auf Gott als den Ursprung und das Ende aller Dinge. Dieser Figur zu Linken, von derselben durch den Mittelpfosten getrennt, steht die himmlische Mutter, das Christuskind auf den Armen, welches in der rechten Hand den Apfel, das Symbol der Erbsünde, hält, die es dereinst am Kreuze zu tilgen bestimmt ist. Die Himmelskönigin hat über einem weissen Schleier die goldene Krone auf dem Haupte; ihr Unterkleid ist von derselben Farbe, wie der Mantel des Gott Vaters. Goldene Throne streben über beiden Figuren pyramidenförmig in die Höhe, mit heraussprossenden Büscheln von goldenem Eichenlaub verziert; das Innere der Throne, hinter den Figuren aber deckt ein Teppich von blauen und rothen Achtecken und gelben Vierecken zusammengesetzt. Ganz oben, unter dem Schlusse des Spitzbogens endlich, erscheint Jesus Christus, der Weltheiland, auf einem antiken Sessel, in deutlicher Beziehung auf die unteren Figuren. Mit der rechten Hand deutet er herunter auf seinen himmlischen Vater; in der Linken hält er ein offenes Buch, worin der Anfang einer bekannten Antiphone: ave (Maria) regina coelorum, angedeutet ist, in Beziehung auf seine unten zur Linken stehende Mutter. Die grüne Farbe seines Unterkleides, eine sonst nicht übliche für die Bekleidung Christi, könnte wohl auf den Erlöser, als das Ziel der christlichen Hoffnung deuten. Der faltenreiche Mantel ist ebenfalls wieder, wie der des Gott Vaters (Purpur). Neben dem Haupte, rechts und links, liest man in griechischen Lettern, zusammengezogen, den Namen: Jesus Christus. Der Grund um diese Figur ist himmelblau, aus Rauten zusammengesetzt, wovon jede bedeutsam mit einem kleinen, schwarzen, deutschen Kreuze verziert ist. Unten, neben Gott Vater und der Maria, in der mittleren der drei Abtheilungen auf jeder Seite, steigen von unten hinauf bis oben, wo sich diese Abtheilungen schliessen, zierlich durchbrochene Thürmchen mit Zinnen in die Höhe, in deren Mitte man in einer Oeffnung eine kleine Figur, einen Zettel in der Hand haltend, bemerkt, wohl einen Propheten des alten Testamentes vorstellend. Es scheint durch diese Thürmchen eine Abscheidung des Himmlischen vom Irdischen beabsichtigt; denn in den äussern Abtheilungen knieeten vermuthlich (jetzt ist alles davon zerstört), nach den ganz gleichen Wappen, welche sich noch erhalten haben, zu schliessen, die Stifter dieses Fensters; vielleicht zwei Brüder, die ich auch in diesem Sinne, um keine störende Lücke zu lassen, nach Figuren aus gleichzeitigen Glasmalereien ergänzt habe. [...] Ueber diesen Figuren erheben sich Thürmchen, wie die über Gott Vater und der Maria; jedoch sind diese blos weiss und haben auch nur weisse Eichenlaub-Büschel zur Zierde, die aber kleine goldene Eicheln tragen. Da nun diese Eicheln an den goldenen Laubbüscheln über den mittleren Figuren fehlen, so könnte man wohl in diesem kleinen Umstande eine Anspielung auf das Irdische, welches Früchte hervorbringt, im Gegensatze mit dem Himmlischen, welches in vollendeter Ruhe sich ewig gleich bleibt, ahnen.«[109]

129. Katharinenkirche – »Das zweite Fenster in der linken Abseite mit der Glasmalerei, kolorirt.«

Franz Hubert Müller, 1826 (hier spätere Ausgabe von 1853)

Altkolorierter Kupferstich; 65,5 × 50,1 cm
Bez. o. re.: »XVII.«
Publikation: Franz Hubert Müller: »Die ST. CATHARINENKIRCHE zu Oppenheim. Ein Denkmal teutscher Kirchenbaukunst aus dem 13. Jahrhundert. Geometrisch und perspectivisch dargestellt und mit einem erläuternden Texte versehen«. Frankfurt am Main 1853.
Evangelisches Gemeindearchiv, Oppenheim

Das zweite Seitenschiffenster auf der Langhausnordseite (Zählung von Ost nach West) bildet biblische und frühchristliche Heilige ab. Der Reichsadler im Fünfpaß verweist auf den Stadtrat als Stifter des Fensters.[110] Nach Müller gab es um 1820/30 zumindest im oberen Teil noch Reste der originalen Verglasung:

»In den unteren senkrechten Abtheilungen sind unter gleichförmigen Thronverzierungen sechs weibliche Heilige aufgestellt. Die hl. Katharina mit dem Schwerdte und einem kleinen Rade, auf der rechten Seite, scheint den Zug anzuführen, ihr folgt die hl. Barbara, einen kleinen Thurm in der Linken haltend, dann die hl. Margaretha mit dem Kreuze [...]. In der linken Abtheilung war nun zunächst eine Lücke, welche ich ergänzend durch die hl. Ursula mit dem Pfeile ausgefüllt habe; ihr zur Seite steht die hl. Maria Magdalena mit dem Salbengefäss, und zuletzt erblickt man die hl. Agnes mit dem Lamme. Bei dieser Zusammenstellung aber ist zu bemerken, dass in der Mitte jeder Abtheilung eine ungekrönte Heilige, die Barbara rechts, die Magdalena links aufgestellt sind. Wollte man jedoch [...] in Beziehung auf den oben angedeuteten Stadtmagistrat, durch die weiblichen Figuren vorzügliche Tugenden symbolisirt annehmen, so hätte die Katharina mit Schwert und Rad, welches auch als Spiegel zu nehmen wäre, die Gerechtigkeit, die Barbara mit dem Thurme die Stärke, die Margaretha mit dem Kreuze den Glauben, die Magdalena mit dem verschlossenen Gefässe die Mässigkeit und die Agnes mit dem Lamme die Sanftmuth darstellen können. Ausserdem kann diesem Fenster wohl keine weitere Deutung untergelegt werden, denn die löwenartigen Ungeheuer oben in den unregelmässigen Räumen sind als blose Verzierungen anzusehen, sowie auch die, in den Constructionen aus dem Vierecke angebrachten Bilder der Sonne und des Mondes. Mit vieler Berücksichtigung ist übrigens die Abwechselung der Farben in den unteren Abtheilungen angebracht. Auch an diesem Fenster ist der untere Theil durch die Flammen stark beschädigt worden. Die Ergänzung desselben musste daher, theils aus der Analogie mit dem noch Bestehenden, theils aus Resten, die an andere Orte versetzt sind, bewerkstelligt werden, damit nicht durch die offenen weissen Lücken die Harmonie des Ganzen gestört werden möchte.«[111]

130. Katharinenkirche – »Das dritte Fenster in der linken Abseite, mit der Glasmalerei, kolorirt.«

Franz Hubert Müller, 1828 (hier spätere Ausgabe von 1853)

Altkolorierter Kupferstich; 65,5 × 50,5 cm
Bez. o. re.: »XXVII.«
Publikation: Franz Hubert Müller: »Die ST. CATHARINENKIRCHE zu Oppenheim. Ein Denkmal teutscher Kirchenbaukunst aus dem 13. Jahrhundert. Geometrisch und perspectivisch dargestellt und mit einem erläuternden Texte versehen«. Frankfurt am Main, 1853.
Evangelisches Gemeindearchiv, Oppenheim

Das dritte Seitenschiffenster auf der Langhausnordseite (Zählung von Ost nach West) hat das Salomonische Urteil zum Thema[112]. Es war um 1820/30 *»noch ziemlich wohl erhalten. [...] In der ersten Abtheilung links sehen wir den König auf einem Stuhle ohne Lehne, im königlichen Purpur mit Krone und Scepter sitzen [...]. Vor ihm in der zweiten Abtheilung kniet in bittender Stellung, mit gefalteten, aufgehobenen Händen die wahre Mutter des Kindes, welches von ihrer betrügerischen Hausgenossin in Anspruch genommen wird. Hinter derselben in der dritten Abtheilung sehen wir dann den Scharfrichter; er soll das streitige Kind nach dem Ausspruche des Königes in zwei Hälften theilen; [...] er steht [...] zögernd da, den fragenden Blick auf den König gerichtet, und hält das Kind mit zarter Schonung auf dem Arme. [...] Die anmassliche falsche Mutter, im Begriffe ihre Einwilligung in die grausame Theilung des Kindes zu geben, füllt sodann stehend die vierte Abtheilung aus. [...] Mit der imaginär geformten Architectur von Thürmchen und Zinnen von regelloser Gestalt über den Figuren, scheint übrigens der alte Künstler eine Gallerie in dem salomonischen Palaste haben bezeichnen zu wollen. Hoch über diesem Vorgange, in der Mitte des Fensters, erscheint der Kopf des Heillandes [...].«*[113]

131. Katharinenkirche – »Das vierte Fenster in der linken Abseite, mit der Glasmalerei, kolorirt.«

Franz Hubert Müller, 1829 (hier spätere Ausgabe von 1853)

Altkolorierter Kupferstich; 66 × 50,5 cm
Bez. o. re.: »XXXVII.«
Publikation: Franz Hubert Müller: »Die ST. CATHARINENKIRCHE zu Oppenheim. Ein Denkmal teutscher Kirchenbaukunst aus dem 13. Jahrhundert. Geometrisch und perspectivisch dargestellt und mit einem erläuternden Texte versehen«. Frankfurt am Main 1853.
Evangelisches Gemeindearchiv, Oppenheim
Lit.: Rauch 1996, S. 182, Abb. S. 168

Das vierte Seitenschiffenster auf der Langhausnordseite (Zählung von Ost nach West) war um 1820/30 *»noch so erhalten, dass es mit wenig Zusätzen auf dem Papier restaurirt werden konnte.«*[114] Es zeigt die Ölbergszene: *»Christus betet knieend. Ein Engel tritt ihm entgegen. Rechts schließt sich eine Darstellung der Schlüsselübergabe durch Christus an Petrus an. Auf der linken Seite erkennt man vier Juden, die als Propheten Jesaja, Jeremia, Ezechiel und Daniel noch den alten Bund vertreten, aber schon auf den in Christus begonnenen neuen Bund hinweisen.«*[115]

132. Katharinenkirche – »Das erste Fenster an der rechten Abseite, zunächst an der südlichen Vorlage des Kreuzes, eine Rose, mit Glasmalerei, kolorirt.«

Franz Hubert Müller, 1824 (hier spätere Ausgabe von 1853)

Altkolorierter Kupferstich; 65 × 50,3 cm
Bez. o. re.: »VII.«
Publikation: Franz Hubert Müller: »Die ST. CATHARINENKIRCHE zu Oppenheim. Ein Denkmal teutscher Kirchenbaukunst aus dem 13. Jahrhundert. Geometrisch und perspectivisch dargestellt und mit einem erläuternden Texte versehen«. Frankfurt am Main 1853.
Evangelisches Gemeindearchiv, Oppenheim

Das berühmte Rosenfenster geht auf eine Stiftung des Oppenheimer Stadtrats von 1332/33 zurück.[116] Müller beschrieb das Fenster wie folgt:

»[…] die […] erwähnte Rose an der Kirche zu Oppenheim gehört zu den schönsten in ihrer Art; ihre Construction ist mit den zartesten Gliedern auf eine sehr sinnige Weise durchgeführt und bei dem äusseren Scheine von Leichtigkeit sind dennoch diese Glieder zu starken Massen verbunden und haben sich nun schon über 500 Jahre lang erhalten. Aus einem Zirkelrund von 1'9" im Durchmesser, welches eine aus dem Fünfeck entstehende Bogenverzierung enthält, entspringen zwanzig Radien, die sich in Spitzbogen, aus dem Dreieck gezogen und mit kleineren Bogen verziert, vereinigen. Vier dieser Abtheilungen werden ferner wieder von einem Halbzirkel aufgenommen, deren fünf ebenfalls in dem Pentagon ihren Mittelpunkt finden und die Verbindung der inneren Construction mit dem äusseren Kreise bewerkstelligen. Kleinere Constructionen aus dem Viereck und kleine Zirkel füllen den noch übrigen Raum zwischen den fünf Halbzirkeln aus. Die vorliegende colorirte Zeichnung gibt sowohl von der Steinconstruction als auch von der Glasmalerei, insofern diese durch Aquarellfarben dargestellt werden kann, eine getreue Abbildung, auch ist die Steinfügung dabei durch Linien genau angedeutet. […] Was die Erfindung dieser Rose betrifft, so glaube ich, dass dabei der Meister vorzüglich die Aufgabe zu lösen hatte, eine Zusammenstellung von Wappen anzubringen, deren Eigenthümer zu einem ausgezeichneten Vereine gehörten und an diesem Orte eine vorzügliche Berücksichtigung in Anspruch zu nehmen hatten. Wir sehen daher als Mittelpunkt das Wappen der freien Reichsstadt Oppenheim, den kaiserlichen Reichsadler im goldenen Felde, umgeben von der […] Heil verkündenden Construction aus dem Fünfecke. Zwanzig Wappen, jedes in einem weissen Zirkelrund, bilden darum, gegen den Schluss der Radien, einen glänzenden Kreis; und sind wieder von Halbkreisen nach dem erwähnten Pentagon umfasst. […] unmittelbar unter dem Schlusse des Spitzbogens hat sich die Darstellung von dem Märtyrertode des heil. Johannes des Täufers noch ganz kenntlich erhalten. Der Heilige kniet mit gefalteten Händen, das Haupt von einer grünen Glorie umgeben und zum Empfange des tödtlichen Streiches vorwärts gebeugt, den er von dem in der Hand des Scharfrichters gezuckten Schwerdte erwartet. Von der Figur des Letzteren fehlen ausser der Hand am Schwerdte mit einem gelben Aermel und dem rechten Beine alle übrigen Theile, ich habe diese daher dem Ganzen entsprechend zu ersetzen gesucht. Das blaue Gewand des Heiligen ist mit kleinen geschlängelten Linien schattirt, welche vermutlich sein kameelhaarenes Gewand bezeichnen sollen. Ein Zettel entfaltet sich am untern Theile der Figur, worauf vielleicht die bekannten Worte: ecce agnus dei, gestanden haben; es ist aber jetzt alle Schrift, bis auf einige unleserliche Spuren daran verschwunden.«[117]

133. Katharinenkirche – »Das zweite Fenster in der rechten Abseite, mit der Glasmalerei, kolorirt.«

Franz Hubert Müller, 1825 (hier spätere Ausgabe von 1853)

Altkolorierter Kupferstich; 65,5 × 50 cm
Bez. o. re.: »XII.«
Publikation: Franz Hubert Müller: »Die ST. CATHARINENKIRCHE zu Oppenheim. Ein Denkmal teutscher Kirchenbaukunst aus dem 13. Jahrhundert. Geometrisch und perspectivisch dargestellt und mit einem erläuternden Texte versehen«. Frankfurt am Main 1853.
Evangelisches Gemeindearchiv, Oppenheim
Lit.: Rauch 1996, S. 156, 182, Abb. S. 178

Das zweite Seitenschiffenster auf der Langhaussüdseite (Zählung von Ost nach West) besaß um 1820/30 noch weite Teile seiner mittelalterlichen Verglasung. Zur Darstellung lieferte Müller folgende Erläuterung:

»Durch eine wohlberechnete Mannigfaltigkeit, ist dieses Fenster wieder im Gegensatze mit der danebenstehenden Rose. Die Steinconstruction desselben scheint dem Querdurchschnitte der Kirche selbst, entsprechend angeordnet; in der Mitte das höhere Schiff, welches wieder in drei Abtheilungen zerfällt, rechts und links die beiden Abseiten, wovon jede in zwei Theile getheilt ist. Nimmt man nun an, dass diese Idee wirklich der Anordnung des Fensters zum Grunde gelegt habe, so stimmt damit die Aufstellung der Figuren der Heiligen, der Maria, des Andreas und Laurenzius recht gut zusammen, da diese auf einer erhöheten Stelle des Hauptschiffes angebracht sind, die Figuren der knieenden Donatare aber, nur die unterste Stelle der Abseiten einnehmen. Vor Allem tritt indessen in der Mitte oben, unter dem Spitzbogen das Bild des Lammes Gottes hervor, umgeben von den symbolischen Figuren der Evangelisten. […]

Im oberen Theile des Fensters sind drei Wappen angebracht, welche Personen angehört zu haben scheinen, die Mitstifter dieses Fenster waren […]. Auch ist unten Links in der Abtheilung, über dem vorderen Donatar noch ein unbekanntes Wappen in der Mitte der Verzierung, wovon nur zu sagen ist: dass es, nach dem Stern im oberen Eck, einem jüngeren Sohne der Familie angehört haben muss.*

*Von den mittleren Figuren der Heiligen ist, nach dem grossen Brande, unter Spinola wahrscheinlich, nur der obere Theil verschont geblieben; da aber danach diese Figuren hinlänglich bestimmt waren, so ist auch hier, um keine störende Lücke zu lassen, das Untere ergänzend zugefügt worden. Dasselbe gilt von den knieenden Donataren auf der linken Seite, welche jenen zur Rechten entsprechend gezeichnet wurden, indem von diesen zwar der eine noch völlig, der andere aber zum Theile erhalten, sich gegenwärtig an ganz anderen Stellen, in dem nämlichen und in dem nebenstehenden Fenster befinden. [...] Auch die bei diesen knieenden Figuren angebrachten Wappen sind so zerstört, dass man mit Sicherheit daran keine Zeichnung mehr erkennen konnte; wesshalb sie dann hier blos als ein rothes Feld, welche Farbe darin auch die herrschende schien, angedeutet wurden.«[118]

134. Katharinenkirche – »Das dritte Fenster in der rechten Abseite, mit der Glasmalerei, kolorirt.«

Franz Hubert Müller, 1827 (hier spätere Ausgabe von 1853)

Altkolorierter Kupferstich; 65,3 × 49,9 cm
Bez. o. re.: »XXII.«
Publikation: Franz Hubert Müller: »Die ST. CATHARINENKIRCHE zu Oppenheim. Ein Denkmal teutscher Kirchenbaukunst aus dem 13. Jahrhundert. Geometrisch und perspektivisch dargestellt und mit einem erläuternden Texte versehen«. Frankfurt am Main 1853.
Evangelisches Gemeindearchiv, Oppenheim
Lit.: Rauch 1996, S. 156, 177, 182, Abb. S. 180

Zum dritten Seitenschiffensters auf der Langhaussüdseite (Zählung von Ost nach West) schrieb Müller: »*Besonders fleissig sind die Verzierungen dieses Fensters ausgeführt, auch die noch erhaltenen Thrönchen, worunter vermuthlich Figuren gestellt waren, sind eigener Art; das mittlere davon stellt sogar die Zinnen eines alten Gebäudes dar. Mit vorzüglicher Feinheit sind jedoch die Blätter in den weissen Scheiben der acht unteren Seitengefache behandelt. Zur Linken sieht man darin oben, statt der mittleren Rose, links eine heilige Katharina mit Schwerdt und Rad und rechts ein Wappen, worauf ein blauer Fuchs mit einer weissen Gans davon zu rennen scheint. Auch rund um diese Gefache läuft eine Einfassung; an den äussern aus kleinen Thürmchen mit einem Kreuze, und an den innern, aus weissen Lilien bestehend, beides scheinen Bestandtheile eines Wappens zu sein.*«[119] Die sechs Gefache in den drei mittleren Abteilungen fehlten um 1820/30 gänzlich. Sie wurden in der Darstellung »*daher mit drei Figuren, in der Mitte Christus mit der Siegesfahne, nach einer gleichzeitigen Glasmalerei, und zu beiden Seiten Petrus und Paulus, nach einem alten Gemälde*«[120] ergänzt.

135. Katharinenkirche – »Das vierte Fenster in der rechten Abseite, mit der Glasmalerei, kolorirt.«

Franz Hubert Müller, 1829 (hier spätere Ausgabe von 1853)

Altkolorierter Kupferstich; 65,2 × 50,6 cm
Bez. o. re.: »XXXII.«
Publikation: Franz Hubert Müller: »Die ST. CATHARINENKIRCHE zu Oppenheim. Ein Denkmal teutscher Kirchenbaukunst aus dem 13. Jahrhundert. Geometrisch und perspektivisch dargestellt und mit einem erläuternden Texte versehen«. Frankfurt am Main 1853.
Evangelisches Gemeindearchiv, Oppenheim

Das sogenannte Lilienfenster bzw. das vierte Seitenschiffenster auf der Langhaussüdseite (Zählung von Ost nach West) war um 1820/30 »*bis auf einige einzelne Theile gänzlich zerstört*«[121]. Die erhaltenen Teile deutete Müller wie folgt: »*Ausser der in der Mitte oben im Kreise knieenden heil. Katharina, dem teppichartigen Gewebe von blauen und grünen Rauten mit rother Durchschneidung und weissen Punkten eines aus dem Kleeblatte hervorgehenden Strahles, einer der zunächst an dieses Kleeblatt stossenden Viereckconstructionen, der Dreieckconstruction zur Rechten, welche das einzige noch erhaltene Wappen, vielleicht von einem der Stifter dieses Fensters, enthält, den rundherum gehenden Buchstaben A und O, und einigen, die kleineren Räume ausfüllenden Sternen und rothen Punkten, ist alles Uebrige mit weissem Glase ersetzt.*«[122]

136. Katharinenkirche – »Zwei Fenster aus dem oberen Theile des Schiffes, mit Resten von Glasmalerei, kolorirt; mit den dazu gehörigen Durchschnitten.«

Franz Hubert Müller, 1827 (hier spätere Ausgabe von 1853)

Altkolorierter Kupferstich; 54 × 74 cm (Druckplatte)
Bez. o. re.: »XXIII.«
Publikation: Franz Hubert Müller: »Die ST. CATHARINENKIRCHE zu Oppenheim. Ein Denkmal teutscher Kirchenbaukunst aus dem 13. Jahrhundert. Geometrisch und perspektivisch dargestellt und mit einem erläuternden Texte versehen«. Frankfurt am Main 1853.
Evangelisches Gemeindearchiv, Oppenheim

Die Darstellung zeigt die beiden östlichen Obergadenfenster der Langhausnordseite. »*An ersterem* [auf dem rechten Fenster] *ist in der Mitte eine Scheere zu sehen, ein Zeichen, woraus man allenfalls vermuthen könnte, dass dieses Fenster von der Tuchscheererzunft, welche in Oppenheim bestand, gestiftet worden sei [...].*«[123]

Der Glasbestand in den Obergadenfenstern war um 1820/30 bis auf wenige Reste bereits zerstört:

»*Die Glasmalerei ist blos noch an vier dieser oberen Fenster in den Constructionen unter den Spitzbogen erhalten, die senkrechten Gefache aber sind leider gänzlich zerstört. Nur noch einige Reste, unter andern ein grosser Pferdekopf, der obere Theil einer Lanze mit einem Fähnchen, und verschiedene daran hängende teppigartig verzierte Quadrate geben der Vermuthung Raum, dass wohl diese Gefache mit grossen Figuren, die christlichen Ritter zu Pferde vorstellend, verziert gewesen sein könnten.*«[124]

137. Katharinenkirche – »Zwei Fenster aus dem oberen Theile des Schiffes, mit Resten von Glasmalerei, kolorirt.«

Franz Hubert Müller, 1828 (hier spätere Ausgabe von 1853)

Altkolorierter Kupferstich; 45 × 65,5 cm (Druckplatte)
Bez. o. re.: »XXX.«
Publikation: Franz Hubert Müller: »Die ST. CATHARINENKIRCHE zu Oppenheim. Ein Denkmal teutscher Kirchenbaukunst aus dem 13. Jahrhundert. Geometrisch und perspektivisch dargestellt und mit einem erläuternden Texte versehen«. Frankfurt am Main 1853.
Evangelisches Gemeindearchiv, Oppenheim

Die Darstellung zeigt die beiden östlichen Obergadenfenster auf der Langhaussüdseite. Beide Fenster besaßen lediglich im oberen Teil noch Reste der mittelalterlichen Glasmalerei. Über den Zustand des ersten Obergadenfensters auf der Langhaussüdseite (Zählung von Ost nach West) schrieb Müller:

»*Sehr zu bedauern ist es übrigens, dass die Fortsetzung der Glasmalerei dieses Fensters in den unteren Abtheilungen gänzlich fehlt, da die vier, in den Spitzbogen derselben noch erhaltenen Engel eine bedeutungsvolle einst in diesem Raume befindlich gewesene Darstellung vermuthen lassen.*«[125]

127. F. H. Müller, Katharinenkirche – »Zwei Fenster aus dem Hauptchore, mit Theilen von Glasmalerei, kolorirt.«, 1829 (Ausgabe von 1853).

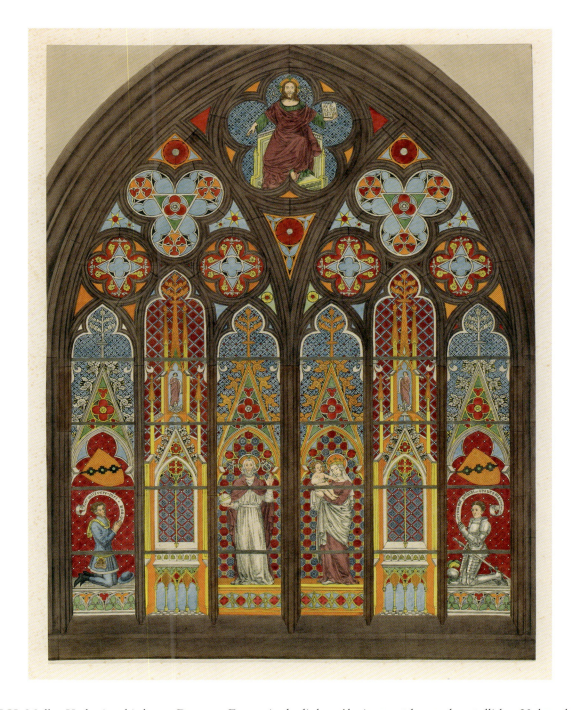

128. F. H. Müller, Katharinenkirche – »Das erste Fenster in der linken Abseite zunächst an der nördlichen Vorlage des Kreuzes, mit der Glasmalerei, kolorirt.«, 1823 (Ausgabe von 1853).

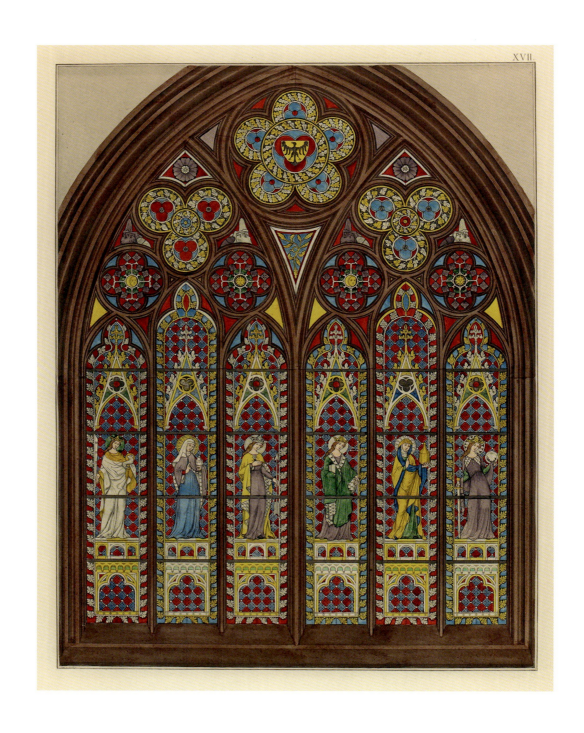

129. F. H. Müller, Katharinenkirche – »Das zweite Fenster in der linken Abseite mit der Glasmalerei, kolorirt.«, 1826 (Ausgabe von 1853).

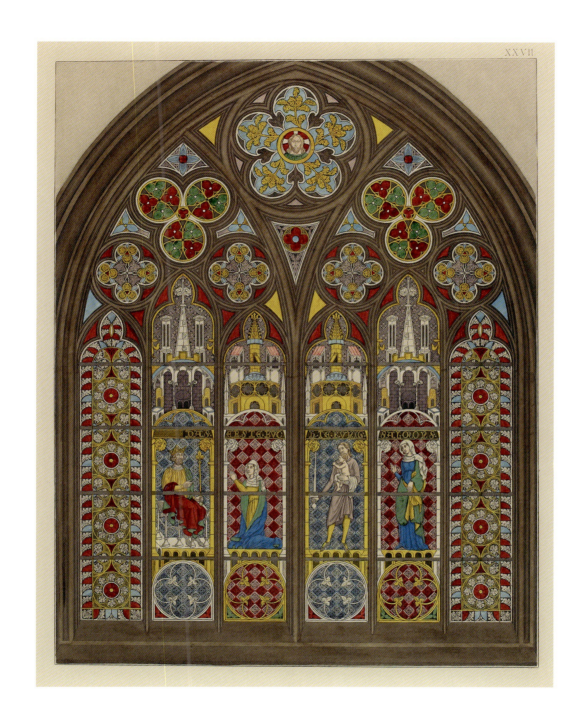

130.   F. H. Müller, Katharinenkirche – »Das dritte Fenster in der linken Abseite, mit der Glasmalerei, kolorirt.«, 1828 (Ausgabe von 1853).

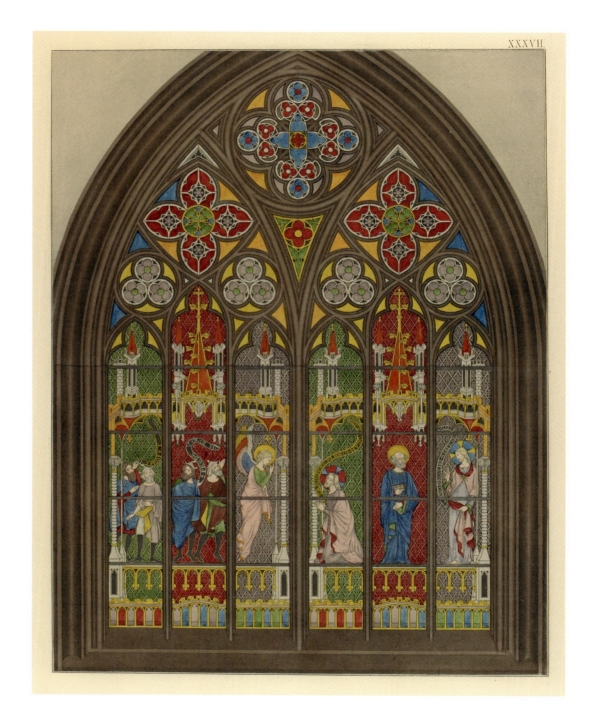

131. F. H. Müller, Katharinenkirche – »Das vierte Fenster in der linken Abseite, mit der Glasmalerei, kolorirt.«, 1829 (Ausgabe von 1853).

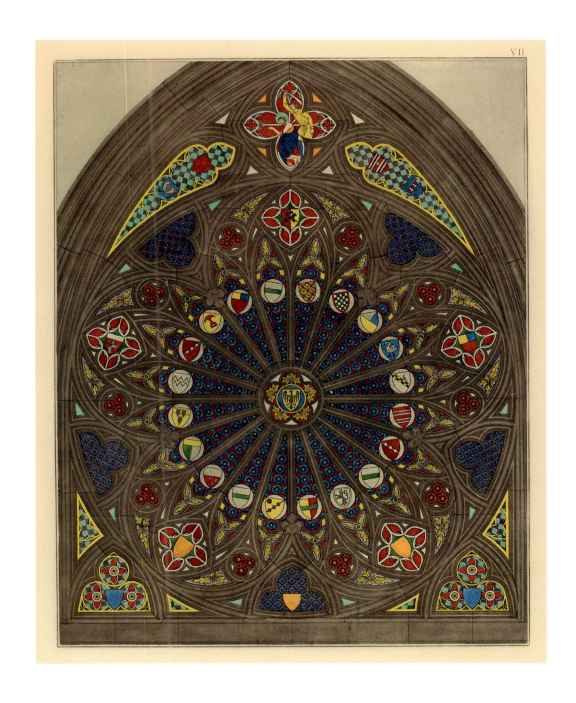

132. F. H. Müller, Katharinenkirche – »Das erste Fenster an der rechten Abseite, zunächst an der südlichen Vorlage des Kreuzes, eine Rose, mit Glasmalerei, kolorirt.«, 1824 (Ausgabe von 1853).

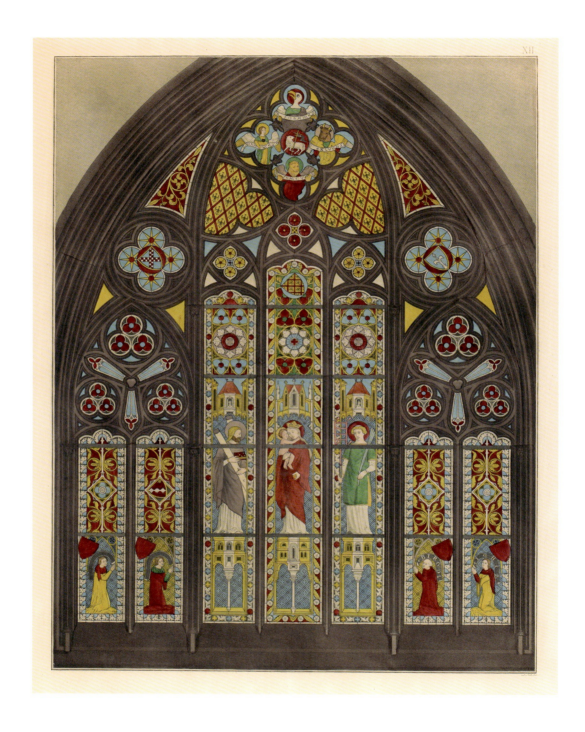

133. F. H. Müller, Katharinenkirche – »Das zweite Fenster in der rechten Abseite, mit der Glasmalerei, kolorirt.«, 1825 (Ausgabe von 1853).

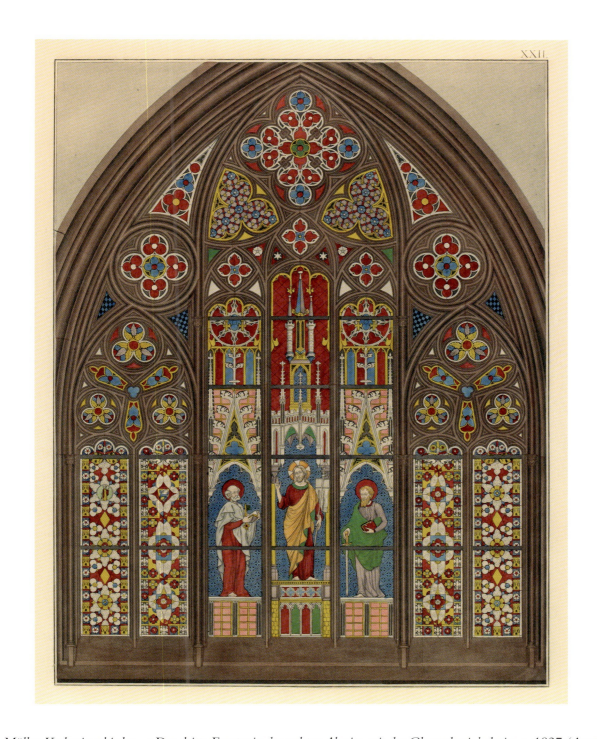

134. F. H. Müller, Katharinenkirche – »Das dritte Fenster in der rechten Abseite, mit der Glasmalerei, kolorirt.«, 1827 (Ausgabe von 1853).

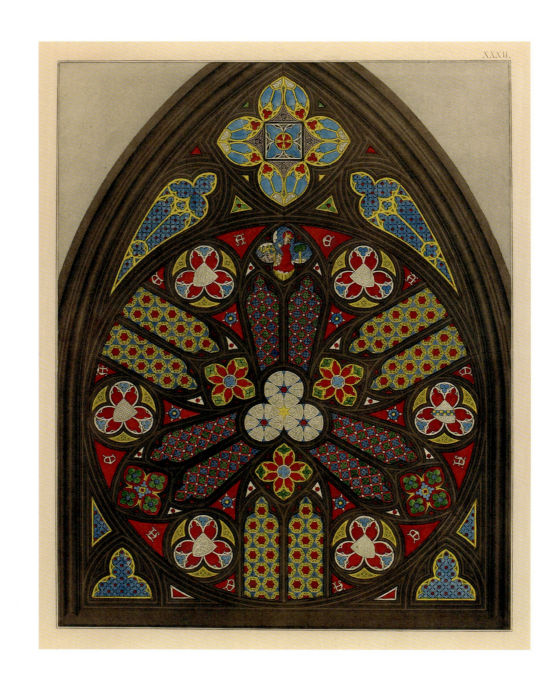

135. F. H. Müller, Katharinenkirche – »Das vierte Fenster in der rechten Abseite, mit der Glasmalerei, kolorirt.«, 1829 (Ausgabe von 1853).

136. F. H. Müller, Katharinenkirche – »Zwei Fenster aus dem oberen Theile des Schiffes, mit Resten von Glasmalerei, kolorirt; mit den dazu gehörigen Durchschnitten.«, 1827 (Ausgabe von 1853).

137. F. H. Müller, Katharinenkirche – »Zwei Fenster aus dem oberen Theile des Schiffes, mit Resten von Glasmalerei, kolorirt.«, 1828 (Ausgabe von 1853).

Katharinenkirche – Epitaphien und Grabdenkmäler (Auswahl)

138. Katharinenkirche – »Grabmale der Familie der Kämmerer von Worms.«

Franz Hubert Müller, 1826 (hier spätere Ausgabe von 1853)

Aquatinta; 47,3 × 73,5 cm
Bez. o. re.: »XVIII.«
Publikation: Franz Hubert Müller: »Die ST. CATHARINENKIRCHE zu Oppenheim. Ein Denkmal teutscher Kirchenbaukunst aus dem 13. Jahrhundert. Geometrisch und perspectivisch dargestellt und mit einem erläuternden Texte versehen«. Frankfurt am Main 1853.
Evangelisches Gemeindearchiv, Oppenheim

Das Aquatintablatt präsentiert eine Auswahl bedeutender Epitaphien der Oppenheimer Burgmannenfamilie von Dalberg:

In der Mitte ist das Doppelepitaph des Ritters Johann Kämmerer von Worms, gen. von Dalberg (†1415)[126], und seiner Ehefrau Anna von Bickenbach (†1415)[127] dargestellt. Es befindet sich heute innen vor der Westwand des südlichen Querhausarms.

Johann von Dalberg nahm seit 1395 »als pfälzischer Hofmeister in Heidelberg eine führende Stellung ein. König Ruprecht I. ernannte ihn 1401 zum Schultheiß in Oppenheim und zum Amtmann der Reichsburg.«[128] »Eine Urkunde von 1398 nennt ihn als Stiftsherrn der Katharinenkirche. 1405 wurde a Burglehen zu Oppenheim an ihn und seine Kinder verliehen.«[129] Im frühen 19. Jahrhundert stand das Epitaph in der zweiten Kapelle (Zählung von Ost nach West) auf der Langhausnordseite (siehe Kat. Nr. 98).

Auf der linken Seite zeigt Müller den heute in der zweiten Kapelle des nördlichen Langhauses gelegenen Grabstein der um 1348 (?) verstorbenen Demudis, Tochter des Ritters Petrus von Bechtolsheim[130].

Die Darstellung auf der rechten Seite gibt das Epitaph der 1410 verstorbenen Anna von Dalberg, Tochter des Ritters Johann Kämmerer von Worms, gen. von Dalberg[131] wieder. Es zählt zu den bekanntesten Bildwerken des weichen Stils am Mittelrhein.[132] Vermutlich stammt es »aus der Werkstatt des Madern Gerthener, der etwa gleichzeitig als Baumeister für den Westchor tätig war.«[133] Das Epitaph befindet sich im nördlichen Nebenchor der Ostanlage.

139. Katharinenkirche – Epitaph der Anna von Dalberg

Wilhelm von Harnier, vor 1838

Bleistift; 17 × 10,2 cm
Bez. u. li.: »Oppenheim 3'Okt«
Hessisches Landesmuseum Darmstadt, Inv. Nr. HZ 6564

Wilhelm von Harnier fertigte zur Oppenheimer Katharinenkirche eine Serie miniaturformatiger Detailaufnahmen an (siehe Kat. Nr. 140, 201). Die Figur der Anna von Dalberg hat der Künstler trotz der etwas flüchtigen Malweise sicher erfaßt.

140. Katharinenkirche – Grabstein des Dammo Knebel von Katzenelnbogen

Wilhelm von Harnier, vor 1838

Bleistift; 16,9 × 8,8 cm
Bez. u. re.: »Oppenheim«
Hessisches Landesmuseum Darmstadt, Inv. Nr. HZ 6567

Die Zeichnung bildet ein Pendant zu Kat. Nr. 139. Dammo Knebel von Katzenelnbogen (†1401) war Reichsschultheiß zu Oppenheim.[134] Sein Grabstein befindet sich im südlichen Nebenchor der Ostanlage.

141. Katharinenkirche – Epitaph des Hans von Wolfskehl

Paul Wallot, vermutlich 1858

Bleistift, laviert; 24,2 × 20 cm
Staatliche Museen zu Berlin, Kunstbibliothek, Skizzenbuch PW K.5.1 1857–1860

Die fein lavierte Bleistiftzeichnung zeigt das Epitaph des 1505 verstorbenen Ritters Hans von Wolfskehl. Das Grabdenkmal wurde 1519 von dem in Heidelberg und Speyer tätigen Bildhauer Lienhard Syfer geschaffen.[135] Es steht innen an der Nordwand des Westchors.

**142. Katharinenkirche – Epitaph der Katharina
von Kronberg, geb. von Bach**

Paul Wallot, 1858

Bleistift; 24,2 × 20 cm
Bez. u. re.: »1858. 16 Sept.«
Staatliche Museen zu Berlin, Kunstbibliothek, Skizzenbuch PW K.5.1 1857–1860

Das Epitaph der Katharina von Kronberg (†1525), Ehefrau des kurpfälzischen Marschalls und Oppenheimer Amtmannes Philipp von Kronberg[136] befindet sich innen an der Nordwand des Westchors. »*Das Denkmal zeigt in Oppenheim erstmals die reine antikisierende Renaissancegliederung italienischer Prägung mit zierlich erhabener Ornamentik.*«[137] Vermutlich wurde es von dem Mainzer Bildhauer Peter Schro geschaffen.[138]

**143. Katharinenkirche – Doppelepitaph des
Wolff Heinrich Sturmfeder von und zu Oppenweiler
und seiner Ehefrau Christine von Schmilling**

Paul Wallot, 1866

Bleistift, laviert; 63 × 41 cm
Staatliche Museen zu Berlin, Kunstbibliothek, PW III, 18
Lit.: Düll 1991, Abb. S. 10; Thiel 2004, S. 37, Abb. S. 38

Die minutiös ausgeführte Bauaufnahme dokumentiert das von dem Mainzer Bildhauer Gerhard Wolff geschaffene Doppelepitaph des Wolff Heinrich Sturmfeder von und zu Oppenweiler (†1598) und seiner Ehefrau Christine von Schmilling[139]. Es befand sich ursprünglich innen vor der Nordwand der Westchorapsis. 1987/88 wurde es an die gegenüberliegende Wand versetzt.[140]

138. F. H. Müller, Katharinenkirche – »Grabmale der Familie der Kämmerer von Worms.«, 1826 (Ausgabe von 1853).

139. W. v. Harnier, Katharinenkirche – Epitaph der Anna v. Dalberg, vor 1838.
140. W. v. Harnier, Katharinenkirche – Grabstein des Dammo Knebel v. Katzenelnbogen, vor 1838.

141. P. Wallot, Katharinenkirche – Epitaph des Hans v. Wolfskehl, vermutlich 1858.
142. P. Wallot, Katharinenkirche – Epitaph der Katharina v. Kronberg, geb. v. Bach, 1858.

143. P. Wallot, Katharinenkirche – Doppelepitaph des Wolff Heinrich Sturmfeder v. und zu Oppenweiler und seiner Ehefrau Christine v. Schmilling, 1866.

144. Sebastianskirche – Ansicht von Nordwesten

Unbekannter Künstler, 1825

Tuschfeder, Bleistift, laviert; 20,9 × 27,8 cm
Bez. u.: »Oppenheim 15. Sep. [?] 1825«, u. re.: »Oppenheim«, o. re.: »34«
Kölnisches Stadtmuseum, Inv. Nr. G 4903 (= RM 1928/687)
Lit.: Hanschke 2002, S. 11, Abb. S. 12

Die ehemals im Südteil der heutigen Altstadt, auf dem Grundstück Wormser Straße 52 gelegene Sebastianskirche zählte zu den ältesten und stadtgeschichtlich bedeutendsten Baulichkeiten Oppenheims. Sie bildete das Zentrum der im Jahre 765 in einer Schenkungsurkunde an das Kloster Lorsch erstmals erwähnten Dorfanlage, der Vorgängersiedlung des heutigen Oppenheim.

Der spätere, in seinen ältesten Teilen in die romanische Zeit zu datierende Kirchenbau wurde 1689 während der Stadtzerstörung schwer beschädigt. In den 1720er Jahren erfolgte eine notdürftige Instandsetzung.

Als sich 1822 die Lutheraner mit den Reformierten zur Unierten Kirche zusammenschlossen, traf sich die Gemeinde in der geräumigeren Katharinenkirche zum Gottesdienst. Für die Sebastianskirche gab es ab diesem Zeitpunkt keine rechte Verwendung mehr. Angeblich wegen Baufälligkeit wurde die Kirche 1837 abgetragen. Einzelne Architekturfragmente, darunter die mutmaßlichen Säulen der einstigen Orgelempore wurden in der näheren Umgebung, hauptsächlich in den Wirtschaftsgebäuden des Weingutes Koch, Wormser Straße 62, wiederverwendet. Die bedeutendste erhaltene Spolie, das romanische Tympanon des ehemaligen Haupteinganges befindet sich heute im Westchor der Katharinenkirche.

Die Ansicht zeigt die Kirche von Nordwesten. Hinter dem Röhrenbrunnen erhebt sich der breitgelagerte Westgiebel der Kirche. An der Nordseite des Langhauses befanden sich vier von Wimpergen und Strebepfeilern gerahmte Spitzbogenfenster. Östlich schloß sich ein Querhaus mit romanischem Vierungsturm und im Grundriß rechteckigem Chorjoch an. Das Gebäude rechts neben der Kirche mit dem barocken Ohrenfenster im Erdgeschoß ist das lutherische Pfarrhaus, Wormser Straße 54.

145. Kirche des Antoniterklosters – Ansicht von Südwesten

Christian Georg Schütz, um 1770

Öl auf Holz; 33 × 36 cm
Bez. u. re.: »Schüz. fec.«
Bayerische Staatsgemäldesammlung, Schloß Berchtesgaden, Inv. Nr. 1699
Lit.: Banaschewski 1923, Kat. Nr. 180; Jungkenn 1933A, Abb. nach S. 16

Das vermutlich als Pendant zu Kat. Nr. 48 gefertigte Gemälde dokumentiert die Ruine der um 1806 größtenteils abgetragenen Kirche des Antoniterklosters[142]. Bei den im Hintergrund auf dem Bergrücken aufgereihten Baulichkeiten handelt es sich, von links nach rechts, um Burg Landskrone, Michaelskapelle, Katharinenkirche, inneres Gautor und die Kirche des Franziskanerklosters (heute Bartholomäuskirche).

146. Friedhofskapelle – Ansicht von Nordosten

Paul Wallot, 1861

Bleistift; 16,6 × 23,7 cm
Bez. u. re.: »Oppenheim 15 8 1861.«
Staatliche Museen zu Berlin, Kunstbibliothek, Skizzenbuch PW 6.2

Die Ansicht zeigt die 1972 abgerissene klassizistische Friedhofskapelle mit dem sich daran anschließenden Friedhof.

144. Unbekannter Künstler, Sebastianskirche – Ansicht von Nordwesten, 1825.

145. Chr. G. Schütz, Kirche des Antoniterklosters – Ansicht von Südwesten, um 1770.

146. P. Wallot, Friedhofskapelle – Ansicht von Nordosten, 1861.

Kloster Mariacron

147. Kloster Mariacron – Ansicht der Klosterkirche von Südosten

Johannes Ruland, um 1790

Bleistift; 24 × 42,5 cm
Bez. o. re.: »Tempelhof Oppenheim?«
Historisches Museum der Pfalz Speyer, Inv. Nr. BS 594
Lit.: Zeller 1933, Abb. S. 8

Das 1265 erstmals erwähnte Zisterzienserinnenkloster Mariacron lag außerhalb der Stadtmauern nördlich von Oppenheim. Während der Reformationszeit war das Kloster aufgehoben und in ein weltliches Damenstift umgewandelt worden. Möglicherweise wurde es bereits im Dreißigjährigen Krieg zerstört.

Rulands Zeichnung zeigt die verhältnismäßig gut erhaltene Ruine der Klosterkirche St. Anna. Der einschiffige Bau bestand aus zwei Teilen. Der zur Straße gelegene längere Teil der Klosterkirche besaß fünf gleichförmige Spitzbogenfenster mit bruchstückhaft erhaltenem Maßwerk. Der etwas erhöhte Chor wies dagegen lediglich zwei Fensterachsen auf (die letzte war wohl zugemauert). Über dem geraden Chorabschluß erhob sich ein einfacher Giebel. Nach Rulands Darstellung dürfte mindestens der Chor gewölbt gewesen sein. Hierauf verweisen die beiden Strebepfeiler zum Abfangen der Schubkräfte und der hinter dem zweiten Fenster von links angedeutete Schildbogen. Von der früheren Klosterkirche sind Ende des 19. Jahrhunderts die Chorgiebelwand mit Resten der beiden Pfeiler der Südwand in das Fabrikgebäude der Klosterbrennerei Mariacron einbezogen worden.

148. Kloster Mariacron – Ansicht der Klosterkirche von Nordwesten

Caspar Schneider, um 1790 (?)

Tuschfeder, Bleistift, laviert; 26 × 40 cm
Hessisches Landesmuseum Darmstadt, Inv. Nr. HZ 4763

Die Interpretation der Zeichnung als Nordwestansicht der zerstörten Klosterkirche Mariacron ist über eine bezeichnete Kopie von Anton von Rade aus der Sammlung Witterstätter (Kat. Nr. 149) gesichert. Hinter der Kirchenruine lassen sich weitere Motive aus Oppenheim erkennen: Die Türme im Hintergrund stellen das Seilertor (vergl. Kat. Nr. 59), die Ruine des Zollturmes und das Rheintor dar. Bei dem Turm weiter oben mit den nur grob angedeuteten Wimpergen und der barocken Haube handelt es sich vermutlich um den Vierungsturm der Katharinenkirche. Der stark überhöhte Steinbruch und der Blick in die weite Landschaft auf der linken Bildhälfte entsprechen nur vage den wirklichen Gegebenheiten. Trotz dieser Abweichungen scheint zumindest die Darstellung der Klosterkirche realistisch. Sie stimmt in den wesentlichen Architekturmerkmalen mit der Ansicht von Ruland (Kat. Nr. 147) überein.

149. Kloster Mariacron – Ansicht der Klosterkirche von Nordwesten

Anton von Rade, um 1790 (?)

Feder, aquarelliert; 23,5 × 37 cm
Bez. u. M.: »Oppenheim [...]«, lt. Lit. (vermutlich irrtümlich) datiert 1720
Früher Sammlung Hildebrandt, Frankfurt, später im Besitz von Paul Witterstätter in Weimar, Verbleib unbekannt
Lit.: Jungkenn 1938, S. 172, Abb. im Tafelanhang

Vermutlich handelt es sich hier um eine Kopie nach der Ansicht Caspar Schneiders Kat. Nr. 148. Hierfür spricht, daß die Darstellung gegenüber dem Original leicht vereinfacht wurde. So ist beispielsweise bei den Fenstern der Kirche das Maßwerk vernachlässigt. Die von Jungkenn überlieferte Datierung auf das Jahr 1720 muß wegen der Lebensdaten Caspar Schneiders, der als Schöpfer der mutmaßlichen Vorlage gilt, angezweifelt werden. Auch die Darstellung des erst um 1750 mit der barocken Haube versehenen Vierungsturmes der Katharinenkirche[141] (etwas genauer auf der Vorlage Kat. Nr. 148 oben links neben dem Steinbruch zu sehen) läßt keine so frühe Entstehung zu.

147. J. Ruland, Kloster Mariacron – Ansicht der Klosterkirche von Südosten, um 1790.

148. C. Schneider, Kloster Mariacron – Ansicht der Klosterkirche von Nordwesten, um 1790 (?).

149. A. v. Rade, Kloster Mariacron – Ansicht der Klosterkirche von Nordwesten, um 1790 (?).

Michaelskapelle

150. Michaelskapelle – Ansicht von Südosten

Johannes Ruland, um 1790

Bleistift; 24 × 42,5 cm
Bez. o. re.: »Antoniter Kapelle Oppenheim?«, u. re.: »zu Oppenheim? Ruland del.«
Historisches Museum der Pfalz Speyer, Inv. Nr. BS 593

Eine Reihe sehr ähnlicher Ansichten dokumentiert die nördlich der Katharinenkirche gelegene Totenkapelle St. Michael. Der 1689 zerstörte Bau wurde 1878 im Zuge der Restaurierung der Katharinenkirche wiederhergestellt. Rulands Zeichnung zeigt die Kapelle noch mit dem wenige Jahre später eingestürzten Westgiebel. Im Hintergrund sieht man die Reste der inneren Stadtmauer, rechts die Ruinen der Burg.

151. Michaelskapelle – Ansicht von Südosten

Friedrich Christian Reinermann, 1814

Bleistift; 10,2 × 15,5 cm
Bez. o. li.: »Oppenheim im Aprill 1814«
Sammlung M. Jungkenn, Oppenheim

152. Michaelskapelle – Ansicht von Südosten

Unbekannter Künstler, 1832 (?)

Bleistift; 24,5 × 24,7 cm
Bez. u. re.: »Oppenheim 32.«
Hessisches Landesmuseum Darmstadt, Inv. Nr. HZ 5132

153. Michaelskapelle – Ansicht von Südosten

Paul Wallot, 1860

Bleistift; 20 × 24,2 cm
Bez. M. re.: »Oppenheim. Ostern. 60.«
Staatliche Museen zu Berlin, Kunstbibliothek, Skizzenbuch PW K.5.1 1857-1860
Lit.: Koch 1938, S. 175ff., Abb. im Tafelanhang

154. »Schwedenkapelle in Oppenheim.«

Gottfried Franz, 1876

Altkolorierter Holzschnitt; 11,4 × 5,5 cm
Bez. u. M.: »Schwedenkapelle in Oppenheim.«
Publikation: C. Stieler: »Rheinfahrt«. Stuttgart 1876.
Sammlung Dr. M. Held, Oppenheim

150. J. Ruland, Michaelskapelle – Ansicht von Südosten, um 1790.

151. F. Chr. Reinermann, Michaelskapelle – Ansicht von Südosten, 1814.

152. Unbekannter Künstler, Michaelskapelle – Ansicht von Südosten, 1832 (?).

153. P. Wallot, Michaelskapelle – Ansicht von Südosten, 1860.

154. G. Franz, »Schwedenkapelle in Oppenheim.«, 1876.

Adelshöfe auf dem Pilgersberg

155. Blick vom Steinbruch über den Rhein auf den Taunus, im Vordergrund die Vorstadt von Oppenheim

Christian Georg Schütz, um 1770 (?)

Schwarze Kreide, Pinsel, Sepia und Tusche; 19 × 25,9 cm
Städelsches Kunstinstitut Frankfurt am Main, Taf. 295. Inv. Nr. 1662
Lit.: Schilling 1973, Kat. Nr. 1975

Die Christian Georg Schütz zugeschriebene Ansicht stellt mit großer Wahrscheinlichkeit den Oppenheimer Steinbruch dar.[143] Der Standort des Malers dürfte sich einige Meter unterhalb des heutigen Ruprechtsturmes befunden haben. Folgerichtig handelt es sich bei der Ruine rechts unten mit den schemenhaft skizzierten Ecktürmchen im obersten Geschoß um das Seilertor (vgl. Kat. Nr. 59). Am gegenüberliegenden Rheinufer sieht man die Rheinfähre, welche Schütz in einer weiteren Ansicht (Kat. Nr. 35) festgehalten hat. Auch die topographische Situation der Flußlandschaft im Hintergrund läßt sich ohne Schwierigkeiten mit dem bogenförmigen Verlauf des Rheines nördlich von Nierstein in Einklang bringen.

156. Pilgersberg – Ansicht von Süden

Christian Georg Schütz, um 1770 (?)

Öl auf Kupfer; 27,3 × 36,4 cm
Bez. u. li.: »Schütz fe.«
Kunsthandlung J. P. Schneider jr., Frankfurt am Main

Die Ansicht bildet ein Pendant zu den Gemälden des Pilgersbergs von Norden (Kat Nr. 159 und 160). Am linken Bildrand sind die Ruinen des ehemaligen Dalberger Hofes dargestellt. Der erkerartige Vorsprung ist noch heute in dem um 1840/50 errichteten turmartigen Gartenhaus des ehemaligen Frowein'schen Anwesens, Dalbergerstraße 21, erhalten. Auch die beiden markanten Strebepfeiler mit ihren rundbogigen Öffnungen weiter unten im Bild existieren noch; sie stützen eine Terrassenmauer unterhalb der heutigen Pilgersbergtreppe. Rechts fällt der Blick auf die Häuser der Steckengasse. Knapp darüber zeigt Schütz das 1829 abgerissene Rheintor, das sich am Ausgang der Mainzer Straße am heutigen Postplatz befand. Unter den letzten im Hintergrund dargestellten Häusern sticht das ehemalige Zollhaus hervor (mit geschweiftem Giebel und seitlichem Treppenturm). Im Vergleich zu den folgenden, sehr ähnlichen Gemälden des Pilgersbergs wirkt das Stadtbild etwas gedrängt und auf die Darstellung wichtiger Baulichkeiten fokussiert.

157. Pilgersberg – Ansicht von Süden

Christian Georg Schütz, um 1770 (?)

Öl; Bildmaße unbekannt
Kunsthandlung Schneider, Frankfurt am Main (um 1960)
Geschenk des Auswärtigen Amtes an den Schah von Persien
Lit.: Hanschke 1999, S. 90, Abb. S. 92

Im Gegensatz zu Kat. Nr. 156 ist die Aussicht auf die Stadt etwas großzügiger gewählt. Rechts öffnet sich der Blick in die Rheinebene.

158. Idealisierte Flußlandschaft mit Motiven des Oppenheimer Pilgersbergs

Christian Georg Schütz, 1767

Öl auf Kupfer; 42,5 × 55 cm
Bez. auf der Steinbalustrade: »Schüz. fe. 1767«
Privatsammlung
Lit.: Maisak 1991, Abb. S. 62

Ähnlich wie die Phantasielandschaften mit dem Oppenheimer Gautor (Kat. Nr. 52ff.) weist diese idealisierte Flußlandschaft architektonische Versatzstücke der Oppenheimer Pilgersberg-Ruinen auf. Die Ruinen am oberen Bildrand auf der linken Seite entsprechen den Gegebenheiten in Kat. Nr. 156 und 157.

159. Pilgersberg – Ansicht von Norden

Christian Georg Schütz, um 1768

Öl auf Kupfer; 28 × 36 cm
Bez. u. re.: »Schütz fe.«
Kunsthandel
Lit: Lempertz Auktion 664, 27. Mai 1991 Köln, Alte Kunst Gemälde Zeichnungen Skulpturen, Abb. S. XXVII, Kat. Nr. 119

Die Lokalisierung der Darstellung gelingt anhand des auf den ersten Blick gleichartigen Schütz-Gemäldes im Frankfurter Goethe-Museum (Kat. Nr. 160), welches durch eine rückseitige Notiz als Ansicht des Oppenheimer Pilgersbergs beglaubigt ist. Trotz der etwas freien Handhabung im Sinne der von Schütz so häufig produzierten idealisierten Rheinlandschaften lassen sich die herausragenden Motive eindeutig identifizieren. Das auf der Anhöhe hinter den Ruinen gelegene Gebäude ist der Frankensteiner Hof (erkennbar an dem Mansarddach und dem seitlichen Treppenturm mit der geschweiften Haube). Unter den rechts abgebildeten Ruinen zeigt Schütz eine heute noch erhaltene Gartenmauer mit zwei kleinen Strebepfeilern (unterhalb des Anwesens Dalbergerstraße 21). Das Gebäude mit dem kleinen Dachreiter auf der linken Seite ist die Kapelle des ehemaligen Hospitals »zum Heiligen Geist« (Anwesen Mainzer Straße 31).

160. Pilgersberg – Ansicht von Norden

Christian Georg Schütz, 1768

Öl auf Holz; 36,3 × 50 cm
Verso Zettel von alter Hand: »Ein Prospect von Oppenheim./ Die Stadt von dem Pilgers oder/Pilgrimsberg Rechter Hand Den/Rhein hinauf anzusehen. Anno/1766 auf dem Platz gezeichnet/durch Herrn Schütz, Christian/Georg und von demselben Für/mich auf Holz gemalt im/July 1768.«
Freies Deutsches Hochstift, Frankfurter Goethe-Museum, Inv. Nr. IV – 1956 – 20
Lit.: Michaelis 1982, Nr. 212, Abb. S. 135; Hanschke 1999, S. 109, Abb. S. 93

Ebenso wie Kat. Nr. 159 bietet auch dieses Gemälde eine Ansicht des Oppenheimer Pilgersbergs von Norden. Im Unterschied zu der zuvor behandelten Variante ist der Blickwinkel etwas weiter gewählt. Abweichend erscheint die Detaillierung einzelner Gebäude auf der linken Bildhälfte. Auch die Ruinen am Bildrand sind gegenüber Kat. Nr. 159 geringfügig variiert. Die Vorlage für das wohl im Atelier angefertigte Ölgemälde dürfte, wie der rückseitigen Beschriftung zu entnehmen ist, vor Ort entstanden sein.

161. »Der Dienheimische Platz«

Johannes Ruland, um 1790

Bleistift; 27 × 41,5 cm
Bez. u. re.: »[…] Der Dienheimische Platz«
Historisches Museum der Pfalz Speyer, Inv. Nr. BS 571
Lit.: Jungkenn 1938, S. 169, Abb. nach S. 168; Hanschke 1999, S. 41, S. 109, Abb. S. 48

Die Ansicht dokumentiert die Reste des 1689 zerstörten Dienheimer Hofes (heute Schulstraße 11). Die Ruine im Vordergrund mit dem markanten Renaissance-Erker über den beiden Fenstern findet sich auch in Schütz' Ansicht der Katharinenkirche von Süden (Kat. Nr. 66). Im Hintergrund zeigt Ruland den um 1850 abgebrochenen Hof »zum güldenen Ring«[144], erkennbar an dem mittelalterlichen Treppengiebel und dem Turm an der Südostecke des Gebäudes. Zu den letzten erhaltenen Bauteilen dieses bedeutenden Oppenheimer Adelshofes zählen zwei Keller und die ersten Stufen der ehemals im Turm befindlichen spätgotischen Wendeltreppe (heute Teil des Anwesens Dalbergerstraße 19).

162. Die Ruinen des Dalberger Hofes

Georg Schneider, um 1792/93 (?)

Tuschfeder, laviert, Bleistift; 15,2 × 20,1 cm
Sammlung Rathaus Oppenheim

Die Zeichnung zeigt die Reste des ehemaligen Dalberger Hofes, aufgenommen von einem Standpunkt nahe des Pilgersbergweges. Die Terrassenmauer mit den beiden Strebepfeilern und die am linken Bildrand dargestellte Hospitalkapelle in der Mainzer Straße finden sich auch in Schütz' Ansichten des Pilgersbergs von Norden (Kat. Nr. 159 bzw. 160).

163. Die Ruinen des Dalberger Hofes

Georg Schneider, 1792/93

Feder in Braun, Pinsel in Grau über Bleistift; 19,5 × 15,8 cm
Bez. u. re.: »Oppenheim«
Skizzenbuch Fol. 25r.
Landesmuseum Mainz, Inv. Nr. GS 1915/2019
Lit: Landschulz u. a. 1998, S. 231

Malerisch abstrahierte Variante von Kat. Nr. 162.

164. Die Ruinen des Dalberger Hofes

Georg Schneider, um 1792/93 (?)

Tuschfeder, laviert, Bleistift; 15,2 × 20,1 cm
Sammlung Rathaus Oppenheim

Pendant zu Kat. Nr. 162. In dem Turm auf der rechten Bildhälfte befand sich möglicherweise die in Kat. Nr. 165 hinter der Türöffnung angedeutete Hohlspindeltreppe. Die noch um 1770 mehrgeschossig erhaltene Turmruine ist auch auf Christian Georg Schütz' Ansicht der Katharinenkirche von Süden rechts neben dem Ostchor (Kat. Nr. 66) dargestellt. Eine bewußte Anlehnung an dieses längst verschwundene Bauteil bildet der rückseitige Treppenturm des neugotischen Gartenhauses, Dalbergerstraße 21.

165. Die Ruinen des Dalberger Hofes

Georg Schneider, 1792/93

Pinsel in Grau über Bleistift; 19 × 34 cm
Bez. u. M.: »bey Oppenheim G.S.«
Klebeband Fol. 44
Landesmuseum Mainz, Inv. Nr. GS 1915/2020
Lit: Landschulz u. a. 1998, S. 235

Den Ruinen des ehemaligen Dalberger Hofes in der heutigen Dalbergerstraße hat sich Schneider in mehreren skizzenhaften Darstellungen zugewandt. Dieses Aquarell zeigt links den erkerartigen Vorsprung des ehemaligen Hofes, der in das 1840/50 errichtete Gartenhaus der Villa Frowein einbezogen wurde. Die untypische gotische Maßwerkgliederung in den hohen rechteckigen Fenstern wurde dabei ebenfalls übernommen. Hinter der rechts im Bild dargestellten Tür mit dem Segmentbogen befand sich eine Hohlspindeltreppe.

166. Die Villa Frowein in der Dalbergerstraße

Unbekannter Künstler, um 1900

Zeichnung
Reproduktion in Wernher 1925, S. 101
Herkunft und Verbleib unbekannt

Die Ansicht zeigt das in der Dalbergerstraße gelegene Villenensemble des Wuppertaler Textilfabrikanten August von Frowein. Nach einer Bauinschrift über dem Eingangsportal wurde das Hauptgebäude 1882 errichtet. Das turmartige Gartenhaus dürfte dagegen bereits um 1840/50 bestanden haben (siehe Kat. Nr. 78 von 1849). Es enthält in dem erkerartigen Vorbau die in Kat. 156, 157, 162 und 165 dokumentierten Reste des ehemaligen Dalberger Hofes.

155. Chr. G. Schütz, Blick vom Steinbruch über den Rhein auf den Taunus, im Vordergrund die Vorstadt von Oppenheim, um 1770 (?).

156. Chr. G. Schütz, Pilgersberg – Ansicht von Süden, um 1770 (?).

157. Chr. G. Schütz, Pilgersberg – Ansicht von Süden, um 1770 (?).

158. Chr. G. Schütz, *Idealisierte Flußlandschaft mit Motiven des Oppenheimer Pilgersbergs*, 1767.

159. Chr. G. Schütz, Pilgersberg – Ansicht von Norden, um 1768.

160. Chr. G. Schütz, *Pilgersberg – Ansicht von Norden*, 1768.

161. J. Ruland, »Der Dienheimische Platz«, um 1790.

162. G. Schneider, Die Ruinen des Dalberger Hofes, um 1792/93 (?).

163. G. Schneider, *Die Ruinen des Dalberger Hofes, 1792/93.*

164. G. Schneider, Die Ruinen des Dalberger Hofes, um 1792/93 (?).

165. G. Schneider, Die Ruinen des Dalberger Hofes, 1792/93.

166.   Unbekannter Künstler, Die Villa Frowein in der Dalbergerstraße, um 1900.

Straßen, Plätze, Einzelbauten

167. »auberge du sauvage à Oppenheim«

Unbekannter Künstler, vermutlich 1825

Tuschfeder über Bleistift; 21,1 × 27,9 cm
Bez. u. M.: »auberge du Sauvage auberge du sauvage à Oppenheim«
Kölnisches Stadtmuseum, Inv. Nr. G 4801 a (= RM 1928/684)

In der Mainzer Straße befanden sich die großen Herbergen der Stadt. Das Gasthaus »zum wilden Mann« läßt sich an dem weit auskragenden Wirtshausschild erkennen; es handelte sich um das Anwesen Mainzer Straße 7.[145] Der im Vordergrund dargestellte Ziehbrunnen stand vermutlich unmittelbar vor dem südlich angrenzenden Nachbarhaus.

168. Blick über die Häuser der Spitalgasse auf die Katharinenkirche

Friedrich Gessert, um 1850

Bleistift; 18,2 × 15,4 cm
Im Besitz von E. Gessert, Nierstein

Die sorgfältig ausgearbeitete Ansicht zeigt den Blick auf die Katharinenkirche vom oberen Teil der Spitalgasse. Besonderes Augenmerk richtete der Künstler auf die Häuser im Vordergrund: Das Anwesen ganz links im Bild ist – abgesehen von der Fachwerkfreilegung des Obergeschosses – das bis heute kaum veränderte Eckhaus Spitalgasse/Krämerstraße. Es birgt mit seinen Renaissance-Doppelfenstern im Erdgeschoß noch umfangreiche Reste des Baubestandes aus der Zeit vor dem Stadtbrand von 1689. Bemerkenswert ist das spitzbogige Portal der Hofeinfahrt, das auf eine wesentlich frühere Bebauungsphase verweist und wohl erst einer jüngeren Erneuerung zum Opfer fiel. Die sich anschließenden Nebengebäude und das Haus mit dem Halbwalm (Krämerstraße 32) sind trotz späterer Umbauten in weiten Teilen noch erhalten.

169. Die »alte Münze« in der Steckengasse

Paul Wallot, 1861

Bleistift; 23,7 × 16,6 cm
Bez. u. re.: »Oppenheim 20 May. 1861«
Staatliche Museen zu Berlin, Kunstbibliothek, Skizzenbuch PW 6.2
Lit.: Koch 1938, S. 175ff., Abb. im Tafelanhang

Daß sich in diesem Haus eine mittelalterliche Münzprägestätte befunden hat, ist archivalisch nicht belegt. Das Gebäude (Steckengasse 42) ist in jüngerer Zeit stark verändert worden.

170. Der Stephansstifthof in der Rathofstraße

Paul Wallot, um 1860

Bleistift; 27 × 15 cm
Bez. u. re.: »Oppenheim 27. Oct.«
Kunstbibliothek Berlin, Skizzenbuch PW 6.3
Lit.: Koch 1938, S. 175ff., Abb. im Tafelanhang

Der in den 1990er Jahren wegen Baufälligkeit abgerissene Stephansstifthof befand sich in der Rathofstraße, unmittelbar nördlich der Kapelle des Eberbacher Hofes (bzw. Rathofes).[146]

171. Der Geschlechterbrunnen in der Dalbergerstraße

Paul Wallot, 1872

Bleistift; 13,2 × 7,6 cm
Bez. u.: »Alter Ziehbrunnen 14. III 72 Oppenheim.«
Staatliche Museen zu Berlin, Kunstbibliothek, Skizzenbuch PW 1875
Lit.: Düll 1991, S. 11 mit Abb.

Der Geschlechterbrunnen in der Dalbergerstraße wurde 1546 in den Stilformen der Renaissance errichtet. Die drei Giebel des Brunnenaufbaus zeigen die Wappen der umliegenden Adelshöfe Frankenstein, Dalberg und Gemmingen.

172. Rathaus mit Kriegerdenkmal

Wagner, um 1875

Stahlstich; 21,4 × 31,4 cm
Bez. u. re.: »WAGNER«, u. M.: »KRIEGERDENKMAL IN OPPENHEIM.«
Herkunft unbekannt
Sammlung H. Wernher, Oppenheim

Der Stahlstich zeigt den Marktplatz vor der Neugestaltung des Rathauses Ende des 19. Jahrhunderts. Der mittelalterliche, dem Frankfurter Römer nachempfundene Gebäudekomplex dürfte ursprünglich aus drei nebeneinanderliegenden Treppengiebelhäusern bestanden haben. Nach der Stadtzerstörung wurde lediglich der östliche Teil wiederhergestellt. Der mittlere, nur zweigeschossig erhaltene Bau erhielt seinen Treppengiebel in den Jahren 1882/83.[147] Von dem früheren dritten Bau sind noch ein alter Keller und die rückseitige, durch zwei Spitzbogennischen gegliederte Wand erhalten. Die Säule des Kriegerdenkmals wurde bei Aufräumarbeiten auf Burg Landskrone Anfang des 19. Jahrhunderts geborgen und als Kriegerdenkmal zweitverwendet.

167. Unbekannter Künstler, »auberge du sauvage à Oppenheim«, vermutlich 1825.

168. F. Gessert, Blick über die Häuser der Spitalgasse auf die Katharinenkirche, um 1850.

169.   P. Wallot, Die »alte Münze« in der Steckengasse, 1861.

170. P. Wallot, Der Stephansstifthof in der Rathofstraße, um 1860.

171.   P. Wallot, Der Geschlechterbrunnen in der Dalbergerstraße, 1872.

172. Wagner, Rathaus mit Kriegerdenkmal, um 1875.

Historische Photographien

173. »Oppenheim mit der Landskrone von der Südseite.«
Carl Hertel, 1876

Photographie; 24,3 × 31,7 cm
Bez. u. M.: »Nr. 100. Oppenheim mit der Landskrone von der Südseite.«
Publikation: C. Hertel: »DIE KATHARINEN-KIRCHE ZU OPPENHEIM IN 25 ARCHITECTONISCHEN ANSICHTEN«. Mainz 1876.
Sammlung Dr. W. Nohl, Oppenheim

Ähnlich wie in Kat. Nr. 24 erscheint Oppenheim auf dieser möglicherweise frühesten photographischen Gesamtansicht noch in seiner mittelalterlich anmutenden Abgrenzung zur umliegenden Landschaft. Das Bild der Stadt wird von den drei städtebaulichen Dominanten Bartholomäuskirche, Katharinenkirche und Burgruine Landskrone beherrscht.

174. »Oppenheim mit der Katherinenkirche von Süden.«
Carl Hertel, um 1889

Photographie; 24 × 31 cm
Bez. o. li.: »Die Katherinenkirche zu Oppenheim.«, o. re.: »I.«, u. li.: »C. Hertel, Mainz phot.«, u. re.: »Lichtkupferdruck v. J. B. Obernetter, München.«, u. M.: »Oppenheim mit der Katherinenkirche von Süden.«
Publikation: Heinrich Freiherr von Schmidt: »Der Ausbau und die Wiederherstellung der St. Katharinenkirche zu Oppenheim a. Rh., Festschrift zur Feier der Vollendung am 31. Mai 1889«. Oppenheim 1889.
Sammlung Dr. K. W. Heyden, Oppenheim

Stadtansicht nach Abschluß der Restaurierungsarbeiten an der Katharinenkirche. Pendant zu Kat. Nr. 173.

175. Oppenheim – Ansicht von Nordosten
W. Glock, 1889

Photographie; ca. 11 × 20 cm
Bez. u. li.: »Phot. v. W. Glock in Guntersblum.«, u. M.: »OPPENHEIM.«
Sammlung Dr. K. W. Heyden

Gegen Ende des 19. Jahrhunderts dehnte sich Oppenheim über die Grenzen der mittelalterlichen Befestigungsanlagen aus. Eine erste Stadterweiterung nahm ihren Anfang vor dem Standort des ehemaligen Rheintores (etwa am rechten Bildrand) und setzte sich wenige Jahre später in der Bebauung entlang der Ernst-Ludwig-Straße (heute Friedrich-Ebert-Straße) fort.

176. Katharinenkirche – »Längenansicht der Südseite.«
Carl Hertel, 1876

Photographie; 26,3 × 32 cm
Bez. u. M.: »Nr. 101. Längenansicht der Südseite.«
Publikation: C. Hertel: »DIE KATHARINEN-KIRCHE ZU OPPENHEIM IN 25 ARCHITECTONISCHEN ANSICHTEN«. Mainz 1876.
Sammlung Dr. W. Nohl, Oppenheim

Die Oppenheimer Katharinenkirche ist das Ergebnis einer über 200 Jahre währenden Bautätigkeit.[148] Die ältesten Teile der Kirche sind die beiden romanischen Türme zwischen Westchor und Langhaus. Sie bildeten ursprünglich den westlichen Abschluß einer romanischen Basilika, die als Filialkirche der ehemaligen Sebastianskirche in der Zeit um 1220 gegründet worden war. Ab etwa 1275 wurde die alte Kirche Stück für Stück von Ost nach West abgetragen. Gleichzeitig entstand – unter maßgeblicher Förderung Rudolfs von Habsburg – die aus Chor, Querhaus und Nebenchören bestehende Ostanlage. Den Baubeginn des Langhauses markiert eine Inschrift auf der Langhaussüdseite. Sie nennt das Jahr 1317, in dem die Katharinenkirche durch den Mainzer Erzbischof Peter von Aspelt zu einem Kollegiatsstift erhoben worden war.

In der Zeit um 1330/40 war das Langhaus weitgehend fertiggestellt. In den folgenden Jahren entstand der hohe, weithin die Landschaft beherrschende Vierungsturm. Zwischen ca. 1415 und 1439 wurde der Westchor errichtet. Mit der Aufstockung der beiden romanischen Türme um 1469 endete der mittelalterliche Baubetrieb.

177. Katharinenkirche – »Fensterarchitectur, Wimperge und Strebesystem der Südseite, vor der Wiederherstellung.«

Carl Hertel, 1876

Photographie; 23 × 27,4 cm
Bez. o. li.: »Die Katherinenkirche zu Oppenheim.«, o. re.: »III.«, u. li.: »C. Hertel, Mainz phot.«, u. re.: »Lichtkupferdruck v. J. B. Obernetter, München.«, u. M.: »Fensterarchitectur, Wimperge und Strebesystem der Südseite, vor der Wiederherstellung.«
Publikation: Heinrich Freiherr von Schmidt: »Der Ausbau und die Wiederherstellung der St. Katharinenkirche zu Oppenheim a. Rh., Festschrift zur Feier der Vollendung am 31. Mai 1889«. Oppenheim 1889.
Sammlung Dr. K. W. Heyden, Oppenheim

Detailaufnahme der südlichen Obergadenfenster im Zustand vor der Restaurierung von 1878-1889.

178. Katharinenkirche – »Gesammtansicht von Süden.«

Carl Hertel, um 1889

Photographie; 24 × 30,6 cm
Bez. o. li.: »Die Katherinenkirche zu Oppenheim.«, o. re.: »II.«, u. li.: »C. Hertel, Mainz phot.«, u. re.: »Lichtkupferdruck v. J. B. Obernetter, München.«, u. M.: »Gesammtansicht von Süden.«
Publikation: Heinrich Freiherr von Schmidt: »Der Ausbau und die Wiederherstellung der St. Katharinenkirche zu Oppenheim a. Rh., Festschrift zur Feier der Vollendung am 31. Mai 1889«. Oppenheim 1889.
Sammlung Dr. K. W. Heyden, Oppenheim

An der Südseite des Langhauses rekonstruierte Schmidt das fehlende Strebewerk. Als Vorlage diente ihm der im Mittelalter vollständig ausgeführte Strebepfeiler zwischen den mittleren beiden Fensterachsen. Die Form der Strebebögen orientierte er an den erhaltenen Ansatzsteinen zwischen den Obergadenfenstern (siehe Kat. Nr. 177) und den Markierungen auf der Nordseite des erhaltenen Strebepfeilers.[149]

Eine weitere wichtige Ergänzung bildete die Galeriebrüstung über den Obergadenfenstern. Ihre Form konnte anhand eines noch vorhandenen Ansatzsteins einigermaßen zuverlässig rekonstruiert werden.[150]

1879 wurde der baufällige Vierungsturm bis auf die Höhe des Unterbaus abgetragen und bis 1881 neu aufgeführt.[151]

Weitere Arbeiten betrafen die Ergänzung der fehlenden Lauben an der Nordseite des Vierungsturmes und der Fialen am West- und Ostchor. Auch das Dachwerk wurde bis auf die Helme der romanischen Türme vollständig erneuert.

179. Katharinenkirche – »Fensterarchitectur, Wimperge und Strebesystem der Südseite, nach der Wiederherstellung.«

Carl Hertel, um 1889

Photographie; 24,7 × 31,8 cm
Bez. o. li.: »Die Katherinenkirche zu Oppenheim.«, o. re.: »IV.«, u. li.: »C. Hertel, Mainz phot.«, u. re.: »Lichtkupferdruck v. J. B. Obernetter, München.«, u. M.: »Fensterarchitectur, Wimperge und Strebesystem der Südseite, nach der Wiederherstellung.«
Publikation: Heinrich Freiherr von Schmidt: »Der Ausbau und die Wiederherstellung der St. Katharinenkirche zu Oppenheim a. Rh., Festschrift zur Feier der Vollendung am 31. Mai 1889«. Oppenheim 1889.
Sammlung Dr. K. W. Heyden, Oppenheim

Der schlechte Zustand der Bauzier erforderte, weite Teile der mittelalterlichen Bausubstanz auszutauschen.[152] Ein Vergleich mit Kat. Nr. 177 veranschaulicht die weitgehende Erneuerung der gesamten Südfassade.

180. Katharinenkirche – »Gesammtansicht von Südwest.«

Carl Hertel, um 1889

Photographie; 24,6 × 31,4 cm
Bez. o. li.: »Die Katherinenkirche zu Oppenheim.«, o. re.: »X.«, u. li.: »C. Hertel, Mainz phot.«, u. re.: »Lichtkupferdruck v. J. B. Obernetter, München.«, u. M.: »Gesammtansicht von Südwest.«
Publikation: Heinrich Freiherr von Schmidt: »Der Ausbau und die Wiederherstellung der St. Katharinenkirche zu Oppenheim a. Rh., Festschrift zur Feier der Vollendung am 31. Mai 1889«. Oppenheim 1889.
Sammlung Dr. K. W. Heyden, Oppenheim

Hertels Ansicht von Südwest präsentiert die Kirche in effektvoller perspektivischer Verkürzung. Die reich differenzierten, dicht aufeinanderfolgenden Bauglieder bilden einen scharfen Kontrast zur zurückhaltenden Bebauung der Stadt. Mit der hoch aufragenden Dachlandschaft erhielt die Baugruppe ihre einstige Monumentalität zurück.

181. Katharinenkirche – »Gesammtansicht von Nordwest, vor der Wiederherstellung.«

Carl Hertel, 1876

Photographie; 23,7 × 30,7 cm
Bez. o. li.: »Die Katherinenkirche zu Oppenheim.«, o. re.: »V.«, u. li.: »C. Hertel, Mainz phot.«, u. re.: »Lichtkupferdruck v. J. B. Obernetter, München.«, u. M.: »Gesammtansicht von Nordwest, vor der Wiederherstellung.«
Publikation: Heinrich Freiherr von Schmidt: »Der Ausbau und die Wiederherstellung der St. Katharinenkirche zu Oppenheim a. Rh., Festschrift zur Feier der Vollendung am 31. Mai 1889«. Oppenheim 1889.
Sammlung Dr. K. W. Heyden, Oppenheim

Die Aufnahme zeigt die Kirche aus nordwestlicher Richtung. Das Schleppdach auf der Langhausnordseite war um 1820 als provisorischer Witterungsschutz errichtet worden.

182. Katharinenkirche – »Gesammtansicht von Nordwest, nach der Wiederherstellung.«

Carl Hertel, um 1889

Photographie; 23,8 × 30,8 cm
Bez. o. li.: »Die Katherinenkirche zu Oppenheim.«, o. re.: »VI.«, u. li.: »C. Hertel, Mainz phot.«, u. re.: »Lichtkupferdruck v. J. B. Obernetter, München.«, u. M.: »Gesammtansicht von Nordwest, nach der Wiederherstellung.«
Publikation: Heinrich Freiherr von Schmidt: »Der Ausbau und die Wiederherstellung der St. Katharinenkirche zu Oppenheim a. Rh., Festschrift zur Feier der Vollendung am 31. Mai 1889«. Oppenheim 1889.
Sammlung Dr. K. W. Heyden, Oppenheim

Die Photographie entstand kurz vor dem Abschluß der Restaurierungsarbeiten. Nach der Freilegung des nördlichen Obergadens wurde das fehlende Strebewerk ergänzt. Am Fuße des Vierungsturmes rekonstruierte Schmidt nach dem Vorbild der Südseite maßwerkdurchbrochene Lauben. Die neu aufgeführte Laterne des Vierungsturmes wurde mit einem steilen Zeltdach bekrönt. Nach der Instandsetzung der stark verwitterten Mauerkronen erfolgte die Wiederherstellung des Westchordaches.

183. Katharinenkirche – »Gesammtansicht von Nordost, vor der Wiederherstellung.«

Carl Hertel, 1876

Photographie; 24,5 × 29,8 cm
Bez. o. li.: »Die Katherinenkirche zu Oppenheim.«, o. re.: »VII.«, u. li.: »C. Hertel, Mainz phot.«, u. re.: »Lichtkupferdruck v. J. B. Obernetter, München.«, u. M.: »Gesammtansicht von Nordost, vor der Wiederherstellung.«
Publikation: Heinrich Freiherr von Schmidt: »Der Ausbau und die Wiederherstellung der St. Katharinenkirche zu Oppenheim a. Rh., Festschrift zur Feier der Vollendung am 31. Mai 1889«. Oppenheim 1889.
Sammlung Dr. K. W. Heyden, Oppenheim

Die Aufnahme diente als Vorlage für die perspektivische Darstellung des Wiederherstellungsentwurfs Kat. Nr. 87.

184. Katharinenkirche – »Der Ostchor, nach der Wiederherstellung.«

Carl Hertel, um 1889

Photographie; 28,6 × 24,4 cm
Bez. o. li.: »Die Katherinenkirche zu Oppenheim.«, o. re.: »VIII.«, u. li.: »C. Hertel, Mainz phot.«, u. re.: »Lichtkupferdruck v. J. B. Obernetter, München.«, u. M.: »Der Ostchor, nach der Wiederherstellung.«
Publikation: Heinrich Freiherr von Schmidt: »Der Ausbau und die Wiederherstellung der St. Katharinenkirche zu Oppenheim a. Rh., Festschrift zur Feier der Vollendung am 31. Mai 1889«. Oppenheim 1889.
Sammlung Dr. K. W. Heyden, Oppenheim

Die Ostanlage wurde zwischen 1275 und 1279 unter maßgeblicher Beteiligung Rudolfs von Habsburg und der adeligen Oppenheimer Burgmannen begonnen.[153] Von besonderem Reiz sind die beiden übereck gestellten Nebenchöre und die originellen, vollständig in Maßwerk aufgelösten Lauben am Fuße des Turmunterbaus. Den Höhepunkt der Baugruppe bildet der achteckige Vierungsturm.

185. Katharinenkirche – »Mittelschiff gegen Osten.«

Carl Hertel, 1876

Photographie; 29,8 × 25 cm
Bez. o. li.: »Die Katherinenkirche zu Oppenheim.«, o. re.: »XI.«, u. li.: »C. Hertel, Mainz phot.«, u. re.: »Lichtkupferdruck v. J. B. Obernetter, München.«,
u. M.: »Mittelschiff gegen Osten.«
Publikation: Heinrich Freiherr von Schmidt: »Der Ausbau und die Wiederherstellung der St. Katharinenkirche zu Oppenheim a. Rh., Festschrift zur Feier der Vollendung am 31. Mai 1889«. Oppenheim 1889.
Sammlung Dr. K. W. Heyden, Oppenheim

Die Aufnahme dokumentiert das Innere der Ostanlage vor der Restaurierung unter Friedrich bzw. Heinrich von Schmidt: Die provisorische Flachdecke aus der Zeit des barocken Wiederaufbaus war nach 1841 durch hölzerne Kreuzrippengewölbe ersetzt worden.[154] Zwischen 1886 und 1888 wurden die heutigen Steingewölbe eingezogen.[155] Die Kanzel am südöstlichen Vierungspfeiler schuf der Darmstädter Hofbildhauer Johann Baptist Scholl um 1855.[156] Etwa gleichzeitig erfolgte die Restaurierung der wertvollen mittelalterlichen Glasmalereien.[157]

186. Katharinenkirche – »Innere Ansicht des Westchors.«

Carl Hertel, 1876

Photographie; 29,6 × 25 cm
Bez. o. li.: »Die Katharinenkirche zu Oppenheim.«, o. re.: »IX.«, u. li.: »C. Hertel, Mainz phot.«, u. re.: »Lichtkupferdruck v. J. B. Obernetter, München.«,
u. M.: »Innere Ansicht des Westchors.«
Publikation: Heinrich Freiherr von Schmidt: »Der Ausbau und die Wiederherstellung der St. Katharinenkirche zu Oppenheim a. Rh., Festschrift zur Feier der Vollendung am 31. Mai 1889«. Oppenheim 1889.
Sammlung Dr. K. W. Heyden, Oppenheim

Der Westchor wurde zwischen ca. 1415 und 1439 von dem Frankfurter Dombaumeister Madern Gerthener errichtet.[158] Er verlor sein Dachwerk 1689 während der Stadtzerstörung im Pfälzischen Erbfolgekrieg. Mangelnder Bauunterhalt führte 1703 zum Einsturz der Gewölbe.[159] Danach fristete die Anlage ein jahrhundertelanges Ruinendasein. Unter Friedrich bzw. Heinrich von Schmidt begann die Wiederherstellung: 1883 wurde das mächtige Dachwerk nach dem Vorbild Matthaeus Merians Ansicht von 1645 rekonstruiert; 1894 folgte die Verglasung der hohen Maßwerkfenster; zwischen 1934 und 1937 schuf der Architekt Paul Meißner das heutige Netzgewölbe.[160]

187. »Die St. Michaelskapelle auf der Nordseite.«

Carl Hertel, 1876

Photographie; 23,3 × 30,4 cm
Bez. o. li.: »Die Katharinenkirche zu Oppenheim.«, o. re.: »XVI.«, u. li.: »C. Hertel, Mainz phot.«, u. re.: »Lichtkupferdruck v. J. B. Obernetter, München.«,
u. M.: »Die St. Michaelskapelle auf der Nordseite.«
Publikation: Heinrich Freiherr von Schmidt: »Der Ausbau und die Wiederherstellung der St. Katharinenkirche zu Oppenheim a. Rh., Festschrift zur Feier der Vollendung am 31. Mai 1889«. Oppenheim 1889.
Sammlung Dr. K. W. Heyden, Oppenheim

Die 1424 erstmals erwähnte Michaelskapelle auf der Nordseite der Katharinenkirche wurde als Totenkapelle errichtet.[161] Sie enthält in ihrem Untergeschoß Gebeine, die auf dem engen Friedhof bei Neubestattungen aufgefunden wurden.[162] Der 1689 zerstörte Bau wurde 1878 wiederhergestellt und diente während der Restaurierung der Katharinenkirche als Baubüro.[163]

173. C. Hertel, »Oppenheim mit der Landskrone von der Südseite.«, 1876.

174. C. Hertel, »Oppenheim mit der Katherinenkirche von Süden.«, um 1889.

175. W. Glock, Oppenheim – Ansicht von Nordosten, nach 1889.

176. C. Hertel, Katharinenkirche – »Längenansicht der Südseite.«, 1876.

177. C. Hertel, Katharinenkirche – »Fensterarchitectur, Wimperge und Strebesystem der Südseite, vor der Wiederherstellung.«, 1876.

Gesammtansicht von Süden.

178. C. Hertel, Katharinenkirche – »Gesammtansicht von Süden.«, um 1889.

179. C. Hertel, Katharinenkirche – »Fensterarchitectur, Wimperge und Strebesystem der Südseite, nach der Wiederherstellung.«, um 1889.

180. C. Hertel, Katharinenkirche – »Gesammtansicht von Südwest.«, um 1889.

181. C. Hertel, Katharinenkirche – »Gesammtansicht von Nordwest, vor der Wiederherstellung.«, 1876.

Gesammtansicht von Nordwest,
nach der Wiederherstellung.

182. C. Hertel, Katharinenkirche – »Gesammtansicht von Nordwest, nach der Wiederherstellung.«, um 1889.

183. C. Hertel, Katharinenkirche – »Gesammtansicht von Nordost, vor der Wiederherstellung.«, 1876.

184. C. Hertel, Katharinenkirche – »Der Ostchor, nach der Wiederherstellung.«, um 1889.

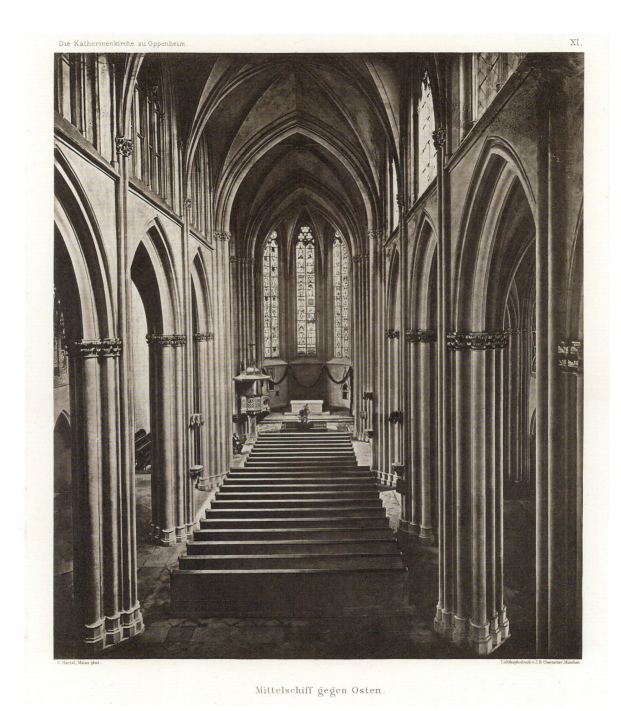

185. C. Hertel, Katharinenkirche – »Mittelschiff gegen Osten.«, 1876.

186. C. Hertel, Katharinenkirche – »Innere Ansicht des Westchors.«, 1876.

187. C. Hertel, »Die St. Michaelskapelle auf der Nordseite.«, 1876.

Anhang

Skizzen

188. Ruinen in Oppenheim, vermutlich Kirche des Antoniterklosters mit äußerem Gautor und Stadtmauerresten

Georg Schneider, 1792/93

Feder in Braun über Bleistift; 19,5 × 15,8 cm
Bez. o. re.: »zu Oppenheim«, u. re.: »Oppenheim«
Skizzenbuch, Fol. 39r.
Landesmuseum Mainz, Inv. Nr. GS 1915/2019
Lit.: Landschulz u. a. 1998, S. 231

189. Blick über die Katharinenkirche und Oppenheim in die Rheinebene

Georg Schneider, 1792/93

Feder in Schwarzbraun, Pinsel in Grau, Spuren von Bleistift; 26,5 × 39,5 cm
Bez.: »Openheim«
Klebeband Fol. 53
Landesmuseum Mainz, Inv. Nr. GS 1915/2020
Lit.: Landschulz u. a. 1998, S. 235

190. Katharinenkirche und Michaelskapelle

Georg Schneider, 1792/93

Feder in Braun über Bleistift; 19,5 × 15,8 cm
Bez. o. re.: »Ruinen zu Oppenheim«
Skizzenbuch Fol. 60r.
Landesmuseum Mainz, Inv. Nr. GS 1915/2019
Lit.: Landschulz u. a. 1998, S. 232

191. Katharinenkirche – Rosenfenster und ein Fenster des Westchors

Friedrich Christian Reinermann, 1814

Bleistift; 12,1 × 18,4 cm
Bez. u.: »in Oppenheim Aprill 1814«
Sammlung M. Jungkenn, Oppenheim

192. Katharinenkirche – Konsole und Baldachin

Carl Philipp Fohr, um 1815 (?)

Feder in Grauschwarz über Bleistift; 20,9 × 13 cm
Hessisches Landesmuseum Darmstadt, Inv. Nr. HZ 1042
Lit.: Märker 1995, Kat. Nr. 65, Abb. S. 179

193. Katharinenkirche – Ein Helm, ein Schild, die Rose und ein Obergadenfenster

Carl Philipp Fohr, um 1815 (?)

Bleistift, z.T. aquarelliert; 31,3 × 24 cm
Hessisches Landesmuseum Darmstadt, Inv. Nr. HZ 1045
Lit.: Märker 1995, Kat. Nr. 66, Abb. S. 179

194. Katharinenkirche – zwei Maßwerkfenster des südlichen Seitenschiffs

Carl Philipp Fohr, um 1815 (?)

Bleistift, teilweise aquarelliert; 31,9 × 24,8 cm
Bez. u. re.: »5 Säulen jede von/der anderen entfernt/«
(der Rest ist nicht zu entziffern)
Hessisches Landesmuseum, Darmstadt, Inv. Nr. HZ 1046
Lit.: Märker 1995, Kat. Nr. 64, Abb. S. 178

195. Der Steinerne Stock südlich von Oppenheim

Friedrich Philipp Usener, 1820

Feder und Pinsel in Braun; 16,9 × 13 cm
Bez. u. re.: »9. October 1820.«, u. M.: »BEI OPPENHEIM.«
Historisches Museum Frankfurt am Main, Inv. Nr. C 48302 Band I, 5

196. Katharinenkirche – Ansicht von Norden

Joseph Franz Scholl, 1828

Bleistift; 11 × 21 cm
Bez. u.: »4 May 28«, u. li.: »Galerie Mainz«
Landesmuseum Mainz, Inv. Nr. GS 53/92

197. Katharinenkirche – Ansicht von Norden

Joseph Franz Scholl, 1830

Bleistift; 8,6 × 9,8 cm
Bez.: »Oppenheim 10 October 1830«
Landesmuseum Mainz

198. Katharinenkirche – Ansicht von Norden

Joseph Franz Scholl, um 1830

Bleistift; 9,6 × 15,4 cm
Bez. o. li.: »Galerie Mainz«
Landesmuseum Mainz, Inv. Nr. GS 53/132

199. Katharinenkirche – Ansicht von Süden

Ignaz Opfermann, um 1830

Bleistift; 5,2 × 19,9 cm
Skizzenbuch
Sammlung R. Opfermann, Bensheim

200. Oppenheim – Ansicht von einem Rheinschiff

William Turner, 1833

Bleistift; 11,3 × 18,5 cm
Bez. re.: »Openheim«
National Gallery London,

Brüssel bis Mannheim Rheinskizzenbuch 1833,
Fol. 82r.
Lit.: Powell 1995, S. 222 mit Abb.

Schemenhaft skizzierte Darstellung der Stadt, vermutlich von einem Rheinschiff aufgenommen.

201. Katharinenkirche – verschiedene Architekturstudien

Wilhelm von Harnier, vor 1838

Mehrere kleinformatige, unregelmäßig beschnittene Bleistiftskizzen im Klebeband:
1. Gotisches Kapitell
   Hessisches Landesmuseum Darmstadt, HZ 6579
2. Figurenkonsole
   Hessisches Landesmuseum Darmstadt, HZ 6580
3. Verschiedene Maßwerkfenster
   Hessisches Landesmuseum Darmstadt, HZ 6691
4. Wimperge der Südfassade
   Hessisches Landesmuseum Darmstadt, HZ 6698
5. Verschiedene Maßwerkfenster, darunter Rose und Lilie der Langhaussüdfassade Hessisches Landesmuseum Darmstadt, HZ 6700
6. Portaldetail
   Hessisches Landesmuseum Darmstadt, HZ 6628

202. Katharinenkirche – Teilansicht der nördlichen Langhausarkaden

Friedrich Eisenlohr, 1842

Bleistift; 27 × 24,4 cm
Bez. u. re.: »auf Pfingsten 42«, lt. Lit. bez.: »Oppenheim«, verso Nachlaßstempel
Lit.: Auktionshaus Winterberg in Heidelberg: Auktion 69, 15. und 16. Oktober 2004, Kat. Nr. 567

203. Katharinenkirche – Ansichten verschiedener Grabdenkmäler

Rosalie Gontard, 1846

Historisches Museum Frankfurt am Main; Inv. Nr. C 3267 K 563

Nr. 49 Grabstein des Dammo Knebel von Katzenelnbogen
Bleistift; 28,4 × 19 cm
Nr. 50 Epitaph des Johann Kämmerer, gen. von Dalberg und der Anna von Bickenbach
Bleistift; 34,2 × 26 cm
Nr. 51 Epitaph der Anna von Dalberg
Bleistift; 28,8 × 20,8 cm
Nr. 52 Epitaph des Wolff Kämmerer von Worms, gen. von Dalberg und der Gertrud von Greiffenklau
Bleistift; 35,6 × 22,5 cm
Nr. 53 Epitaph des Friedrich Kämmerer von Worms, gen. von Dalberg und der Katharina von Gemmingen
Bleistift; 35,9 × 22,3 cm
Nr. 54 Epitaph des Wolff d. J. Kämmerer von Worms, gen. von Dalberg und der Agnes von Sickingen
Bleistift; 35,9 × 25,6 cm
Nr. 55 Epitaph des Conrad von Hantstein
Bleistift; 26,7 × 16,2 cm

204. Katharinenkirche – Ansicht von Norden

Unbekannter Künstler, 1853

Bleistift; Bildmaße unbekannt
Verbleib unbekannt
Bez. u.: »Trümmer des westl. Chors der St: Katharinenkirche zu Oppenheim a/Rhein. (von der Schädelkapelle aus gez. den 16. Mai 1853.) vor derer Restauration 1880.«
Reproduktion im Besitz von H. Wernher, Oppenheim

205. Katharinenkirche – Fensterdetails der Langhaussüdfassade

Unbekannter Künstler, 1853

Bleistift; Bildmaße unbekannt
Verbleib unbekannt
Bez. u.: »Bruchstück der südl. Seitenfacade der Katharinenkirche zu Oppenheim a/Rhein, den 16. July 1853 gez.«
Reproduktion im Besitz von H. Wernher, Oppenheim

206. Architekturstudien zu verschiedenen Oppenheimer Motiven

Paul Wallot, um 1860

Skizzenbücher aus dem Nachlaß des Architekten Staatliche Museen zu Berlin, Kunstbibliothek
Skizzenbuch K.5.1 1857–60 (20 × 24,2 cm): Obergadenfenster der Langhaussüdfassade, Fenster im Ostchor, verschiedene Grabdenkmäler der Katharinenkirche, Blick auf Burg Landskrone von Südosten, Brunnen in der Burg, Bergfried der Burg, Uhrturm, Strebepfeiler der Katharinenkirche, Michaelskapelle, Fenstergruppe im romanischen Nordturm der Katharinenkirche, Blick auf Burg Landskrone und Michaelskapelle, Gautor, Treppenturm an der Nordseite der Katharinenkirche, verschiedene Ruinen-Darstellungen
Skizzenbuch PW 6.1 (22,7 × 34,1 cm): Katharinenkirche von Süden, Katharinenkirche von Norden, Schneiderturm
Skizzenbuch PW. 6.2 (16,6 × 23,7 cm): Frankensteiner Hof, barockes Kreuz auf dem Friedhof (?), Uhrturm, Michaelskapelle, Alte Münze, Häuser in der Merianstraße
Skizzenbuch PW 6.3 (15 × 27 cm): Rathof, Häuser in der Hasenbrunnengasse
Skizzenbuch PW 1875 (7,6 × 13,2cm): Burg Landskrone, Geschlechterbrunnen
Lit.: Düll 1991, S. 6
(diverse weitere Ansichten des Künstlers in Privatbesitz)

207. Katharinenkirche – Ansicht der Westchorsakristei

Karl Theodor Reiffenstein, 1886

Bleistift; 15,8 × 11,8 cm
Bez. u.: »Oppenheim. Cath. Kirche. 20 Aug 1886«
Städelsches Kunstinstitut Frankfurt am Main, Inv. Nr. Reiffenstein Bd. 41, S. 17

208. Katharinenkirche – Ansicht von Burg Landskrone

Karl Theodor Reiffenstein, 1886

Bleistift; 11,8 × 15,8 cm
Bez. u. re.: »Burg Landskrone. Oppenheim. 20. Aug. 1886«
Städelsches Kunstinstitut Frankfurt am Main, Inv. Nr. Reiffenstein Bd. 41, S. 17

Kopien und Varianten

209. Idealisierte Rheinlandschaft mit der Katharinenkirche von Süden

Christian Georg Schütz, um 1770

Öl auf Leinwand; 30 × 39,6 cm
Bez. u. M.: »Schüz. fec.«
Reiß-Museum Mannheim, Inv. Nr. Staat 29

Variante von Kat. Nr. 65.

210. Katharinenkirche – Ansicht von Süden

Franz Schütz, 1770

Feder, aquarelliert; 23,5 × 36,6 cm
Lt. Lit. bez. u. re.: »F. Schütz delineavit Frankof. a. 1770«
Staatliche Museen zu Berlin, Kupferstichkabinett, vermutlich Kriegsverlust
Lit.: Jungkenn 1938, S. 170, Abb. im Tafelanhang.

Variante von Kat. Nr. 66.

211. Oppenheim – Ansicht von Südwesten

Louise Friederike Auguste van Panhuys, geb. Freiin von Barkhaus-Wiesenhütten, lt. Lit. 1784

Aquarell; Bildmaße unbekannt
Ehemals im Besitz der Erben Notar Mann, Oppenheim bzw. Darmstadt, vermutlich Kriegsverlust
Lit. Jungkenn 1933A, S. 6, Abb. S. 4

Vermutlich Kopie nach der Ansicht von Schütz Kat. Nr. 25.

212. Oppenheim – Ansicht von Nordwesten

Louise Friederike Auguste van Panhuys, geb. Freiin von Barkhaus-Wiesenhütten, lt. Lit. 1784

Aquarell; Bildmaße unbekannt
Ehemals im Besitz der Erben Notar Mann, Oppenheim bzw. Darmstadt, vermutlich Kriegsverlust
Lit.: Jungkenn 1933A, S. 6, Abb. S. 5

Vermutlich Kopie nach der Ansicht von Schütz Kat. Nr. 30.

213. Katharinenkirche – Ansicht von Süden

Johann Caspar Zehender, um 1790

Tuschfeder, aquarelliert; 18 × 24 cm
Bez.: »Zehender del.«
Staatsbibliothek Berlin, Kartenabteilung; Inv. Nr. S 33300

Vermutlich Kopie nach der Ansicht von Schütz Kat. Nr. 66.

214. Die Ruinen des Dalberger Hofes

Georg Schneider, 1792/93

Feder in Braun, Pinsel in Grau über Bleistift; 19,5 × 15,8 cm
Bez. u. re.: »Oppenheim«
Skizzenbuch Fol. 24r.
Landesmuseum Mainz, Inv. Nr. GS 1915/2019
Lit: Landschulz u. a. 1998, S. 231

Variante von Kat. Nr. 165.

215. Katharinenkirche – Ansicht von Süden

Unbekannter Künstler, 1804

Feder, laviert; Bildmaße unbekannt
Verbleib unbekannt
Reproduktion im Landesamt für Denkmalpflege Mainz

Vermutlich Kopie nach der Ansicht von Schütz Kat. Nr. 66.

216. »Oppenheim mit der Veste Landskron«

H. Leonhard, 1838

Altkolorierte Lithographie; 8,8 × 15,2 cm
Bez. u. li.: »Nach Merian.«, u. re.: »gez. v. H. Leonhard.«, u. M.: »Oppenheim mit der Veste Landskron«
Publikation: Dr. J. W. Chr. Steiner: »Archiv für Hessische Geschichte und Alterthumskunde«. 2. Band, 1. Heft, Darmstadt 1838.
Sammlung Dr. K. W. Heyden, Oppenheim

Verkleinerte und ins Malerische abgewandelte Kopie nach Merians Ansicht von 1645 (Kat. Nr. 6).

217. »OPPENHEIM.«

Unbekannter Künstler, 1838

Stahlstich; 6,8 × 10,6 cm
Bez. u. M.: »OPPENHEIM.«
Publikation: Karl Geib: »Malerische WANDERUNGEN AM RHEIN von Constanz bis Cöln, nebst Ausflügen nach dem Schwarzwald der Bergstrasse und den Bädern des Taunus«. Karlsruhe 1838.
Sammlung Dr. M. Held, Oppenheim

Kopie nach dem Stich von Barber/Tombleson Kat. Nr. 80.

218. Katharinenkirche – Ansicht von Norden

Otto Stimbert, um 1925 nach Vorlage von 1849

Tusche; 17,6 × 23,8 cm
Bez. o. re.: »Nach Wilh. Usinger 1849.«
Sammlung H. Wernher, Oppenheim
Lit.: Wernher 1925, Abb. S. 118

Kopie nach einer verschollenen Ansicht von Wilhelm Usinger aus dem Jahre 1849.

219. Oppenheim – Ansicht von Nordwesten

W. Ludwig, 1849

Bleistift, ca. 30 × 40 cm
Bez. u. li.: »Oppenheim«, u. re.: »W. Ludwig 3. Feb. 1849.«
Städelsches Kunstinstitut Frankfurt am Main, Nachlaß Hessemer

Kopie nach der Zeichnung von Eisenlohr Kat. Nr. 32.

220. Katharinenkirche – Ansicht von Süden

Unbekannter Künstler, um 1859

Kupferstich (?); 10,5 × 9 cm
Bez. u.: »Ansicht der Katharinenkirche zu Oppenheim, im ursprünglichen Zustande und mit restaurirter Thurmspitze. (Nach F. H. Müller)«
Publikation: Franz Kugler: »GESCHICHTE DER GOTHISCHEN BAUKUNST«. Stuttgart 1859.

Miniaturformatige Kopie nach Müller, Ansicht der Katharinenkirche von Süden (Kat. Nr. 69).

Künstlerregister

Barber, T.
Kat. Nr. 80

Becker, Peter
Landschaftsmaler, Radierer, Lithograph
* 10.11.1828 Frankfurt am Main,
† 18.8.1904 Soest.
Kat. Nr. 29

Beaulieu, Sébastien de Pontault de
Zeichner, Militär-Ingenieur, Feldmarschall
* um 1612, † 10.8.1674 Paris.
Kat. Nr. 8

Bodenehr, Gabriel
Kupferstecher
* 8.2.1673 Augsburg,
† 21.8.1765 Augsburg.
Kat. Nr. 11

Brion, Louis
Kupferstecher
Kat. Nr. 12

Compton, Edward Theodore
Maler, Zeichner, Graphiker
* 27.7.1849 Stoke Newington (London),
† 22.3.1921 Feldafing.
Kat. Nr. 74

Dennis, John
Maler
Anfang 19. Jahrhundert in London.
Kat. Nr. 21

Deroy, Isidore Laurent
Lithograph, Aquarellmaler
* 14.4.1797 Paris, † 25.11.1886 Paris.
Kat. Nr. 78

Dottinger
Kat. Nr. 71

Durm, Josef
Architekt, Fachschriftsteller
* 14.2.1837 Karlsruhe,
† 3.4.1919 Karlsruhe.
Kat. Nr. 103, 109

Eisenlohr, Friedrich
Architekt, Landschaftszeichner, Theoretiker
* 23.11.1805 Lörrach, † 27.2.1854 Karlsruhe.
Kat. Nr. 32, 81, 202

Fohr, Carl Philipp
Maler, Zeichner
* 26.11.1795 Heidelberg, † 29.6.1818 Rom.
Kat. Nr. 68, 95, 96, 192, 193, 194

Foster, Myles Birket
Maler, Graphiker
* 4.2.1825 North Shields (Northumberland), † 27.3.1899 Weybridge (Surrey).
Kat. Nr. 79

Franz, Gottfried
Maler, Illustrator
* 1846 Mainz, † 14.6.1905 München-Pullach.
Kat. Nr. 104, 110, 154

Gessert, Friedrich
Zeichner
Kat. Nr. 168

Glock, W.
Photograph
Kat. Nr. 175

Goldstein, Johann Theodor
Architekturmaler, Landschaftsmaler
* 12.3.1798 Warschau, † nach 1871 Dresden.
Kat. Nr. 28

Gontard, Rosalie
Zeichnerin
Kat. Nr. 203

Grape, Christof Gebhard
Silhouettenkünstler, Miniaturist, Kupferstecher
* 1761, † 1799.
Kat. Nr. 13

Hablitscheck, Franz
Kupferstecher, Stahlstecher
* 2.3.1824 Nürnberg,
† 30.3.1867 Nürnberg.
Kat. Nr. 24

Harnier, Wilhelm von
Hessischer Legationsrat, Porträtmaler, Lithograph
* 1800/1801 München, † 14.8.1838 Meran.
Kat. Nr. 139, 140, 201

Hermann, Hanns Woldemar
Architekt, Maler
Erste Erwähnung 1821, letzte Erwähnung 1879.
Kat. Nr. 70

Hertel, Carl
Photograph
* 21.5.1832 Darmstadt, † 1906 Auerbach an der Bergstraße.
Kat. Nr. 173, 174, 176, 177, 178, 179, 180, 181, 182, 183, 184, 185, 186, 187

Hollar, Wenzel
Zeichner und Radierer
13.7.1607 Prag, † 25.3.1677 London.
Kat. Nr. 34

Hulsen, Friedrich van
Kupferstecher, Verleger
* um 1580 Middelburg, † um 1660 Frankfurt am Main.
Kat. Nr. 4

Janscha, Laurenz
Landschaftsmaler, Radierer
30.6.1749 (Bezirk) Radmannsdorf (Krain),
† 1.4.1812 Wien.
Kat. Nr. 19, 20

Janssonius, Johann
Kupferstecher, Kartograph, Verleger
* 1596, † 1664.
Kat. Nr. 7

Klimsch, Ferdinand Karl
Maler, Lithograph, Kupferstecher
* 12.12.1812 Böhmisch-Leipa,
† 14.9.1890 Frankfurt am Main.
Kat. Nr. 85

Koller, Johann Jakob
Zeichner, Radierer
* 1746 Zürich, † 1805/06 Amsterdam.
Kat. Nr. 42

Kobell, Wilhelm von
Maler, Radierer, Landschaftsmaler, Genremaler, Schlachtenmaler
* 6.4.1766 Mannheim,
† 15.7.1855 München.
Kat. Nr. 61

Krauss, H. M.
Kat. Nr. 23

Lambert
Kat. Nr. 105

Lange, Ludwig
Architekt, Architekturmaler, Landschaftsmaler, Zeichner, Schriftsteller
* 22.3.1808 Darmstadt,
† 31.3.1868 München.
Kat. Nr. 24, 77

Leonhard, H.
Lithograph
Kat. Nr. 14, 216

Ludwig, W.
Kat. Nr. 219

Mayer, Carl
Kat. Nr. 85

Mayr, Wilhelm
Lithograph
Kat. Nr. 16

Merian, Matthaeus (der Ältere)
Kupferstecher, Buchhändler
* 22.9.1593 Basel, † 19.6.1650 Schwalbach.
Kat. Nr. 1, 2, 3, 6, 34

Merck, Wilhelm
Maler, Oberforstrat
* 27.8.1782 Darmstadt,
† 25.11.1820 Darmstadt.
Kat. Nr. 44

Mirou, Anton
Landschaftsmaler, Zeichner
* vor 1586 Frankenthal (Pfalz),
† (nach) 1661.
Kat. Nr. 33

Moller, Georg
Architekt, Architekturhistoriker
* 21.1.1784 Diepholz,
† 13.3.1852 Darmstadt.
Kat. Nr. 90, 97, 98, 107, 111

Müller, Franz Hubert
Maler, Kupferstecher, Kunstschriftsteller, Galerie-Direktor
* 27.7.1784 Bonn, † 5.4.1835 Darmstadt.
22, 69, 92, 99, 100, 101, 102, 108, 112, 113, 114, 115, 121, 122, 127, 128, 129, 130, 131, 132, 133, 134, 135, 136, 137, 138

Müller, Rudolph Gustav
Landschaftsmaler
* 1858 Wiesbaden, † 22.7.1888 München.
Kat. Nr. 41

Opfermann, Ignaz
Architekt, Zeichner
* 13.9.1799 Mainz, † 13.1.1866 Mainz.
Kat. Nr. 199

Panhuys, Louise Friederike Auguste van, geb. Freiin von Barkhaus-Wiesenhütten
Aquarellmalerin
* 10.10.1763 Frankfurt am Main,
† 18.10.1844 Frankfurt am Main.
Kat. Nr. 211, 212

Poppel, Johann Gabr. Friedrich
Stahlstecher, Kupferstecher, Architekturzeichner, Landschaftsmaler
* 14.5.1807 Hammer (Nürnberg),
† 6.8.1882 Ammerland.
Kat. Nr. 93

Rade, Anton von
Kat. Nr. 149

Reiffenstein, Karl Theodor
Aquarellmaler, Radierer, Zeichner
* 12.1.1820 Frankfurt am Main,
† 6.12.1893 Frankfurt am Main.
Kat. Nr. 47, 207, 208

Reinermann, Friedrich Christian
Landschaftsmaler, Kupferstecher, Lithograph
* 7.10.1764 Wetzlar, † 7.2.1835 Frankfurt am Main.
Kat. Nr. 27, 76, 151, 191

Richter, Johann
Kat. Nr. 77

Riegel, Christoph
Kat. Nr. 10

Rieger, Jakob
Landschaftsmaler, Radierer, Kupferstecher
Erste Erwähnung 1781, † (um) 1815.
Kat. Nr. 36, 37

Roberts, Edward John
Kupferstecher
† 22.3.1865 London.
Kat. Nr. 79

Ruland, Johannes
Architekturmaler, Landschaftsmaler, Zeichner, Radierer, Kupferstecher
* 2.2.1744 Speyer, † 20.9.1830 Speyer.
Kat. Nr. 17, 18, 38, 39, 59, 62, 67, 94, 147, 150, 161

Schilling, Carl
Theatermaler
* 1815 Weimar, † 12.9.1880.
Kat. Nr. 86

Schmidt, Albrecht
* um 1667, † 1744
Kat. Nr. 5

Schmidt, Friedrich von (Freiherr)
Architekt, Steinmetz
* 22.10.1825 Frickenhofen (Württemberg),
† 23.1.1891 Wien.
Kat. Nr. 87, 116, 117, 118, 119

Schmidt, Heinrich von (Freiherr)
Architekt
* 8.3.1850 Köln a. Rh.,
† 4.9.1928 München
Kat. Nr. 87, 116, 117, 118, 119

Schneider, Caspar
Maler
* 19.4.1753 Mainz, † 24.2.1839 Mainz.
Kat. Nr. 148

Schneider, Georg
Landschaftsmaler
* 16.7.1759 Mainz, † 24.4.1843 Aschaffenburg.
Kat. Nr. 106, 162, 163, 164, 165, 188, 189, 190

Scholl, Joseph Franz
Bildhauer
* 4.12.1796 Mainz, † 7.4.1842 Mainz.
Kat. Nr. 196, 197, 198

Schütz, Christian Georg
Maler, Radierer
* 27.9.1718 Flörsheim, † 3.11.1791 Frankfurt am Main.
Kat. Nr. 25, 26, 30, 31, 35, 48, 49, 52, 53, 54, 65, 66, 145, 155, 156, 157, 158, 159, 160, 209

Schütz, Franz
Maler, Radierer
* 16.12.1751 Frankfurt am Main,
† 14.5.1781 Genf.
Kat. Nr. 50, 51, 89, 210

Stahl
Kat. Nr. 105

Stimbert, Otto
Kat. Nr. 218

Theuerkauf, Gottlob
Architekturmaler, Landschaftsmaler
* 21.1.1833 Kassel, † 5.3.1911 Kassel.
Kat. Nr. 73, 75

Tombleson, William
Zeichner, Kupferstecher, Landschaftsmaler, Stahlstecher, Stichverleger
* (um) 1795, letzte Erwähnung 1832.
Kat. Nr. 80

Turner, William
Maler, Radierer, Mezzotintostecher
* 23.4.1775 London, † 19.12.1851 Chelsea.
Kat. Nr. 200

Usener, Friedrich Philipp
Malerdilettant, Radiererdilettant, Jurist
* 26.11.1773 Steinfurt (Oberhessen),
† 11.3.1867 Frankfurt am Main.
Kat. Nr. 195

Wagner
Kat. Nr. 172

Wallot, Paul
Architekt, Baurat, Hofrat
* 26.6.1841 Oppenheim,
† 10.8.1912 Langenschwalbach (Taunus).
Kat. Nr. 40, 46, 56, 57, 58, 63, 123, 124, 125, 126, 141, 142, 143, 146, 153, 169, 170, 171, 206

Wilhelm, L.
Kat. Nr. 219

Zehender, Joh. Caspar
Zeichner, Maler, Radierer
* 1742 Schaffhausen, † 1805 Schaffhausen.
Kat. Nr. 213

Ziegler, Johann
Kat. Nr. 20

Abgekürzt zitierte Literatur

Arens 1989
Fritz Arens: Die Katharinenkirche in Oppenheim. In: Carlo Servatius, Heinrich Steitz, Friedrich Weber: St. Katharinen zu Oppenheim. Lebendige Steine – Spiegel der Geschichte. Alzey 1989, S. 9–37.

Banaschewski 1923
Anna Magdalena Banaschewski: Christian Georg Schüz der Ältere 1718-1791. Inaugural-Dissertation an der Julius-Maximilians-Universität Würzburg. Würzburg 1923.

Becksmann 1989
Rüdiger Becksmann: Die mittelalterliche Farbverglasung der Oppenheimer Katharinenkirche. Zum Bestand und seiner Überlieferung. In: Carlo Servatius, Heinrich Steitz, Friedrich Weber: St. Katharinen zu Oppenheim. Lebendige Steine – Spiegel der Geschichte. Alzey 1989, S. 357–406.

Beutler 1943
Ernst Beutler: Von deutscher Baukunst. Goethes Hymnus auf Erwin von Steinbach. Seine Entstehung und Wirkung. München 1943.

Bingsohn 1995
Wilhelm Bingson: Catalog zu Ausstellungen im Museum für Kunsthandwerk Franckfurt am Mayn (15.9. – 7.11.1993) und im Kunstmuseum Basel (28.11.1993 – 13.2. 1994) als Unsterblich Ehren-Gedächtnis zum 400. Geburtstag des hochberühmten Delineatoris (Zeichners), Incisoris★ : worin eygentlich beschrieben und abgebildet wird sein gantzes Leben, seine Handzeichnungen, die Wercke zur Topographia, die Icones Biblicae … /männiglich zu Lust und Nutzen in die Teutsche Sprach gebracht durch Wilhelm Bingsohn … An Tag gegeben vom Museum für Kunsthandwerk … Frankfurt am Main 1995.

Bott 2004
Bott, Barbara: Gemälde hessischer Maler des 19. Jahrhunderts im Hessischen Landesmuseum Darmstadt. Heidelberg 2004.

Brochhagen 1964
Ernst Brochhagen: Galerie Aschaffenburg. München 1964.

Bushart 2003
Bruno Bushart: Die Entdeckung der Wirklichkeit. Deutsche Malerei und Zeichnung. 1765-1815. Museum Georg Schäfer, Schweinfurt. Leipzig 2003.

Dölling 2000
Regine Dölling: Katharinenkirche Oppenheim. Regensburg 2000.

Düll 1984
Siegrid Düll: Die Inschriften der Stadt Oppenheim. Wiesbaden 1984.

Düll 1991
Siegrid Düll: Paul Wallot und die Katharinenkirche. In: Oppenheimer Hefte 3 (1991), S. 2-22.

Fauser 1978
Alois Fauser: Repertorium älterer Topographie. Druckgraphik von 1486 – 1750. Wiesbaden 1978.

Frölich/Sperlich 1959
Marie Frölich, Hans-Günther Sperlich: Georg Moller. Baumeister der Romantik. Darmstadt 1959.

Giersberg/Riemann/Schendel 1991
Hans-Joachim Giersberg, Gottfried Riemann, Adelheid Schendel: Schinkel im Rheinland. Düsseldorf 1991.

Hanschke 1999
Julian Hanschke: Die Befestigungsanlagen der Stadt Oppenheim. In: Oppenheimer Hefte 19/20 (1999), S. 2–128.

Hanschke 2002
Julian Hanschke: Die ehemalige Sebastianskirche zu Oppenheim am Rhein. In: Oppenheimer Hefte 24 (2002), S. 2-74.

Held 1991A
Martin Held: Alte Stiche und Ansichten. In: Oppenheimer Hefte 2 (1991), S. 47.

Held 1991B
Martin Held: Alte Stiche und Ansichten. In: Oppenheimer Hefte 3 (1991), S. 45.

Held 1993
Martin Held: Alte Stiche und Ansichten. In: Oppenheimer Hefte 7 (1993), S. 32.

Held/Nohl 1994
Martin Held, Walter Nohl: Alte Stiche und Ansichten. In: Oppenheimer Hefte 8 (1994), S. 27ff.

Held 1994
Martin Held: Alte Stiche und Ansichten. In: Oppenheimer Hefte 9 (1994), S. 2.

Held 1997
Martin Held: Alte Stiche und Ansichten. In: Oppenheimer Hefte 15 (1997), S. 74.

Held 2000
Martin Held: Die Schwedensäule. In: Oppenheimer Hefte 21 (2000), S. 38ff.

Henkel/Wiemann 1986
Arthur Henkel, Wolfgang Wiemann: Julius Wilhelm Zincgref: Hundert ethisch-politische Embleme. Heidelberg 1986. Band 1: Emblematum Ethico-Politicorum Centuria: Faksimile der Editio Ultima Heidelberg 1664; Band 2: Übersetzungen und Kommentare.

Hermann 1995
Christofer Hermann: Oppenheim, Stadtansicht von Norden. In: Edgar J. Hürkey, Ingrid Bürgy-de Ruijter: Kunst Kommerz Glaubenskampf. Frankenthal um 1600. Worms 1995, S. 270ff.

Herzog 1970
Erich Herzog: Hessische Landschaften und Stadtansichten 1650-1950. Hanau 1970.

Jost 2001
Heinrich Jost, Unbekannte Hohlräume hinter der Kirchhofmauer. In: Oppenheimer Hefte 23 (2001), S. 33.

Jungkenn 1933A
Ernst Jungkenn: Das »Äußere Gautor« in Oppenheim. In: Das mittelalterliche Stadtbild Oppenheims. Darmstadt 1933, S. 1-7.

Jungkenn 1933B
Ernst Jungkenn: Das mittelalterliche Stadtbild Oppenheims. Darmstadt 1933.

Jungkenn 1938
Ernst Jungkenn: Neue Forschungen zur Geschichte Oppenheims und seiner Kirchen. Darmstadt 1938.

Jungkenn 1949
Ernst Jungkenn: Neue Forschungen zur Baugeschichte der Oppenheimer Katharinenkirche. In: Kultur und Wirtschaft im Rheinischen Raum. Festschrift für Christian Eckert. Mainz 1949, S. 157ff.

Koch 1938
Fritz Koch: Unveröffentlichte Handzeichnungen des jugendlichen Paul Wallot. In: Ernst Jungkenn: Neue Forschungen zur Geschichte Oppenheims und seiner Kirchen. Darmstadt 1938, S. 175–178.

Landschulz u. a. 1998
Marlene Landschulz, Matthias Lehmann, Sabine Mertens, Sigrun Paas, Kirsten Simon, Norbert Suhr: Arkadien am Mittelrhein. Caspar und Georg Schneider. Landesmuseum Mainz. Wiesbaden 1998.

Märker 1995
Peter Märker: Carl Philipp Fohr. Romantik-Landschaft und Historie. Katalog der Zeichnungen und Aquarelle im Hessischen Landesmuseum Darmstadt und Gemälde aus Privatbesitz. Hessisches Landesmuseum Darmstadt, Haus der Kunst München. Heidelberg 1995.

Maisak 1991
Petra Maisak: Christian Georg Schütz der Ältere. 1718-1791. Ein Frankfurter Landschaftsmaler der Goethezeit. Freies Deutsches Hochstift – Frankfurter Goethe-Museum. Frankfurt am Main 1991.

Meißner 1936
Paul Meißner: Zur Baugeschichte der Katharinenkirche zu Oppenheim. In: Festschrift für Ernst Neeb, Mainz 1936, S. 64–80.

Michaelis 1982
Sabine Michaelis: Freies Deutsches Hochstift Frankfurter Goethe-Museum. Katalog der Gemälde. Tübingen 1982.

Müller 1853
Franz Hubert Müller: Die St. Catharinenkirche zu Oppenheim. Ein Denkmal teutscher Kirchenbaukunst aus dem 13. Jahrhundert. Dritte Auflage, Frankfurt am Main 1853.

Powell 1995
Cecilia Powell: William Turner in Deutschland. München 1995.

Rauch 1996
Ivo Rauch: Die Farbverglasung der Oppenheimer Katharinenkirche – Ihre Wiederherstellung zwischen Romantik und Historismus. In: Falko Bornschein, Ulrike Brinkmann, Ivo Rauch: Erfurt Köln Oppenheim. Quellen und Studien zur Restaurierungsgeschichte mittelalterlicher Farbverglasungen. Berlin 1996, S. 150-201.

Ruppert 1958
Hans Ruppert: Goethes Bibliothek. Weimar 1958.

Schilling 1973
Edmund Schilling: Katalog der deutschen Zeichnungen. Alte Meister. Städelsches Kunstinstitut Frankfurt am Main. München 1973.

Schmidt 1889
Heinrich Freiherr von Schmidt: Der Ausbau und die Wiederherstellung der St. Katharinenkirche zu Oppenheim a. Rh., Festschrift zur Feier der Vollendung am 31. Mai 1689. Oppenheim 1889.

Schmitt 1996
Michael Schmitt: Die illustrierten Rhein-Beschreibungen. Dokumentation der Werke und Ansichten von der Romantik bis zum Ende des 19. Jahrhunderts. Köln 1996.

Schoch 1992
Rainer Schoch: Meister der Zeichnung. Zeichnungen und Aquarelle aus der Graphischen Sammlung des Germanischen Nationalmuseums. Nürnberg 1992.

Schütz 1982
Bernhard Schütz: Die Katharinenkirche in Oppenheim. Berlin 1982.

Sliggers 1979
Bert Sliggers: Dagelijckse aentekeninge van Vincent Laurensz van der Vinne. Haarlem 1979.

Theilmann/Ammann 1978
Rudolf Theilmann, Edith Ammann: Die deutschen Zeichnungen des 19. Jahrhunderts. Staatliche Kunsthalle Karlsruhe. Karlsruhe 1978.

Thiel 2004
Ursula Thiel: Die figürlichen Epithapien des 16. Jahrhunderts in der Katharinenkirche zu Oppenheim am Rhein. In: Oppenheimer Hefte 27 (2004), S. 2–39.

Wagner/Schneider 1878
G. J. Wilhelm Wagner, Friedrich Schneider: Die vormaligen geistlichen Stifte im Großherzogthum Hessen. Darmstadt 1878

Weber 1990
Friedrich Weber: St. Katharinen zu Oppenheim. Ein kleiner Führer zu Fenstern, Grabdenkmälern und Orgel. Alzey 1990.

Weinheimer 1926
Heinrich Weinheimer: Das Stadtbild von Oppenheim im Wandel der Zeit. Aus alten Zeiten 1–4 (1926).

Weitz 1978
Hans-J. Weitz: Sulpiz Boisserée. Tagebücher 1808–1854. Band I. Darmstadt 1978.

Wernher 1911
Carl Wernher: Die St. Sebastianskirche zu Oppenheim. Aus alten Zeiten 1–5 (1911).

Wernher 1925
Carl Wernher: Rheinhessen in seiner Vergangenheit. Band 6: Oppenheim. Mainz 1925.

Wichmann 1970
Siegfried Wichmann: Wilhelm von Kobell. Monographie und kritisches Verzeichnis der Werke. München 1970.

Wüthrich 1965
Lucas Heinrich Wüthrich: Matthaeus Merians Oppenheimer Zeit. In: 1200 Jahre Oppenheim am Rhein. Oppenheim 1965, S. 129–146.

Zeller 1933
Adolf Zeller: Das ehemalige Seilertor in Oppenheim am Rhein. In: Das mittelalterliche Stadtbild Oppenheims. Darmstadt 1933, S. 7–14.

Zimmermann 1989
Georg Zimmermann: Restaurierung und Renovierungen der Katharinenkirche seit 1689. In: Carlo Servatius; Heinrich Steitz; Friedrich Weber:
St. Katharinen zu Oppenheim. Lebendige Steine – Spiegel der Geschichte. Alzey 1989, S. 489–535.

Zschunke 1984
Peter Zschunke: Konfession und Alltag in Oppenheim. Beiträge zur Geschichte von Bevölkerung und Gesellschaft einer gemischtkonfessionellen Kleinstadt in der frühen Neuzeit. Wiesbaden 1984.

Anmerkungen

1. Vorwort der Topographia Helvetiae, 1642, zitiert nach Bingsohn 1995, S. 204.
2. Wüthrich 1965, S. 129f.
3. Kirchenbuch auf Seite 703 (Ehen ad annum 1617): »*Mattheus Merian Kupfferstecher, Walther Merianis burgers vnd des Raths der Stadt Basell ehelicher Sohn Vnd Jungf. Maria Magdalena, Johan :Theodori de Bry burgers vnd Buchhandelerß alhie eheliche Dochter. nuptiae 11 feb:*«
4. Kirchenbuch, Eintrag auf Seite 315 (Taufen ad annum 1619) »*Mattheus Merian Kupfferstecher vnd sein Hausfraw Maria Magdalena, war ein Dochterlin. Der gevatter, H. Julius Wilhelmus Zenckgraff von Haydelberg gratiosus, an sein Stadt aber den svnerß Hohgelahrten Bartholomaeus Agricola D Churpfl. p. Landschreibers burgers zu Haydelberg alhie. Die gevatterin Barbara LeLappin, Wolffgang Granvi Hausfraw. Und an Ihr stadt Susanne, Theodori de Bry Dochter / Vnd Susannam Barbaram genandt, den 25 April.*«
5. »*Rathaus sampt dem schönsten Theil der Statt verbrandt ao. 1621. Die Müntz uffem Mark, ist jetzund [: weil deß Vorige sehr wohl beschaffene Rhathaus mit vielen alten Sachen undt Gravitätischen Zugehören, in diessem Unwesen ao 1621 den 17 July, neben dem Kauffhauß, Spital, undt dem schönsten Theil der Statt Verbrandt worden :] daß Rathaus, worunter auch die Waage ist, undt haben etliche Zünffte ihre Stuben darauff.*«
6. Jungkenn 1933B, S. 16.
7. Veröffentlichung des Planes in Hanschke 1999, S. 19.
8. Nach Fauser 1978, S. L hat Janssonius die Vorlagen für sein Werk weitgehend von anderen Verlagsunternehmen erworben.
9. Laurentius Engelhart: PLANTHAE / Oder/Grundriß, deren Für- / -nembsten Örther Unnd Stätte/in der underen Churfrl: Pfaltz gelegen, sambt etlichen / angrentzenden, so von 1618, biß jetzschwebenten 1621 / Jahrs Zu bauwen Unnd Zu fortificiren seind im / Vorschlag gewesen, Bayerische Staatsbibliothek, Cgm 1674, fol. 16v – 18r.
10. Hermann 1995, S. 270.
11. Wüthrich 1965, S. 133.
12. z. B. Jan van Call der Ältere, Gerard Coeck Lambert Doomer.
13. Sliggers 1979, S. 69, Vincent van der Vinne beschrieb die Stadt als »seer verwoest«.
14. Original in der Bayerischen Staatsbibliothek München Cgm 3183. Zum Verfasser der Chronik siehe Gerriet Giebermann: Albert Molnár (1574-1634), ungarisch reformierter Theologe und Wandergelehrter, 1615-1619 Kantor und Rektor in Oppenheim. In: Oppenheimer Hefte 30/31 (2005), S. 94.
15. siehe 9.
16. Zschunke 1984, S. 23.
17. Zschunke 1984, S. 23.
18. Stadtarchiv Worms 1B/48, Blatt G.
19. Stadtarchiv Worms 1B/48, Blatt K.
20. Anselm Carl Elwert: Kleines Künstlerlexikon oder raisonnirendes Verzeichniß der vornehmsten Maler und Kupferstecher / Zum Behufe der Anfänger in der Kunst und Kunstliebhaberei. Giesen, Marburg 1785.
21. Beutler 1943, S. 13.
22. Frölich/Sperlich 1959, S. 80.
23. Frölich/Sperlich 1959, S. 79.
24. Frölich/Sperlich 1959, S. 51.
25. Moller veröffentlichte den 1814 wiederaufgefundenen Riß in einem 1817 herausgegebenen Faksimile.
26. Boisserée, Sulpiz: Ansichten, Risse und einzelne Theile des Doms von Köln. Stuttgart 1821–1832.
27. 21.–24. Oktober 1810, 21. Juli 1818, 10. August 1819, 6. Juli 1820, 14. Oktober 1821, 22. Dezember 1821.
28. Weitz 1978, Band I, S. 56.
29. Boisserée vermerkte in seinen Tagebucheinträgen die mit Müller geführte Korrespondenz, siehe Weitz 1978.
30. Müller 1853, S. 3.
31. Müller 1853, S. 1–6.
32. Frölich/Sperlich 1959, S. 71.
33. Müller 1853, S. 94.
34. Müller 1853, S. 2.
35. Müller 1853, S. 3. Daß Müller eine genaue Kenntnis über den Kölner Dom besaß, ist wegen seiner in Bonn verbrachten Jugendjahre anzunehmen.
36. Müller 1853, S. 5.
37. Zitiert nach Schütz 1982, S. 3.
38. Müller 1853, S. 57.
39. Neuer Nekrolog der Deutschen, Dreizehnter Jahrgang, 1835, S. 381.
40. Kunst-Blatt Nr. 32, 1831.
41. Neuer Nekrolog der Deutschen, Dreizehnter Jahrgang, 1835, S. 385.
42. Müller 1853, S. 9: »*Die Bearbeitung dieser Blätter werde ich zum Theil selbst übernehmen, zum Theil aber unter meinen Augen durch geschickte Künstler besorgen lassen.*«
43. Meißner 1936, S. 80.
44. Müller 1853, S. 4.
45. Kunst-Blatt Nr. 32, 1831, S. 123.
46. Ruppert 1958, S. 346.
47. Zitiert nach Zimmermann 1989, S. 493f.
48. Zitiert nach Zimmermann 1989, S. 494.
49. Alle Daten nach Schütz 1982, S. 316ff.
50. Näheres bei Jost 2001.
51. Schütz 1982, S. 319 hielt das Schleppdach irrtümlich für eine barocke Zutat.
52. Zimmermann 1989, S. 502.
53. Schmidt 1889, S. 11.
54. Meißner 1936, S. 78 vermutete, das Fenster wäre bei der Restaurierung über der Tür auf der gegenüberliegenden Seite eingebaut worden. Nach Müllers ausdrücklicher Beschreibung hat es jedoch auf beiden Seiten jeweils Tür und Fenster gegeben (vgl. Müller 1853, S. 15: »*Nach der Seite der alten Kirche ist eine ähnliche Thüre mit einer gleichen fensterartigen Oeffnung darüber angebracht*«).
55. Schmidt 1889, S. 40.
56. Schmidt 1889, S. 41.
57. Jahresberichte in der Deutschen Bauzeitung.
58. Zimmermann 1989, S. 512.
59. Jungkenn 1933B, S. 23.
60. Weinheimer 1926, S. 5.

61	Jungkenn 1933B, S. 23.	
62	Bauakten der lutherischen Gemeinde im Oppenheimer Stadtarchiv (Landesarchiv Speyer).	
63	Wernher 1911, S. 15.	
64	Jungkenn 1933A, S. 6.	
65	Wagner-Schneider 1878, S. 159.	
66	Wernher 1911, S. 34.	
67	Märker 1995, S. 177.	
68	Giersberg/Riemann/Schendel 1991, S. 36.	
69	Zitiert nach Henkel/Wiemann 1986, Band 2, S. 68.	
70	Wüthrich 1965, S. 129ff.	
71	Jungkenn 1933B, S. 23.	
72	Weinheimer 1926, S. 21.	
73	Jungkenn 1933A, S. 6.	
74	Hausdatierung an der Straßenseite.	
75	Jungkenn 1933B, S. 23.	
76	Jungkenn 1933B, S. 23.	
77	Jungkenn 1933B, S. 20.	
78	Zitiert nach Müller 1853, S. 84f.	
79	Zitiert nach Hermann 1995, S. 270.	
80	Schoch 1992, S. 244.	
81	Bushart 2003, S. 184.	
82	Weinheimer 1926, S. 5.	
83	Jost 2001, S. 33.	
84	Müller 1853, S. 84.	
85	Zimmermann 1989, S. 506.	
86	Zimmermann 1989, S. 506.	
87	Zimmermann 1989, S. 497.	
88	Märker 1995, S. 177.	
89	Müller 1853, S. 59.	
90	Arens 1989, S. 16.	
91	Arens 1989, S. 25.	
92	Arens 1989, S. 29.	
93	Zitiert nach Müller 1853, S. 23f.	
94	Zitiert nach Müller 1853, S. 56f.	
95	Zitiert nach Müller 1853, S. 72.	
96	Müller 1853, S. 12.	
97	Müller 1853, S. 12.	
98	Müller 1853, S. 15.	
99	Schütz 1982, S. 296.	
100	Zitiert nach Schmidt 1889, S. 10.	
101	Zitiert nach Schmidt 1889, S. 15.	
102	Müller 1853, S. 10.	
103	Zitiert nach Müller 1853, S. 75.	
104	Schmidt 1889, S. 15.	
105	Dölling 2000, S. 37.	
106	Müller 1853, S. 86f.	
107	Zitiert nach Weber 1990, S. 20.	
108	Weber 1990, S. 20.	
109	Zitiert nach Müller 1853, S. 19–21.	
110	Weber 1990, S. 20.	
111	Zitiert nach Müller 1853, S. 57f.	
112	Weber 1990, S. 22.	
113	Zitiert nach Müller 1853, S. 80f.	
114	Zitiert nach Müller 1853, S. 88.	
115	Zitiert nach Weber 1990, S. 22.	
116	Dölling 2000, S. 40.	
117	Zitiert nach Müller 1853, S. 25–27.	
118	Zitiert nach Müller 1853, S. 40f.	
119	Zitiert nach Müller 1853, S. 73.	
120	Zitiert nach Müller 1853, S. 73.	
121	Zitiert nach Müller 1853, S. 85.	
122	Zitiert nach Müller 1853, S. 85.	
123	Zitiert nach Müller 1853, S. 73.	
124	Zitiert nach Müller 1853, S. 74.	
125	Zitiert nach Müller 1853, S. 82.	
126	Düll 1984, S. 27.	
127	Düll 1984, S. 27.	
128	Zitiert nach Düll 1984, S. 28.	
129	Zitiert nach Düll 1984, S. 28.	
130	Düll 1984, S. 13.	
131	Düll 1984, S. 25.	
132	Düll 1984, S. 25.	
133	Zitiert nach Düll 1984, S. 25.	
134	Düll 1984, S. 25.	
135	Thiel 2004, S. 17.	
136	Thiel 2004, S. 25.	
137	Zitiert nach Thiel 2004, S. 25.	
138	Thiel 2004, S. 25.	
139	Thiel 2004, S. 31.	
140	Thiel 2004, S. 31.	
141	Zimmermann 1989, S. 492.	
142	Jungkenn 1933, S. 6.	
143	Herzog 1970, S. 32 interpretierte die Ansicht als Blick auf den Rheingau, vom Hang des Niederwaldes nach Osten bis zum Taunus mit der Ruine Ehrenfels links im Vordergrund.	
144	Weinheimer 1926, S. 21.	
145	Weinheimer 1926, S. 26.	
146	Weinheimer 1926, S. 20.	
147	Jungkenn 1933, S. 33.	
148	Die folgenden Daten nach Dölling 2000.	
149	Schmidt 1889, S. 16.	
150	Schmidt 1889, S. 18.	
151	Arens 1989, S. 26.	
152	Schmidt 1889, S. 18.	
153	Dölling 2000, S. 8.	
154	Zimmermann 1989, S. 499.	
155	Arens 1989, S. 26.	
156	Arens 1989, S. 26.	
157	Arens 1989, S. 26.	
158	Arens 1989, S. 23.	
159	Arens 1989, S. 22.	
160	Daten nach Arens 1989, S. 22.	
161	Arens 1989, S. 36.	
162	Arens 1989, S. 36.	
163	Arens 1989, S. 36.	

Bildnachweis

Umschlagsvorderseite = Kat. 48,
Frontispiz 1 = Kat. 63, Frontispiz 2 = Kat. 32

Abb. 1, 3, 5, 6, 7, 9, 16, 19, 20, 21, 24, 25, 26, 27, 28, 29 links, 30, 31: Foto: Julian Hanschke mit Genehmigung der Besitzer
Abb. 2: Historische Postkarte
Abb. 4: © Historisches Museum der Pfalz, Speyer, 2006. Fotograf: Peter Haag-Kirchner
Abb. 8: © Landesmuseum Mainz, Foto: Ursula Rudischer
Abb. 10, 11: Stadtarchiv Worms
Abb. 12: Städelsches Kunstinstitut, Frankfurt am Main
Abb. 13: Bayerische Staatsgemäldesammlungen München, ARTOTHEK
Abb. 14: Germanisches Nationalmuseum Nürnberg
Abb. 15: Kunsthandlung J. P. Schneider jr., Frankfurt am Main
Abb. 17: Lempertz Auktion 786, 20. Mai 2000 Köln, Alte Kunst Gemälde Zeichnungen Skulpturen, Abb. S. LXXXIII
Abb. 18: © Historisches Museum der Pfalz, Speyer, 2006. Fotograf: Peter Haag-Kirchner
Abb. 22: Klassik Stiftung Weimar, Schloßmuseum Weimar
Abb. 23: Dipl.-Ing. Heinrich Jost, Lambrecht
Abb. 29: rechts, Historische Postkarte

Kat. 1–16, 20, 21, 23, 25, 27, 31, 32, 34, 36, 37, 42, 43, 49, 51, 55, 64, 70–78, 82, 84–88, 90, 91, 93, 94, 97, 98, 104, 107, 110, 111, 116–120, 151, 154, 162, 164, 168, 172, 173–187: Foto: Julian Hanschke mit Genehmigung der Besitzer
Kat. 17, 18, 38, 39, 59, 62, 67, 147, 150, 161: © Historisches Museum der Pfalz, Speyer, 2006. Fotograf: Peter Haag-Kirchner
Kat. 19: Albertina Wien
Kat. 22, 69, 92, 100–102, 108, 112–115, 121, 122, 127–138: Foto: Sigmar Fitting, Landesamt für Denkmalpflege Rheinland-Pfalz
Kat. 24, 79, 80: Galerie Brumme Mainz
Kat. 26: Historisches Museum Frankfurt am Main
Kat. 28: Foto: Heinz Merz, Oppenheim
Kat. 29: Dorotheum, Alte Meisterzeichnungen, Druckgraphik bis 1900, Aquarelle und Miniaturen, Auktion am 3. Oktober 2000 Palais Dorotheum Wien, Abb. Nr. 65
Kat. 30, 35, 47, 155: Städelsches Kunstinstitut, Frankfurt am Main
Kat. 40, 63, 65: Privatbesitz
Kat. 33, 41, 163, 165: © Landesmuseum Mainz, Foto: Ursula Rudischer
Kat. 44: Historische Postkarte
Kat. 45, 60, 83, 144, 167: Rheinisches Bildarchiv Köln
Kat. 46, 56, 58, 123-126, 141–143, 146, 153, 169–171: Kunstbibliothek Berlin, Foto: Dietmar Katz
Kat. 48: Bayerische Staatsgemäldesammlungen München, ARTOTHEK
Kat. 50: Germanisches Nationalmuseum Nürnberg
Kat. 52: Museum Georg Schäfer Schweinfurt
Kat. 53: Lempertz Auktion 786, 20. Mai 2000 Köln, Alte Kunst Gemälde Zeichnungen Skulpturen, Abb. S. LXXXIII
Kat. 54: Bayerische Staatsgemäldesammlungen, Staatsgalerie Aschaffenburg, ARTOTHEK
Kat. 57: Koch 1938, Abb. im Tafelanhang
Kat. 61: Kunstsammlungen der Veste Coburg
Kat. 66: Klassik Stiftung Weimar, Schloßmuseum
Kat. 68, 95: Kurpfälzisches Museum Heidelberg
Kat. 81: Auktionshaus Winterberg in Heidelberg: Auktion 69, 15. und 16. Oktober 2004, Kat. Nr. 567, Abb. S. 199
Kat. 89: Jungkenn 1938, S. 170, Abb. im Tafelanhang
Kat. 96: Hessisches Landesmuseum Darmstadt, Foto: Wolfgang Fuhrmannek, 2006
Kat. 99, 106, 139, 140, 148, 152: Hessisches Landesmuseum Darmstadt
Kat. 103, 109: Staatliche Kunsthalle Karlsruhe, Kupferstichkabinett
Kat. 105: Wilhelm Lübke: »GESCHICHTE DER ARCHITEKTUR VON DEN ÄLTESTEN ZEITEN BIS ZUR GEGENWART«, 2. Band. Leipzig 1886, Fig. 675.
Kat. 145: Bayerische Staatsgemäldesammlungen München, Besitzer: Wittelsbacher Ausgleichsfonds, München, ARTOTHEK
Kat. 149: Jungkenn 1938, S. 172, Abb. im Tafelanhang
Kat. 156, 157: Kunsthandlung J. P. Schneider jr., Frankfurt am Main
Kat. 158: Maisak 1991, Abb. S. 62
Kat. 159: Lempertz Auktion 664, 27. Mai 1991 Köln, Alte Kunst Gemälde Zeichnungen Skulpturen, Abb. S. XXVII, Kat. Nr. 119
Kat. 160: Freies Deutsches Hochstift, Frankfurter Goethe Museum. Foto: © David Hall, Frankfurt a. M.
Kat. 166: Wernher 1925, S. 101

Stadtplan im Anhang: Landesarchiv Speyer, Sektionskarte Oppenheim, LA Sp Best. W 42 Nr. 18

Zeittafel zur Ortsgeschichte

765: Fränkische Dorfanlage, erste urkundliche Erwähnung.

774: Schenkung des Dorfes Oppenheim an das Kloster Lorsch durch Karl den Großen.

865: Neubau der Sebastianskirche durch Abt Thiodroch von Lorsch.

1008: Gewährung von Markt- und Zollrechten durch Kaiser Heinrich II.

1076: Aufenthalt Kaiser Heinrichs IV. in Oppenheim, Gang des Kaisers von Oppenheim nach Canossa.

vor 1118: Errichtung einer Burg.

1118: Zerstörung des Marktfleckens und der Burg durch Erzbischof Adalbert von Mainz.

1147: Rückgabe Oppenheims an das Reich durch das Kloster Lorsch.

1182: Bau einer ersten Befestigung um Oppenheim.

um 1220: Erste Bauperiode der Oppenheimer Katharinenkirche (romanischer Vorgängerbau).

1225: Erhebung Oppenheims unter Friedrich II. zur freien Reichsstadt, Stadtmauerbau.

1230: Bau des Hospitals »zum Heiligen Geist«.

1254: Gründungsmitglied des Rheinischen Städtebundes.

1257: Zerstörung der Burg durch die Bürger der Stadt.

1258: Festlegung der Bistumsgrenze zwischen Mainz und Worms.

1265: Erste urkundliche Erwähnung des Zisterzienserinnenklosters Mariacron.

ca. 1275: Beginn zweite Bauperiode der Katharinenkirche (Ostanlage).

1275: Wiederholte Zerstörung der Burg durch die Bürger der Stadt.

1297: Erste urkundliche Erwähnung des Leprosenhospitals »zu den guten Leuten«.

ca. 1300: Gründung des Franziskanerklosters.

1315: Ludwig der Bayer verpfändet Oppenheim an den Mainzer Erzbischof Peter von Aspelt.

ca. 1300–1340: Dritte Bauperiode der Katharinenkirche (Langhaus).

1375: Erste Verpfändung Oppenheims an Kurpfalz.

1398: Endgültige Verpfändung an Kurpfalz.

1410: Tod König Ruprechts von der Pfalz in Oppenheim.

1415–1439: Vierte Bauperiode der Katharinenkirche (Westchor).

1521: Übernachtung Martin Luthers auf seinem Weg zum Reichstag nach Worms im Gasthaus »zur Kanne«.

1565: Einführung der Reformation.

1609: Ansiedlung niederländischer und französischer Glaubensflüchtlinge im »Welschdorf«.

1620: Besetzung durch die Spanier.

1621: Großer Brand, ausgelöst durch plündernde spanische Soldaten.

1631: Einnahme Oppenheims durch König Gustav Adolf von Schweden.

1688: Eroberung durch die Franzosen im Pfälzischen Erbfolgekrieg.

1689: Zerstörung der Burg und der Stadt durch die Truppen Ludwigs XIV.

1797: Ende der Kurpfälzischen Herrschaft.

1797–1814: Zugehörigkeit zu Frankreich.

1816: Zugehörigkeit Oppenheims zum Großherzogtum Hessen-Darmstadt, Auflassung der Befestigungsanlagen.

1837: Abbruch der Sebastianskirche.

1852: Rheinhessische Kreisstadt.

1853: Anschluß an die Eisenbahnlinie.

1878–1889: Restaurierung der Katharinenkirche durch die Architekten Friedrich und Heinrich von Schmidt.

1892: Bau des Winterhafens.

1895: Gründung der Landeslehr- und Versuchsanstalt für Wein- und Gartenbau.

Plan der Stadt Oppenheim, Sektionskarten aus dem Jahre 1820

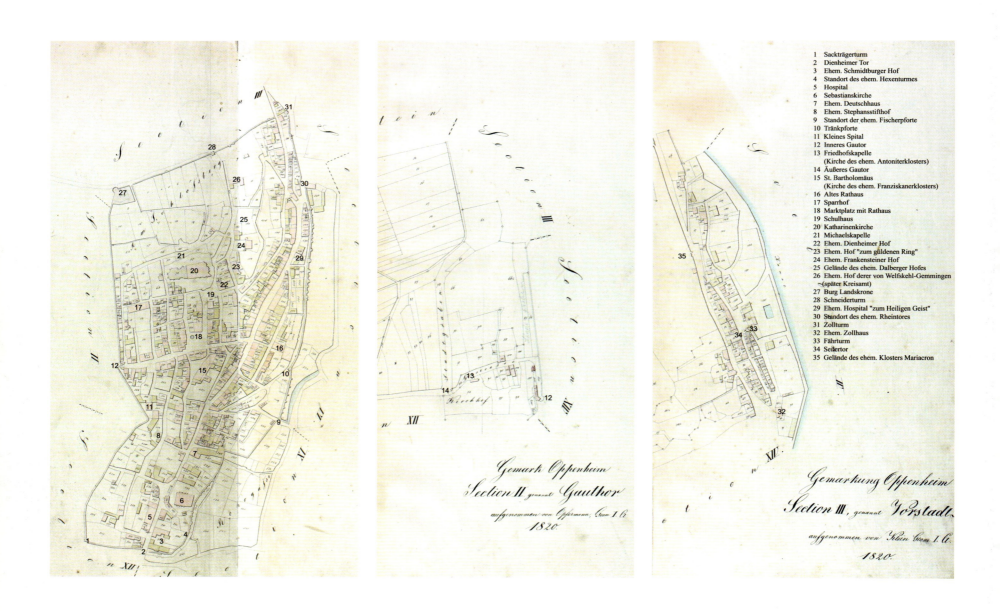

Landesarchiv Speyer W42, Nr. 18 Sektionskarten (Urkataster von Oppenheim)